한 분 하나님이
친아들들을
얻으시려고
삼위로 일하신다

한 분 하나님이
친아들들을
얻으시려고
삼위로 일하신다

초판 1쇄 발행　2025. 6. 25.

지은이　주종철, 주성대
교정　이소영
펴낸이　김병호
펴낸곳　주식회사 바른북스

편집진행　황금주
디자인　최다빈

등록　2019년 4월 3일 제2019-000040호
주소　서울시 성동구 연무장5길 9-16, 301호 (성수동2가, 블루스톤타워)
대표전화　070-7857-9719　|　**경영지원**　02-3409-9719　|　**팩스**　070-7610-9820

•바른북스는 여러분의 다양한 아이디어와 원고 투고를 설레는 마음으로 기다리고 있습니다.
이메일　barunbooks21@naver.com　|　**원고투고**　barunbooks21@naver.com
홈페이지　www.barunbooks.com　|　**공식 블로그**　blog.naver.com/barunbooks7
공식 포스트　post.naver.com/barunbooks7　|　**페이스북**　facebook.com/barunbooks7

ⓒ 주종철, 주성대, 2025
ISBN 979-11-7263-445-2 03230

•파본이나 잘못된 책은 구입하신 곳에서 교환해드립니다.
•이 책은 저작권법에 따라 보호를 받는 저작물이므로 무단전재 및 복제를 금지하며,
이 책 내용의 전부 및 일부를 이용하려면 반드시 저작권자와 도서출판 바른북스의 서면동의를 받아야 합니다.

성도를 이단으로부터 100% 지켜주는 책

한 분 하나님이 친아들들을 얻으시려고 삼위로 일하신다

주종철 · 주성대 지음

성부, 성자, 성령 세 분 하나님이 계신 것이 아니라
한 분 하나님이 친아들들을 얻으시려고 삼위로 일하시는 것입니다.

바른북스

하나님이 주신 사람

작사/작곡 주종철목사

주 예수님을 바로 아는 신앙고백

예수님은 누구십니까?

하나님은 한 분이시며 사람의 형상(형체)을 하고 계시고 전능하셔서 천지 만물을 창조하신 분입니다.

그러므로 예수님은 여호와 하나님 아버지 전체가 다 하늘에서 이 땅에 내려오시어

마리아의 배 속에서 사람이 되신 분이기 때문에 곧 아들이요, 영존하신 아버지요, 성령이십니다.

예수님이 하나님이시면서 사람이신 이유는 여호와 하나님이 직접 오셔서 사람이 되셨기 때문에 예수님과 아버지는 하나이시고 하나이신 예수 안에서 아버지는 하나님이시고 예수님은 하나님의 아들이십니다.

하나님이 사람이 되셔서 전 인류의 죄를 담당하시기 위해 십자가에 못 박혀 죽으시고 삼일 만에 부활하셨기 때문에 내가 예수님과 함께 죽었다고 믿는 자들의 죄가 깨끗하게 되는 것이요.

그 깨끗하게 된 자들에게 승천하시어 보좌에 앉으신 그리스도께서 그리스도의 영으로 믿는 자들 속에 들어오시어 믿는 자를 대신하여 사시므로 믿는 자들로 믿는 자 속에 계시는 그리스도의 영 때문에 하나님의 아들들이 되게 하시는 분이 예수 그리스도입니다.

아멘

기독교란

　한 분 하나님이 하나님의 아들이 되고 아내가 되고 또 아들들이 되시는 것이다.

하나님의 경륜

　하나님의 경륜이란?
　하나님의 행정과 경영하심인데 하나님이 자신의 형상과 모양대로 지으신 사람들에게 자신의 생명을 주어 분배하심으로 경영하신다.

주 예수로 부요하게 되는 법

　주 예수님을 찬양합니다. 나는 주 예수님으로 말미암아 주 예수님의 생명을 받고 재림예수가 된 하나님의 아들이라고 항상 부르고 고백하는 것이다.

하나님의 아들이 되는 믿음의 5대 원칙

1. 하나님은 사람의 형체로 계신다.

2. 하나님은 한 분이시다.

3. 일위일체로 계신 하나님께서 하나님의 한 본질 곧 생명을 분배하시기 위해 삼위로 일하신다. 그러므로 예수님은 여호와 하나님 아버지 전체가 다 하늘에서 이 땅에 내려오시어 마리아의 배 속에서 사람이 되신 하나님의 아들이시다.

4. 이 사람이신 예수님이 십자가에서 죽으실 때 나도 함께 죽었다고 믿어야 한다.

5. 이상에서 언급한 하나님을 시인하고 믿음으로 그리스도가 두 번째 오셔서 내 안에 들어와 사시므로 내 안에 사시는 예수 그리스도로 말미암아 나는 주 예수가 되었다.

하나님을 쉽게 알 수 있는
용어에 대한 정의

1. 하나님의 정의

하나님이란? - 영계와 우주를 포함한 물질의 세계를 창조하시고 영체로서 사람의 형체로 계시는 분으로서 영원 전부터 스스로 계시는 단 하나밖에 없는 지존자의 생명을 하나님이라고 합니다.

2. 아버지 하나님의 정의

아버지란? - 사람의 형체를 하고 계시며 창조되지 않고 스스로 계시면서 속에 생명과 생각을 가지고 계신 분을 아버지라고 합니다.

3. 믿음의 정의

믿음이란? - 나에게 없는 하나님을 믿음으로 나에게 실재가 되게 하는 것입니다.

4. 무엇이 성령인가?

사람의 형체(형상)를 하고 있는 아버지 하나님의 생명이 활동을 하면 성령입니다.

5. 무엇이 말씀인가?

사람의 형체(형상)를 하고 있는 아버지 속에 있는 생명이 생명 안에 있는 생각을 통하여 입으로 말하면 이것을 말씀이라고 합니다.(창1:26, 겔1:26~28)

6. 영생의 정의

영생이란? - 창조되지 않은 아버지 하나님의 생명을 영생이라고 합니다.

[참고] 천사도 영원히 살지만 피조되었기 때문에 영생이라고 하지 않고, 사람도 영원히 살지만 피조되었기 때문에 영생이라고 하지 않습니다.

7. 교회의 정의

교회란? - 한 분 하나님 아버지의 생명의 성분으로만 채워진 사람들이 모인 곳이 교회입니다.

8. 예배의 정의

신령한 예배란? - 하나님 아버지의 친아들 주 예수가 되어 예배하는 것입니다.

[참고] 하나님을 최고로 기쁘게 해드리는 것이 예배입니다.

9. 그리스도의 정의

그리스도란? – 아버지의 생명이신 성령이 동정녀 마리아에게서 나신 예수라는 사람 속에 들어가 사람이신 예수의 생명과 하나된 생명으로 예수님께서 십자가에서 죽으실 때 아버지 속으로 가셨다가 "내가 그리스도와 함께 십자가에서 죽었다"고 믿는 자들 속으로 두 번째 오셔서 믿는 자들로 하나님의 아들들이 되게 하는 아버지의 생명(영)입니다.

10. 아버지와 아들의 관계

아버지와 아들은 ① 형체(형상)가 같고 ② 피가 같고 ③ 생명이 같고 ④ 본질이 같고 ⑤ 속성이 같아야 합니다.

[참고] 모든 것이 아버지와 똑같은 것이 아들입니다.

11. 예수 그리스도와 그리스도 예수의 차이

① 예수 그리스도 : 마리아가 낳은 원조 예수 그리스도를 지칭할 때
② 그리스도 예수 : 부활하신 예수 그리스도께서 믿는 사람들 속에 들어와 그 사람의 존재가 되고, 실재가 되고, 내용이 된 그 그리스도를 지칭할 때

12. 구원의 정의

구원이란? – 첫 사람 아담이 두 번째 아담인 예수 그리스도로 존재가 바뀌는 것이 구원입니다.

[참고] 구원에 이르게 하기 위해 그리스도가 두 번째 오셔서 믿는 사람 속으로 오시는 것입니다.(히9:28, 갈2:20, 골3:3-4)

13. 세례에 대한 정의

세례란? - 그 존재 안으로 잠기는 것입니다.

14. 여호와 하나님의 아내가 누구입니까?

하나님의 영이 들어가 있는 땅이 여호와 하나님의 아내입니다.(사 62:4, 고후11:2)

[참고] 첫 사람 아담은 하나님의 영이 들어가 있지 않으므로 하나님의 아내가 아닙니다.

15. 복음의 정의

복음이란? - 첫 사람 아담이 둘째 사람 예수 그리스도로 존재가 바뀌어 믿는 자들이 주 예수가 되는 것입니다.

16. 주 예수의 정의

하나님의 형상대로 지음 받고 살아있는 육체를 가진 사람 속에 아버지의 생명이 있는 사람이 주 예수입니다.

17. 영의 정의

영이란? - 영체로 사람의 형체를 하고 있으며 영원히 죽지 않고 사는 존재입니다.

목차

하나님이 주신 사람(악보)

주 예수님을 바로 아는 신앙고백

하나님의 아들이 되는 믿음의 5대 원칙

하나님을 쉽게 알 수 있는 용어에 대한 정의

제1장

하나님의 경륜(經綸)

1. 영원한 때 전에 세우신 하나님의 계획
   곧 하나님의 경륜(經綸) ·· 18

2. 자기의 친아들들을 얻으시는 계획을
   영원한 때 전에 세우셨습니다 ·· 23

3. 한 분 하나님 아버지의 생명을 분배하시므로
   친아들들을 얻으십니다 ·· 30

제2장

한 분 하나님이 친아들들을 얻으시려고 9가지 상태로 일하십니다

1. 일위일체(一位一體)로 계신 한 분 하나님이 하나님의 친아들들을
   얻으시려고 9가지 상태(호칭)로 일하십니다 ························· 44

2. 하나님께서 9가지 상태로 일하셔서
   하나님의 친아들들을 얻으십니다 ·· 131

제3장

일위일체(一位一體)로 계신 한 분 하나님이
삼위(三位)로 일하시므로
하나님의 친아들들을 얻으십니다

1. 여호와는 일위일체(一位一體)로 계신 하나님입니다 ·················· 140
2. 예수 그리스도는 이위이체(二位二體)로 계신 하나님입니다 ·········· 145
3. 십자가 이후에 하나님은 이위일체(二位一體)로 계십니다 ············· 150
4. 한 분 하나님이 삼위(三位)로 일하시므로 믿는 자들이
   하나님의 친아들들로서 삼위(三位)가 됩니다 ·························· 157

제4장

한 분 하나님이 하나님의 아들이 되고
아내가 되고 또 아들들이 되십니다

1. 여호와 하나님이 직접 오셔서 사람이 되신 분이
   하나님의 아들 예수 그리스도입니다 ···································· 162
2. 최초로 아버지의 아내가 되신 분이 예수 그리스도입니다 ············ 166
3. 예수님이 아버지의 아내가 되신 것같이 믿는 자들도
   아버지의 아내가 되어야 합니다 ··· 174
4. 믿는 자들이 예수님의 형제요, 자매요, 모친입니다 ··················· 186
5. 그리스도는 아브라함과 그 자손의 자손이 되십니다 ·················· 195

제5장

만세와 만대로부터 옴으로 감춰왔던 비밀

1. 하나님의 비밀 ·· 204
2. 그리스도의 비밀 ··· 211
3. 그리스도와 교회의 비밀 ··· 223
4. 일곱째 천사가 나팔을 불 때 이루어지는 하나님의 비밀 ········· 229
5. 봉함된 말씀이 열려야 하나님의 친아들들이 나옵니다 ········· 242

제6장

첫 것을 폐하시고 둘째 것을 세우시는 하나님의 뜻

1. 첫 것을 폐하고 둘째 것을 세우는 것이 하나님의 뜻입니다 ········· 252
2. 폐해지는 첫 것은 첫 사람 아담이고 세워지는 둘째 것은 둘째 사람 예수 그리스도입니다 ·· 286

제7장

예수님이 하신 모든 일과
이루어진 모든 일은 믿는 자들에게도
똑같이 이루어집니다

1. 하나님의 친아들 ··· 292
2. 하나님의 성전 ··· 298
3. 영원한 대제사장과 왕 같은 제사장 ··································· 304
4. 첫 열매 ··· 309
5. 장자들의 총회 ··· 313
6. 진동치 못할 나라 ··· 317

부록   아나타시우스의 삼위일체 신조 44
　　　　미석(微石) 주종철 목사의 사람이 하나님이 되는 신조 68
　　　　주 예수님으로 말미암아 믿는 자들이 주 예수들이 되는 집회안내
　　　　사단법인 영원한복음총회 설립목적
　　　　법인설립허가증
　　　　후원계좌 안내

제 1장

하나님의 경륜(經綸)

1

영원한 때 전에 세우신 하나님의 계획 곧 하나님의 경륜(經綸)

　하나님이 창조하신 것을 크게 두 부분으로 나눌 수 있는데 하나는 영계(靈界)이고 또 다른 하나는 물질계(物質界)입니다. 하나님께서 창조의 사역을 시작하실 때 먼저 영계(靈界)를 창조하시고 그 영계(靈界) 안에 물질계(物質界)를 지으셨습니다. 사람들이 사는 지구와 지구가 포함된 태양계(太陽系), 태양계가 포함된 우주 그리고 우주를 포함한 물질계(物質界)는 과학자들의 주장처럼 오랜 시간에 걸쳐 우연히 생성(生成)된 것이 아닌 창조된 피조물입니다. 영계(靈界)와 물질계(物質界)에 속한 모든 것이 다 피조물(被造物)입니다. 이 모든 것을 창조하신 분이 계시는데 그분이 바로 창조주이신 하나님이십니다. 하나님께서 천지 만물을 창조하시기 전에 먼저 계획을 세우셨는데 하나님이 세우신 계획을 하나님의 경륜(經綸)이라고 합니다.

1) 영원한 때와 영원한 때 전(前)

성경에는 하나님의 창조 이전의 상태를 말씀하는 '영원한 때 전'이라는 표현이 나옵니다.

"1 하나님의 종이요 예수 그리스도의 사도인 바울 곧 나의 사도 된 것은 하나님의 택하신 자들의 믿음과 경건함에 속한 진리의 지식과 2 영생의 소망을 인함이라 **이 영생은 거짓이 없으신 하나님이 영원한 때 전부터 약속하신 것**인데 3 자기 때에 자기의 말씀을 전도로 나타내셨으니 이 전도는 우리 구주 하나님의 명대로 내게 맡기신 것이라"(딛1:1-3)
"하나님이 **우리를 구원하사 거룩하신 부르심으로 부르심**은 우리의 행위대로 하심이 아니요 오직 **자기 뜻과 영원한 때 전부터** 그리스도 예수 안에서 우리에게 주신 은혜대로 하심이라"(딤후1:9)

'영원한 때 전'이 정확하게 언제를 말씀하는 것인지 물질계에 속한 시간의 개념으로는 알 수 없지만 한 가지 분명하게 알 수 있는 것은 '영원한 때 전'이 있으므로 '영원한 때'가 있다는 것입니다. '영원한 때'는 영계가 창조된 때를 말합니다. 영계(靈界)가 창조되기 전에는 오직 창조주이신 여호와 하나님만이 계셨으므로 하나님 한 분 외에는 존재하는 것이 아무것도 없었습니다. 이때를 '영원한 때 전'이라고 합니다. 그런데 하나님께서 믿는 자들에게 영생을 주시려는 계획을 '영원한 때 전'에 세우셨고 이 계획을 실행하고 이루시기 위해 일꾼들이 필요해서 지으신 존재가 바로 천사들입니다. 천사들은 영(靈)으로 지음을 받았는데 이 천사들이 지어진 때를 '영원한 때'라고 하고 이때 창조된 것이 영계(靈界)입니다.

> "20 능력이 있어 여호와의 말씀을 이루며 그 말씀의 소리를 듣는 너희 **천사여** 여호와를 송축하라 21 **여호와를 봉사하여 그 뜻을 행하는 너희 모든 천군이여** 여호와를 송축하라 22 **여호와의 지으심을 받고** 그 다스리시는 모든 곳에 있는 너희여 여호와를 송축하라 내 영혼아 여호와를 송축하라"(시103:20-22)
> "**모든 천사들은 부리는 영으로서** 구원 얻을 후사들을 위하여 섬기라고 보내심이 아니뇨"(히1:14)

하나님이 천사들을 먼저 지으시고 천사들을 일꾼 삼아서 영계(靈界) 안에 물질계(物質界)를 지었습니다.

2) 영계(靈界) 안에 물질계(物質界)를 창조하셨습니다

하나님이 창조하신 세계를 알지 못하는 사람들은 영계(靈界)와 물질계(物質界)를 따로 떨어져 있는 분리된 두 세계로 잘못 알고 있습니다. 특히 하나님을 믿는다고 하는 기독교인들이 이런 잘못된 믿음 안에서 신앙생활을 하고 있습니다. 그래서 그들은 천국을 죽은 뒤에 가는 장소로 알고 믿습니다. 천국이 우주 너머에 있다고 믿기 때문에 살아서는 절대로 갈 수 없고 죽은 다음에 가는 곳이라고 믿고 있습니다. 이렇게 믿는 사람들은 한 사람도 천국에 갈 수 없습니다. 죽은 다음에 가는 천국은 존재하지 않습니다. 성경에는 믿는 자 안에 이루어지는 하나님의 나라만이 존재합니다.

"20 바리새인들이 하나님의 나라가 어느 때에 임하나이까 묻거늘 예수께서 대답하여 가라사대 하나님의 나라는 볼 수 있게 임하는 것이 아니요 21 또 여기 있다 저기 있다고도 못하리니 **하나님의 나라는 너희 안에 있느니라**"(눅17:20-21)

예수님이 바리새인들에게 하신 말씀 중에 하나님의 나라가 사람 안에 있다고 말씀하셨습니다. 이것은 상징이나 비유가 아닙니다. 실제로 믿는 자 안에 하나님의 나라가 이루어져야 함을 말씀하신 것입니다. 그러면 어떻게 믿는 자 안에 하나님의 나라가 이루어질 수 있습니까? 하나님이 믿는 사람 안에 들어오시면 믿는 자 안에 하나님의 나라가 이루어집니다.

"12 그러므로 나의 사랑하는 자들아 너희가 나 있을 때뿐 아니라 더욱 지금 나 없을 때에도 항상 복종하여 두렵고 떨림으로 너희 구원을 이루라 13 **너희 안에서 행하시는 이는 하나님이시니** 자기의 기쁘신 뜻을 위하여 너희로 소원을 두고 행하게 하시나니 14 모든 일을 원망과 시비가 없이 하라"(빌2:12-14)

"17 믿음으로 말미암아 **그리스도께서 너희 마음에 계시게 하옵시고** 너희가 사랑 가운데서 뿌리가 박히고 터가 굳어져서 18 능히 모든 성도와 함께 지식에 넘치는 그리스도의 사랑을 알아 19 그 넓이와 길이와 높이와 깊이가 어떠함을 깨달아 **하나님의 모든 충만하신 것으로 너희에게 충만하게 하시기를 구하노라**"(엡3:17-19)

"4 저희는 이스라엘 사람이라 저희에게는 양자 됨과 영광과 언약들과 율법을 세우신 것과 예배와 약속들이 있고 5 조상들도 저희 것이요 육신으로 하면 **그리스도가 저희에게서 나셨으니 저는 만물 위에 계셔 세세에 찬양을 받으실 하나님이시니라** 아멘" (롬9:4-5)

"9 만일 너희 속에 하나님의 영이 거하시면 너희가 육신에 있지 아니하고 영에 있나니 누구든지 **그리스도의 영이 없으면 그리스도의 사람이 아니라** 10 또 **그리스도께서 너희 안에 계시면** 몸은 죄로 인하여 죽은 것이나 영은 의를 인하여 산 것이니라" (롬8:9-10)

세세에 찬양을 받으실 하나님이신 그리스도께서 믿는 자들 안에 그리스도의 영으로 들어오시면 이 믿는 사람 안에 하나님의 나라가 이루어집니다. 그리스도가 믿는 자 안에 들어오시는 것은(이것이 책의 핵심적인 내용이므로) 책 전반에 걸쳐 더 자세히 다루도록 하겠습니다.

하나님은 영이신데 영이신 하나님이 사람 안에 들어오실 수 있는 이유는 사람이 사는 물질계(物質界)가 영계(靈界) 안에 지어졌기 때문입니다. 사람이 죽으면 사람의 영혼(靈魂)이 우주를 넘어서 영계(靈界)에 들어가는 것이 아니라 육체를 벗으면 바로 영계(靈界)입니다. 사람의 육체가 살아 있을 때도 사람은 영계(靈界)에 속해 있는 상태이지만 육체가 있어서 그 사실을 깨닫지 못할 뿐입니다.

2

자기의 친아들들을 얻으시는 계획을 영원한 때 전에 세우셨습니다

창조주 하나님이 영원한 때 전에 세우신 계획은 믿는 자들을 예수 그리스도로 말미암아 자기의 아들들이 되게 하시는 것입니다.

"3 찬송하리로다 하나님 곧 우리 주 예수 그리스도의 아버지께서 그리스도 안에서 하늘에 속한 모든 신령한 복으로 우리에게 복 주시되 4 곧 **창세 전**에 그리스도 안에서 우리를 택하사 우리로 사랑 안에서 그 앞에 거룩하고 흠이 없게 하시려고 5 그 기쁘신 뜻대로 우리를 예정하사 **예수 그리스도로 말미암아 자기의 아들들이 되게 하셨으니** 6 이는 그의 사랑하시는 자 안에서 우리에게 거저 주시는 바 그의 은혜의 영광을 찬미하게 하려는 것이라" (엡1:3-6)

창세 전에 그리스도 안에서 믿는 자들을 택하셔서 예수 그리스도로 말미암아 자기의 아들들이 되게 하셨다고 했는데 여기서 말씀하고 있는 창세 전이 바로 영원한 때 전입니다. 영계(靈界)와 물질계(物質界)

가 지어지기 전에 먼저 계획을 세우셨는데 그 계획이 자기의 아들들을 얻으시는 것입니다.

"피조물의 고대하는 바는 **하나님의 아들들의 나타나는 것**이니" (롬8:19)

피조물의 고대하는 것이 바로 하나님의 아들들이 나타나는 것이라고 했습니다. 이 말씀은 하나님의 천지 창조의 목적을 잘 말씀해 주고 있습니다. 모든 피조물이 원하는 것이 바로 하나님의 아들들이 나타나는 것입니다. 이 일을 위해서 하나님이 천지 만물을 창조하셨습니다. 하나님 아버지께서 얻고자 원하시는 아들은 아버지의 생명을 주신 친아들들입니다. 이를 위하여 영원한 때 전에 계획을 세우셨습니다. 그런데 지금 교회의 신앙을 보면 잘못된 교리의 영향을 받아서 믿는 자들이 하나님의 은혜로 말미암아 입양(入養)되어 양자(養子)로 거듭났다고 믿으면서 하나님을 아버지라고 부르고 있습니다. 물론 이렇게 믿는 사람들도 성경을 근거로 이러한 주장을 하지만 말씀을 제대로 이해하지 못해서 그런 주장을 하는 것입니다.

"너희는 다시 무서워하는 종의 영을 받지 아니하였고 **양자의 영을 받았으므로** 아바 아버지라 부르짖느니라" (롬8:15)

믿는 자들이 양자의 영을 받았다고 말씀하신 곳이 로마서 8장 15절 딱 한 구절이 있습니다. 그런데 양자의 영을 받았으니까 "양자가 된다?" 과연 양자의 영을 받았으므로 바로 양자가 된다고 성경이 말씀하고 있습니까?

"이뿐 아니라 또한 우리 곧 성령의 처음 익은 열매를 받은 우리까지도 속으로 탄식하여 **양자될 것 곧 우리 몸의 구속을 기다리느니라**" (롬8:23)

로마서 8장 23절에 양자(養子) 될 것을 기다린다고 했고 양자(養子)가 되는 것이 몸의 구속(救贖)이라고 했습니다. 양자(養子) 될 것을 기다린다는 것은 양자(養子)의 영을 받았어도 바로 양자(養子)가 되는 것이 아니라는 것입니다. 그리고 몸의 구속(救贖)이 바로 양자(養子) 되는 것이라고 말씀하고 있는데 구속(救贖)이 무엇입니까? 구속(救贖)은 곧 죄 사함입니다(엡1:7). 그렇다면 몸의 구속(救贖)은 믿는 자의 몸에서 죄가 하나도 없이 다 사라지는 것이라고 할 수 있습니다. 믿는 자들이 구원을 받았을 때 먼저, 그리스도께서 믿는 자의 영에만 들어오시고 몸에는 계시지 않기 때문에 하나님의 의(義)이신 그리스도로 말미암아 영은 살았지만 몸은 죄로 인하여 죽어 있는 상태입니다.

"9 만일 너희 속에 하나님의 영이 거하시면 너희가 육신에 있지 아니하고 영에 있나니 누구든지 **그리스도의 영이 없으면 그리스도의 사람이 아니라** 10 또 그리스도께서 너희 안에 계시면 **몸은 죄로 인하여 죽은 것이나 영은 의를 인하여 산 것이니라** 11 예수를 죽은 자 가운데서 살리신 이의 영이 너희 안에 거하시면 그리스도 예수를 죽은 자 가운데서 살리신 이가 너희 안에 거하시는 **그의 영으로 말미암아 너희 죽을 몸도 살리시리라**" (롬8:9-11)

그리스도의 영이 없으면 그리스도의 사람이 아니라고 했습니다. 그리스도께서 믿는 자 안에 계시면 믿는 자의 영은 살았으나 몸은 죄로 인하여 죽었다고 했는데 죄로 죽어 있는 몸을 그리스도의 영으로 살리신다고 했습니다. 죄로 죽어 있는 몸을 살리려면 몸에 있는 죄가 없어져야 합니다. 믿는 자의 영에 들어오신 그리스도께서 몸에 있는 죄를 없이 하시면 믿는 자의 몸이 구속(救贖) 곧 죄 사함을 얻는 것입니다. 이것이 바로 양자(養子)가 되는 것이고 또한 몸의 구속(救贖)을 받은 것입니다. 그래서 몸의 구속(救贖)은 선물이 아니라 상급입니다. 믿는 자의 영에 들어오시는 그리스도는 은혜로 값없이 주시는 하나님의 선물입니다. 그러나 그리스도가 믿는 자의 몸에 사심으로 몸에 있는 죄가 사라지는 것은 믿는 자들이 그리스도와 하나가 되어서 그리스도로 말미암아 살 때에 주시는 것이기 때문에 상급입니다. 구원을 받았어도 육신대로 사는 사람들에게서는 죄가 사라지지 않습니다.

"6 너희가 아들인 고로 **하나님이 그 아들의 영을 우리 마음 가운데 보내사** 아바 아버지라 부르게 하셨느니라 7 그러므로 네가 이 후로는 종이 아니요 아들이니 아들이면 **하나님으로 말미암아 유업을 이을** 자니라"
(갈4:6-7)

아들의 영을 우리 마음 가운데 보내시고 하나님을 아바 아버지라 부르게 하셨다고 했습니다. 아들의 영을 받은 것과 양자의 영을 받은 것이 다르지 않습니다. 영을 받았다는 것은 생명을 받았다는 것입니다. 하나님 아버지의 생명을 받아서 아들이 된 자들을 기르고 양육해서 유업을 이을 자들이 되게 하신다고 했습니다. 유업을 얻은 아들이 바로 양자(養子)가 된 것입니다. 그래서 양자(養子)가 되는 것은 기다려야 한다고 말씀하신 것입니다. 한자 '양(養)'은 기르고 양육한다는 뜻입니다. 성경이 말씀하고 있는 양자(養子)가 된다는 것은 아들이 아닌 자를 데려다가 아들로 삼아주는 것이 아니라 아들의 영을 주셔서 하나님의 아들이 된 자들을 기르고 양육하셔서 하나님으로 말미암아 유업을 이을 후사가 되게 하시는 것입니다.

> "15 너희는 다시 무서워하는 종의 영을 받지 아니하였고 **양자의 영을 받았으므로** 아바 아버지라 부르짖느니라 16 성령이 친히 우리 영으로 더불어 **우리가 하나님의 자녀인 것**을 증거하시나니 17 **자녀이면 또한 후사 곧 하나님의 후사요 그리스도와 함께 한 후사니** 우리가 그와 함께 영광을 받기 위하여 고난도 함께 받아야 될 것이니라" (롬8:15-17)

믿는 자들이 하나님의 아들이 되는 것은 아들이 아닌데 데려다가 아들로 삼는 것이 아니라 하나님 아버지의 생명을 주심으로 이들이 되는 것입니다. 그런데 기독교 신학 교리에 많은 영향을 끼친 어거스틴이나 칼빈 같은 사람들이 성경과 맞지 않는 사실을 책으로 남겨놓음으로 많은 사람들이 그 신학 사상에 영향을 받아서 믿는 자들이 하나님의 입양된 아들이 된다는 신앙을 가지고 있습니다.

> "우리는 창조되었고 은혜로 말미암아 입양되어 양자로 거듭났다" (어거스틴, 『삼위일체론』)[1]
>
> "주께서는 사람을 멸망의 구렁텅이에서 구원해내신 다음, 양자 삼는 은혜를 통하여 그를 자기 자신의 것으로 구별하여 세우셨다" (존 칼빈, 『기독

---

1 **어거스틴**(김광채 역), **삼위일체론**(서울: 주식회사 부크크, 2022), **184**

교강요(중권)』)²

어거스틴이나 칼빈의 저서에 믿는 자들이 하나님의 은혜로 하나님의 양자로 입양되었다고 주장하고 있는데 이는 성경과 맞지 않는 주장입니다. 많은 기독교인들이 이런 잘못된 교리의 영향을 받아서 자기가 하나님의 양아들이라고 믿으면서 신앙생활을 하고 있습니다. 아들이 아닌 자를 데려다가 아들로 삼은 것이 양자인데 우리가 믿음으로 하나님의 아들이 되는 것은 하나님 아버지의 생명을 받았기 때문입니다. 생명을 받은 아들을 친아들이라고 하지 양자라고 하지 않습니다.

> "아버지께서 자기 속에 생명이 있음같이 아들에게도 생명을 주어 그 속에 있게 하셨고"(요5:26)
> "10 하나님의 아들을 믿는 자는 자기 안에 증거가 있고 하나님을 믿지 아니하는 자는 하나님을 거짓말하는 자로 만드나니 이는 하나님께서 그 아들에 관하여 증거하신 증거를 믿지 아니하였음이라 11 **또 증거는 이것이니 하나님이 우리에게 영생을 주신 것과 이 생명이 그의 아들 안에 있는 그것이니라** 12 아들이 있는 자에게는 생명이 있고 하나님의 아들이 없는 자에게는 생명이 없느니라"(요일5:10-12)

아버지께서 자기 속에 있는 생명을 아들에게도 주어 그 속에 있게 하셨는데 이 말씀은 예수님만이 하나님의 친아들이라는 것을 말씀하는 것이 아닙니다. 요한복음을 기록한 사도 요한이 요한일서에 하나

---

2 존 칼빈(원광연 역), *기독교강요-중권*(서울: CH북스, 2003), **356**

님을 믿는 자는 자기 안에 증거가 있는데 그 증거는 하나님이 영생을 주신 것이고 그 생명이 하나님의 아들 안에 있으므로 하나님의 아들이 있는 자에게는 생명이 있고 없는 자에게는 생명이 없다고 했습니다. 다시 말해서 하나님의 아들 예수 그리스도께서 믿는 사람 안에 계시면 이 사람은 생명이 있으므로 하나님의 친아들이 된다는 뜻입니다.

> "또 아는 것은 하나님의 아들이 이르러 우리에게 지각을 주사 우리로 참된 자를 알게 하신 것과 또한 우리가 참된 자 곧 그의 아들 예수 그리스도 안에 있는 것이니 **그는 참 하나님이시요 영생이시라**" (요일5:20)
>
> "예수께서 가라사대 **내가 곧 길이요 진리요 생명이니** 나로 말미암지 않고는 아버지께로 올 자가 없느니라" (요14:6)

예수님께서 "내가 곧 생명"이라고 말씀하신 이유는 예수님 자신이 생명 자체이시기도 하지만 이 생명을 얻는 자가 아버지께로 올 수 있다는 것을 말씀하신 것입니다. 예수님이 믿는 자 안에 들어오셔서 믿는 자의 생명이 되시면 이 사람이 하나님의 친아들이 되는 것입니다. 이것이 바로 에베소서 1장 3~5절에 말씀하신 창세 전에 세우신 하나님의 계획이며 예수 그리스도로 말미암아 자기의 아들들이 되게 하시는 방법입니다.

3

한 분 하나님 아버지의
생명을 분배하시므로
친아들들을 얻으십니다

하나님 아버지께서 하나님의 친아들들을 얻으시려면 아버지의 생명을 분배하셔야 합니다. 그래서 하나님이 하시는 일을 한마디로 표현한다면 '생명분배(生命分配)'라고 할 수 있습니다.

> "창세로부터 그의 보이지 아니하는 것들 곧 **그의 영원하신 능력과 신성이 그 만드신 만물에 분명히 보여 알게 되나니** 그러므로 저희가 핑계치 못할지니라" (롬1:20)

하나님이 지으신 만물에 그의 영원하신 능력과 신성이 분명히 보여 알게 되므로 "하나님이 없다"라고 주장하는 자들이 하나님 앞에서 핑계치 못한다고 말씀하고 있습니다. 모든 살아 있는 만물은 그 존재가 똑같은 존재를 낳아서 계속 존재하게 됩니다. 여기서 생명을 주는 존재는 아버지이고 생명을 받은 존재는 아들이 됩니다. 아버지로부터 생명을 얻어서 아들이 존재하게 되는 것이 하나님이 창조하신 세상의 이치(理致)입니다. 그(하나님)의 영원하신 능력과 신성이 그 만드신 만물에 분명히 보여 알게 된다는 말씀은 하나님이 지으신 만물을 통해서 하나님의 계획과 하실 일을 확실하게 알 수 있다는 뜻입니다. 하나님이 하나님의 아들을 얻으실 때도 하나님 아버지의 생명을 주셔서 아들을 얻으신다는 뜻입니다.

"아버지께서 **자기 속에 생명이 있음같이** 아들에게도 **생명을 주어 그 속에 있게** 하셨고"(요5:26)

최초로 하나님 아버지의 생명을 받아서 하나님의 아들이 되신 분이 바로 예수 그리스도입니다. 하나님 아버지께서 자기 속에 생명이 있음같이 아들이신 예수님에게도 생명을 주셔서 그 속에 있게 하셨다고 말씀하고 있습니다. 그래서 예수님은 하나님 아버지의 생명을 받은 하나님의 친아들이십니다. 그런데 많은 기독교인들이 앞서 언급했던 어거스틴이나 칼빈이 주장한 신학 사상의 영향을 받아서 하나님의 친아들은 예수님 한 분 뿐이고 믿는 자들은 하나님의 은혜로 입양된 양자라고 하면서 예수님이 하나님의 외아들이라고 합니다. 그렇다면 과연 성경은 예수님이 하나님의 외아들이라고 말씀하고 있을까요?

"29 하나님이 미리 아신 자들로 또한 그 아들의 형상을 본받게 하기 위하여 미리 정하셨으니 이는 **그로 많은 형제 중에서 맏아들이 되게 하려 하심이니라** 30 또 미리 정하신 그들을 또한 부르시고 부르신 그들을 또한 의롭다 하시고 의롭다 하신 그들을 또한 영화롭게 하셨느니라"(롬 8:29-30)

하나님의 친아들이신 예수님을 많은 형제 중에서 맏아들이 되게 하신다고 말씀하고 있습니다. 하나님 아버지께서 예수님을 하나님의 맏아들이 되게 하시려면 예수님과 똑같은 하나님 아버지의 생명을 받은 아들들을 낳으시면 됩니다.

"거룩하게 하시는 자와 거룩하게 함을 입은 자들이 다 하나에서 난지라 그러므로 **형제라 부르시기를** 부끄러워 아니하시고" (히2:11)

"너희는 **하나님께로부터 나서** 그리스도 예수 안에 있고 예수는 **하나님께로서 나와서** 우리에게 지혜와 의로움과 거룩함과 구속함이 되셨으니" (고전1:30)

믿는 자들을 거룩하게 하시는 자 예수 그리스도와 거룩하게 함을 입은 믿는 자들이 한 하나님 아버지께로부터 났으므로 형제라 부르신다고 했습니다. 믿는 자들은 하나님이 낳으셨고 예수님은 하나님께로 나오신 분입니다.

"1 태초에 말씀이 계시니라 이 말씀이 하나님과 함께 계셨으니 이 **말씀은 곧 하나님이시니라** 2 그가 태초에 하나님과 함께 계셨고 3 만물이 그로 말미암아 지은 바 되었으니 지은 것이 하나도 그가 없이는 된 것이 없느니라 4 그 안에 생명이 있었으니 **이 생명은 사람들의 빛이라**" (요1:1-4)

"**말씀이 육신이 되어** 우리 가운데 거하시매 우리가 그 영광을 보니 **아버지의 독생자의 영광이요 은혜와 진리가 충만하더라**" (요1:14)

예수님은 태초부터 하나님 속에 계신 말씀이 하나님께로 나와서 육신을 입고 사람이 되신 분이므로 하나님께로 나왔다고 말씀하셨습니다. 예수님은 말씀이 육신이 되기 전에 하나님과 함께 계셨는데 하나님 옆에 계시다가 세상에 오신 것이 아니라 하나님 안에 계시다가 하나님께로서 나오신 분입니다. 예수님은 영원 전부터 하나님 아버지 안에 말씀으로 계신 분입니다. 그래서 예수님은 영원부터 계신 아들이 오셔서 육신을 입으신 분이 아니라 하나님 아버지께서 낳으신 분입니다.

> "또한 이와 같이 그리스도께서 대제사장 되심도 스스로 영광을 취하심이 아니요 오직 말씀하신 이가 저더러 이르시되 **너는 내 아들이니 내가 오늘날 너를 낳았다** 하셨고" (히5:5)

예수님은 원래부터 아들로 존재하신 분이 아니라 아버지가 예수님을 낳으셨다고 분명하게 말씀하고 있습니다. 그런데 어거스틴은 본인의 저서 『삼위일체론』에서 성부와 성자가 동등하다고 하면서 성자가 항상 태어나시는데 성자이기를 시작하지 않았다는 궤변으로 사람들을 미혹하고 있습니다.

> "이것은 **우유적(偶有的)**[3]인 것이 아니다. 이는, 성부는 항상 성부이시고 성자는 항상 성자이신 까닭이다. 그렇다고 성부가 성부이시기를 결코 그치시지 않기 때문이라는 뜻이 아니다. 도리어 **성자가 항상 태어나시되, 성자이기를 결코 시작하시지 않기 때문**이라는 뜻이다. 만약 성자가

---

3 사물이 일시적으로 우연히 가지게 되는

어느 때에 성자이시기를 시작하시거나 그치신다면 그의 성자되심은 우유적(偶有的)인 것이라 말할 수 있다"(어거스틴, 『삼위일체론』)[4]

하나님에게는 가변성(可變性)이나 우유성(偶有性)이 있을 수 없으므로 예수님이 하나님이시라면 영원부터 아들로 존재해야 한다고 어거스틴이 주장했습니다. 아들이 아니었다가 아들이 되는 것은 가변적(可變的)이고 우유적(偶有的)이기 때문에 예수님이 영원부터 아들로 계셨다고 주장하는 것입니다. "성자가 항상 태어나신다"라거나 "성자이기를 결코 시작하지 않았다"는 말을 어떻게 이해해야 하는지 도무지 알 수가 없습니다. 그래서 아타나시우스는 존재론적 삼위일체를 주장하는 44개 신조(부록 참조) 제9조에서 "성부와 성자와 성령은 우리의 이해를 초월하신 분이다"라고 주장했는지도 모르겠습니다. 삼위일체 교리를 주장하는 사람들의 공통점은 하나님은 사람이 이해할 수 없는 분이라고 하면서 또 삼위일체를 모르면 구원을 받을 수 없다고 말합니다. 이런 모순적(矛盾的)인 말이 또 어디 있겠습니까? 이해할 수 없다는 것은 잘 모른다는 것인데 또 모르면 구원을 받을 수 없다니요? 누구든지 이런 주장을 한다면 그 사람은 정말 정신 나간 소리를 하고 있는 것이 틀림없습니다.

"성부께서 하나님이 아니시라면 그는 성부이실 수가 없었고, 성자께서도 하나님이 아니시라면 그 역시 성자이실 수가 없었기 때문이다. 그러므로 우리는 하나님은 절대적으로 스스로 존재하신다고 고백한다. 또한 그렇기 때문에 **성자는 하나님이시며, 따라서 스스로 존재하신다**고 고백

---

[4] 어거스틴(김광채 역), ***삼위일체론***(서울: 주식회사 부크크, 2022), 173

한다"(존 칼빈, 『기독교강요(상권)』)⁵

16세기 종교개혁의 주역 중 한 사람인 칼빈도 어거스틴의 책을 통해서 많은 영향을 받고 『기독교강요』를 저술하였는데 성자 예수 그리스도는 스스로 존재한다고 어거스틴과 동일한 주장을 하였습니다. 어떻게 아들이 스스로 존재할 수 있습니까? 만약 아들이 스스로 존재한다면 과연 그 존재를 아들이라고 할 수 있겠습니까? 성경은 분명하게 아버지가 아들을 낳으셨다고 말씀하고 있습니다. 성경 어디에도 아들이 영원 전부터 있다고 말씀한 곳이 없습니다. 태초부터 말씀이 계셨다고 했습니다. 태초부터 "말씀이 계셨다"는 것은 아들이 계셨다는 뜻이 아닙니다. 장차 육신이 되실 말씀이 아버지 속에 계셨다는 뜻입니다.

"**1 태초부터 있는 생명의 말씀에** 관하여는 우리가 들은 바요 눈으로 본 바요 주목하고 우리 손으로 만진 바라 2 이 생명이 나타내신 바 된지라 이 영원한 생명을 우리가 보았고 증거하여 너희에게 전하노니 이는 **아버지와 함께 계시다가 우리에게 나타내신 바** 된 자니라"(요일1:1-2)

태초부터 아버지 속에 계신 생명의 말씀이 아버지께로부터 나와서 사람들에게 나타내신 바 된 분이 바로 예수 그리스도입니다.

"**1 태초에 말씀이 계시니라** 이 말씀이 하나님과 함께 계셨으니 이 말씀은 곧 하나님이시니라 2 그가 태초에 하나님과 함께 계셨고 3 만물이

---

5 **존 칼빈**(원광연 역), **기독교강요-상권**(서울: CH북스, 2003), 185

그로 말미암아 지은 바 되었으니 지은 것이 하나도 그가 없이는 된 것이 없느니라 4 **그 안에 생명이 있었으니 이 생명은 사람들의 빛이라**" (요 1:1-4)

말씀이 육신이 되신 그 말씀의 본질은 생명인데 이 생명이 사람들의 빛이라고 했습니다. 그러니까 말씀 속에는 생명이 있는데 이 말씀 속에 있는 생명이 사람들의 빛이 되기 위해서 예수님이 오셨다는 뜻입니다. 예수님은 내가 세상의 빛으로 왔다고 말씀했습니다.

"**나는 빛으로 세상에 왔나니** 무릇 나를 믿는 자로 어두움에 거하지 않게 하려 함이로라" (요12:46)

"9 예수께서 대답하시되 낮이 열두 시가 아니냐 사람이 낮에 다니면 **이 세상의 빛을 보므로** 실족하지 아니하고 10 밤에 다니면 **빛이 그 사람 안에 없는 고로** 실족하느니라" (요11:9-10)

예수님이 말씀하신 빛은 사람 속에 있는 어두움을 물러가게 하는 빛입니다. 그래서 낮에 다니는 사람 곧 빛이 안에 있는 사람은 실족하지 아니하고 밤에 다니는 사람 곧 빛이 안에 없는 사람은 실족한다고 말씀하셨습니다. 사람들 속에서 어두움을 물러가게 하는 말씀 곧 생명(빛)이 사람 속에 들어오면 이 사람이 바로 말씀으로 거듭나는 사람입니다.

"**너희가 거듭난 것이** 썩어질 씨로 된 것이 아니요 썩지 아니할 씨로 된 것이니 **하나님의 살아 있고 항상 있는 말씀으로** 되었느니라" (벧전1:23)

"그가 그 조물 중에 우리로 한 첫 열매가 되게 하시려고 자기의 뜻을 좇아 **진리의 말씀으로 우리를 낳으셨느니라**" (약1:18)

하나님의 살아 있고 항상 있는 말씀이 바로 태초부터 있는 생명의 말씀입니다. 이 태초부터 있는 생명의 말씀 곧 진리의 말씀으로 우리를 낳으셨습니다. 말씀으로 우리를 낳으셨다는 것은 말씀이 믿는 자 안에 들어왔다는 말씀입니다. 말씀이 들어왔으므로 생명이 왔고 빛이 왔다는 말씀입니다. 이 말씀이 믿는 자 안으로 들어오려면 과정을 거쳐야 합니다.

1) 예수님이 십자가에서 죽으실 때 자기 몸과 육체를 버려야 합니다

말씀이 육신이 되신 예수님이 세상 모든 죄를 위해서 십자가에서 죽으셔야 합니다. 그리고 예수님이 자기 몸과 육체를 버리시고 아버지 안으로 가셔야 합니다. 여기서 예수님의 몸과 육체를 버리신다는 부분이 굉장히 중요합니다. 만약 예수님의 육체가 죽었다가 다시 육체로 살아나셨다면 예수님은 아버지 안으로 들어가실 수가 없습니다.

"내가 그리스도와 함께 십자가에 못 박혔나니 그런즉 이제는 내가 산 것이 아니요 오직 내 안에 그리스도께서 사신 것이라 이제 내가 육체 가운데 사는 것은 나를 사랑하사 나를 위하여 **자기 몸을 버리신 하나님의 아들을 믿는 믿음 안에서** 사는 것이라" (갈2:20)

"그리스도께서도 한 번 죄를 위하여 죽으사 의인으로서 불의한 자를 대신하셨으니 이는 우리를 하나님 앞으로 인도하려 하심이라 **육체로는 죽임을 당하시고 영으로는 살리심을 받으셨으니**" (벧전3:18)

예수님은 육체로는 죽임을 당하시고 영으로는 살리심을 받으셨습니다. 그리스도께서 한 번 죄를 위하여 죽었는데 이때 예수님의 육체만이 아니라 영혼까지 제물로 드려졌고 아버지께서 예수님을 살리실 때 육체는 그대로 두시고 영으로 살리셨습니다.

"여호와께서 그로 상함을 받게 하시기를 원하사 질고를 당케 하셨은즉 **그 영혼을 속건제물로 드리기에 이르면** 그가 그 씨를 보게 되며 그 날은 길 것이요 또 그의 손으로 여호와의 뜻을 성취하리로다" (사53:10)
"이제는 **그의 육체의 죽음으로 말미암아 화목케 하사** 너희를 거룩하고 흠 없고 책망할 것이 없는 자로 그 앞에 세우고자 하셨으니" (골1:22)

많은 기독교인들이 예수님의 부활에 대해서 예수님의 육체가 죽었다가 육체가 다시 살아나신 것으로 알고 믿고 있습니다. 이 또한 잘못된 교리에 의해서 잘못된 믿음이 전해졌기 때문입니다. 예수님의 영혼이 죽지 않고 육체만 죽었다고 믿으므로 당연히 예수님의 육체가 다시 살았다고 믿게 되어버렸습니다(부활에 대해서는 뒤에서 더 자세히 다루도록 하겠습니다). 기록된 말씀으로 확인했듯이 예수님은 영혼과 육체가 다 제물로 드려졌습니다. 그런데 아버지께서 예수님의 육체는 그대로 두시고 영을 다시 살리셨습니다. 예수님의 영을 다시 살리시는 일이 중요한 이유는 이 영이 다시 믿는 자들 안을 들어오셔야 하기 때문입니다. 예수님의 영이 다시 살리심을 받은 것이 곧 그리스도가 살리심을 받은 것입니다. 예수님의 영이 곧 그리스도입니다.

2) 그리스도가 아버지 안으로 가셨다가 다시 믿는 자들 안으로 오셔야 합니다

예수님은 세상에 오실 때에 아버지 안에서 세상으로 오셨기 때문에 다시 아버지께로 가실 때에도 아버지 안으로 가신다고 말씀하셨습니다.

> "**내가 아버지께로 나와서** 세상에 왔고 **다시 세상을 떠나 아버지께로** 가 노라 하시니"(요16:28)

예수님이 아버지께로 나왔다는 것은 아버지 안에 계셨다는 뜻이라고 앞에서 설명했습니다. 이제 다시 세상을 떠나 아버지께로 가시는 예수님은 아버지 안으로 가신다고 친히 말씀하셨습니다.

> "그날에는 **내가 아버지 안에, 너희가 내 안에, 내가 너희 안에 있는 것을** 너희가 알리라"(요14:20)

예수님이 말씀하신 그날은 십자가에 못 박히신 날입니다. 그날 예수님은 아버지 안으로 가셨습니다. 그리고 아버지 안으로 가신 이유가 믿는 자들 안으로 오시기 위함이라고 말씀하셨습니다. 아버지 안으로 가신 그리스도는 한 분입니다. 그런데 다시 오시는 그리스도는 모든 믿는 자들 안으로 오셔야 하는데 그리스도가 한 분이면 모든 믿는 자들에게 오실 수가 없으므로 그리스도가 아버지 안에서 많은 열매를 맺었습니다. 그래서 이제 아버지 안에는 많은 그리스도가 있습니다.

> "내가 진실로 진실로 너희에게 이르노니 한 알의 밀이 땅에 떨어져 죽지 아니하면 한 알 그대로 있고 **죽으면 많은 열매를 맺느니라**" (요12:24)

예수님이 밀알의 비유를 말씀하시면서 밀이 죽어야 많은 열매를 맺는다고 말씀하신 것은 장차 예수님이 많은 하나님의 아들들을 얻을 수 있는 씨가 되시려면 십자가에서 죽어야 하는 것을 말씀하신 것입니다. 그래서 미리 말씀하신 대로 예수님의 영이 다시 살리심을 받아서 아버지 안으로 가셨고 아버지 안으로 가신 그리스도가 많은 열매를 맺었기 때문에 아버지 안에는 많은 아들들을 얻을 수 있는 씨가 있습니다. 아브라함에게 약속하신 것처럼 하늘의 별과 같이 땅의 티끌과 같이 많은 아들들을 얻을 수 있는 씨가 아버지 안에 있습니다.

> "17 **믿음으로 말미암아 그리스도께서 너희 마음에 계시게 하옵시고** 너희가 사랑 가운데서 뿌리가 박히고 터가 굳어져서 18 능히 모든 성도와 함께 지식에 넘치는 그리스도의 사랑을 알아 19 그 넓이와 길이와 높이와 깊이가 어떠함을 깨달아 **하나님의 모든 충만하신 것으로 너희에게 충만하게 하시기를 구하노라**" (엡3:17-19)

모든 믿는 자들 속에는 그리스도가 반드시 계셔야 합니다. 그리스도가 속에 계시지 않는 자들은 성경대로 믿는 자들이 아닙니다. 그래서 그들은 하나님의 아들이 될 수 없습니다. 하나님의 아들이 아니므로 구원도 받을 수 없습니다. 아버지 안에서 믿는 자들 안으로 오시는 그리스도가 말씀이고 생명이며 사람들의 빛입니다. 그리스도를 모든 믿는 자들에게 나눠주시는 것이 바로 한 분 하나님 아버지의 생명을 분배하셔서 아들들을 얻으시는 방법입니다.

제 2장

한 분 하나님이 친아들들을 얻으시려고 9가지 상태로 일하십니다

1

일위일체(一位一體)로 계신 한 분 하나님이 하나님의 친아들들을 얻으시려고 9가지 상태(호칭)로 일하십니다

한 분 하나님이 천지를 창조하신 목적은 자기의 생명을 분배하셔서 하나님의 친아들들을 얻으시는 것입니다. 이 목적을 이루시기 위해서 일위일체(一位一體)로 계신 한 분 하나님께서 9가지 상태(호칭)로 일하십니다.

1) 여호와

여호와는 한 분 하나님 아버지의 이름입니다. 구약 성경(개역 한글)에 '여호와'라는 이름이 7,029회 기록되어 있습니다.

"14 하나님이 모세에게 이르시되 **나는 스스로 있는 자니라** 또 이르시되 너는 이스라엘 자손에게 이같이 이르기를 스스로 있는 자가 나를 너희에게 보내셨다 하라 15 하나님이 또 모세에게 이르시되 너는 이스라엘 자손에게 이같이 이르기를 나를 너희에게 보내신 이는 너희 조상의 하나님 곧 아브라함의 하나님, 이삭의 하나님, 야곱의 하나님 **여호와라 하라 이는 나의 영원한 이름이요 대대로 기억할 나의 표호니라**" (출3:14-15)

여호와는 하나님의 영원한 이름이요, 대대로 기억할 표호(表號)라고 말씀하셨습니다. 스스로 계시는 하나님의 이름이 여호와라고 말씀하시고 너희가 대대로 기억할 나의 표호(表號)라고 말씀하셨는데 신약 성경에는 '여호와'라는 이름이 한 번도 기록되지 않았습니다. 원어를 연구한다는 혹자들이 "구약의 여호와 신약의 하나님은 서로 다른 분"이라는 주장을 하는데 이것은 정신 나간 미친 소리입니다. 하나님의 이름이 여호와입니다. 그런데 구약이나 신약이나 똑같이 하나님으로는 말씀하시는데 신약에는 왜 '여호와'라는 이름으로는 말씀하지 않으셨을까요? 여기에는 창조의 목적을 이루기 위한 하나님의 경륜의 비밀이 숨겨져 있습니다. 구약에 여호와로 말씀하신 하나님이 신약에는 아버지로 말씀하십니다. 똑같은 하나님이 구약에는 여호와로 말씀하시고 신약에는 아버지로 말씀하신 이유는 여호와께서 생명을 주신 아들을 낳았기 때문입니다.

"아버지께서 **자기 속에 생명이 있음같이 아들에게도 생명을 주어 그 속에** 있게 하셨고" (요5:26)

"예수 그리스도의 나심은 이러하니라 그 모친 마리아가 요셉과 정혼하고 동거하기 전에 **성령으로 잉태된 것이** 나타났더니" (마1:18)

"또한 이와 같이 그리스도께서 대제사장 되심도 스스로 영광을 취하심이 아니요 오직 말씀하신 이가 저더러 이르시되 **너는 내 아들이니 내가**

오늘날 너를 낳았다 하셨고" (히5:5)

구약에는 여호와 하나님의 생명을 받은 아들이 없었습니다. 그래서 구약에는 여호와라는 이름으로 말씀하셨는데 최초로 하나님 아버지의 생명을 받은 예수 그리스도께서 하나님의 아들로 오신 후로는 여호와로 말씀하지 아니하시고 아버지로만 말씀하시는 것입니다.

"3 찬송하리로다 하나님 곧 우리 주 예수 그리스도의 아버지께서 그리스도 안에서 하늘에 속한 모든 신령한 복으로 우리에게 복 주시되 4 곧 **창세 전에 그리스도 안에서 우리를 택하사** 우리로 사랑 안에서 그 앞에 거룩하고 흠이 없게 하시려고 5 그 기쁘신 뜻대로 우리를 예정하사 **예수 그리스도로 말미암아 자기의 아들들이 되게 하셨으니** 6 이는 그의 사랑하시는 자 안에서 우리에게 거저 주시는 바 그의 은혜의 영광을 찬미하게 하려는 것이라" (엡1:3-6)

"피조물의 고대하는 바는 **하나님의 아들들의 나타나는 것**이니" (롬8:19)

아들이 있어야 아버지가 됩니다. 여호와 하나님이 많은 아들들의 아버지가 되시는 것이 창조의 목적이므로 많은 아들들을 얻을 수 있는 종자(씨)로서 예수님이 오셔서 창조의 목적을 이루시는 것입니다.

2) 아버지

① 구약의 하나님 아버지는 창조주로서 아버지입니다

구약에서 말씀하실 때 주로 '여호와'라는 이름으로 말씀하신 하나님께서 아버지로도 말씀하신 곳이 몇 군데 있습니다.

> "저가 내게 부르기를 **주는 나의 아버지시요 나의 하나님이시요** 나의 구원의 바위시라 하리로다" (시89:26)
>
> "**주는 우리 아버지시라** 아브라함은 우리를 모르고 이스라엘은 우리를 인정치 아니할지라도 **여호와여 주는 우리의 아버지시라** 상고부터 주의 이름을 우리의 구속자라 하셨거늘" (사63:16)

구약에서 하나님이 아버지로 말씀하신 곳이 있는데 이것은 아버지의 생명을 주신 아들을 낳으셨다는 뜻으로 말씀하신 것이 아닙니다. 구약에서 하나님이 아버지라 말씀하신 것은 지으신 자 곧 창조주로서 아버지라고 말씀하신 것이지 생명을 주었기 때문이 아닙니다. 다음 말씀을 보면 쉽게 이해할 수 있습니다.

> "그러나 **여호와여 주는 우리 아버지시니이다 우리는 진흙이요 주는 토기장이시니 우리는 다 주의 손으로 지으신 것이라**" (사64:8)
>
> "**우리는 한 아버지를 가지지 아니하였느냐 한 하나님의 지으신 바가 아니냐** 어찌하여 우리 각 사람이 자기 형제에게 궤사를 행하여 우리 열조의 언약을 욕되게 하느냐" (말2:10)

여호와의 손으로 지음을 받은 사람에 대해서 사람이 주 여호와의 손으로 지음을 받았으므로 하나님이 아버지가 되신다고 말씀하셨습니다. 이것은 세상에서도 여러 가지 방면에서 비유적으로 많이 사용하고 있는 것을 볼 수 있습니다. 실제로 생명의 관계가 아닌데 아버지로 비유하는 것들에 대해서 예를 들어보겠습니다. 음악의 아버지 바흐, 의학의 아버지 히포크라테스, 서양 철학의 아버지 탈레스, 근대 철학의 아버지 데카르트, 수학의 아버지 피타고라스, 현대 과학의 아버지 아인슈타인, 근대 교육의 아버지 페스탈로찌… 등등의 많은 아버지를 우리는 알고 있습니다. 어떤 분야에서 시초가 되는 것이 그 사람으로부터 시작되었다는 것을 말할 때 '아버지'라는 표현을 쓰고 있습니다. 사람의 시작이 창조주 하나님으로부터 말미암았으므로 구약에도 하나님이 '아버지'라고 말씀하셨습니다. 그러나 이것은 생명을 주신 분으로서 아버지를 말씀하신 것이 아니라 하나님이 사람을 지으셨기 때문에 창조주로서 '아버지'라고 말씀하신 것입니다.

② 여호와가 생명을 주신 아버지가 되게 하시려고 예수님이 오셨습니다

너무나 중요하기 때문에 계속 반복해서 강조하는데 하나님 아버지께서 천지 만물을 창조하신 목적은 예수 그리스도로 말미암아 자기의 아들들을 얻으시는 것입니다. 아버지가 아들을 얻기 위해서는 생명을 주셔야 합니다. 그런데 죄가 있는 사람은 거룩하신 하나님 아버지의 생명을 받을 수가 없으므로 먼저 죄를 깨끗하게 하는 일이 필요했습니다. 이 일을 위해서 예수 그리스도께서 우리와 똑같은 육체를 입고 사람이 되어 이 땅에 오셔서 십자가에 못 박혀 죽었습니다.

"이튿날 요한이 예수께서 자기에게 나아오심을 보고 가로되 보라 **세상 죄를 지고 가는 하나님의 어린 양**이로다" (요1:29)

"1 나의 자녀들아 내가 이것을 너희에게 씀은 너희로 죄를 범치 않게 하려 함이라 만일 누가 죄를 범하면 아버지 앞에서 우리에게 대언자가 있으니 곧 의로우신 예수 그리스도시라 2 저는 **우리 죄를 위한 화목제물이니 우리만 위할 뿐 아니요 온 세상의 죄를 위하심이라**"(요일2:1-2)

세상 모든 죄를 위한 화목제물이 되신 예수님이 영원한 속죄를 이루사 죄를 위하여 피를 흘리는 제사를 다시 드릴 일이 없도록 하셨습니다.

"11 그리스도께서 장래 좋은 일의 대제사장으로 오사 손으로 짓지 아니한 곧 이 창조에 속하지 아니한 더 크고 온전한 장막으로 말미암아 12 염소와 송아지의 피로 아니하고 **오직 자기 피로 영원한 속죄를 이루사** 단번에 성소에 들어가셨느니라"(히9:11-12)
"17 또 저희 죄와 저희 불법을 내가 다시 기억지 아니하리라 하셨으니 18 **이것을 사하셨은즉 다시 죄를 위하여 제사드릴 것이 없느니라**"(히10:17-18)

예수님이 세상 모든 죄를 위한 화목제물이 되셔서 세상 모든 죄를 다 담당하셨지만 모든 사람이 다 죄 사함을 받을 수 있는 것은 아닙니다. 예수 그리스도의 보혈로 말미암은 대속(代贖)의 은혜는 오직 믿는 자들에게만 효력이 있습니다. 여기서 믿는 자는 교회에 다니는 자들을 말하는 것이 아닙니다. 하나님의 말씀대로 믿는 자들입니다. 교회에는 나가지만 성경대로 믿지 않는 자들이 너무나 많은 것이 오늘날 교회의 안타까운 현실입니다. 예수님의 죽음이 내 죽음이라고 믿지 않는 자들은 죄 사함을 받을 수가 없습니다.

"3 무릇 **그리스도 예수와 합하여 세례를 받은 우리는 그의 죽으심과 합하여 세례받은 줄을 알지 못하느뇨** 4 그러므로 우리가 **그의 죽으심과 합하여 세례를 받음으로 그와 함께 장사되었나니** 이는 아버지의 영광으로 말미암아 그리스도를 죽은 자 가운데서 살리심과 같이 우리로 또한 **새 생명 가운데서 행하게 하려 함이니라**"(롬6:3-4)

오늘날 교회에 잘못된 복음이 전해져서 예수님이 십자가에서 죽으실 때 내 죄를 담당하고 죽었다고 믿기만 하면 구원받고 천국에 간다고 믿는 자들이 너무나 많습니다. 이렇게 믿는 자들은 한 사람도 구원을 받을 수 없습니다. 하나님 아버지의 생명을 받을 수가 없기 때문입니다. 우리를 새 생명 가운데 행하게 하신다고 했는데 그리스도의 죽으심과 합하여 세례받은 자들에게 새 생명을 주신다고 했습니다. 하나님 아버지께서 믿는 자들에게 주시는 새 생명이 바로 그리스도입니다. 그래서 그리스도와 함께 죽었다고 믿는 자들 속에 그리스도께서 사시는 것입니다.

"**내가 그리스도와 함께 십자가에 못 박혔나니 그런즉 이제는 내가 산 것이 아니요 오직 내 안에 그리스도께서 사신 것이라** 이제 내가 육체 가운데 사는 것은 나를 사랑하사 나를 위하여 자기 몸을 버리신 하나님의 아들을 믿는 믿음 안에서 사는 것이라"(갈2:20)

그리스도와 함께 십자가에 못 박힌 자들 속에 그리스도께서 사시면 그리스도가 그 사람의 생명이 되시는 것입니다. 그래서 예수님은 세상에 계실 때에 생명을 주러 오셨다고 말씀하셨고 또 그 생명이 바로 예수님 자신이라는 사실을 여러 번 강조해서 말씀하셨습니다.

"9 내가 문이니 누구든지 나로 말미암아 들어가면 구원을 얻고 또는 들어가며 나오며 꼴을 얻으리라 10 도적이 오는 것은 도적질하고 죽이고 멸망시키려는 것뿐이요 **내가 온 것은 양으로 생명을 얻게 하고 더 풍성히 얻게 하려는 것이라**"(요10:9-10)

"25 예수께서 가라사대 나는 부활이요 생명이니 나를 믿는 자는 죽어도 살겠고 26 무릇 살아서 나를 믿는 자는 영원히 죽지 아니하리니 이것을 네가 믿느냐"(요11:25-26)

"예수께서 가라사대 **내가 곧 길이요 진리요 생명이니** 나로 말미암지 않고는 아버지께로 올 자가 없느니라"(요14:6)

예수 그리스도가 생명이시라고 성경 여러 곳에서 말씀하고 계시는데 이 생명이 믿는 자들의 생명이 되시려면 예수 그리스도께서 믿는 자 안으로 들어오셔야 합니다. 생명은 살아 있는 존재 안에 있는 것이기 때문입니다. 그래서 생명(영생)을 얻으려고 하는 자들은 예수님의 살과 피를 먹고 마셔야 한다고 예수님이 말씀하셨습니다.

"내가 진실로 진실로 너희에게 이르노니 **내 말을 듣고 또 나 보내신 이를 믿는 자는 영생을 얻었고** 심판에 이르지 아니하나니 **사망에서 생명으로 옮겼느니라**"(요5:24)

"53 예수께서 이르시되 내가 진실로 진실로 너희에게 이르노니 **인자의**

살을 먹지 아니하고 인자의 피를 마시지 아니하면 너희 속에 생명이 없느니라 54 내 살을 먹고 내 피를 마시는 자는 영생을 가졌고** 마지막 날에 내가 그를 다시 살리리니 55 내 살은 참된 양식이요 내 피는 참된 음료로다 56 내 살을 먹고 내 피를 마시는 자는 내 안에 거하고 나도 그 안에 거하나니 57 살아 계신 아버지께서 나를 보내시매 내가 아버지로 인하여 사는 것같이 **나를 먹는 그 사람도 나로 인하여 살리라**" (요6:53-57)

예수님의 말씀을 듣고 예수님을 보내신 아버지를 믿는 자들이 영생을 얻었다고 말씀하셨고 예수님의 살을 먹고 예수님의 피를 마시는 자들 속에 생명이 있다고 말씀하셨습니다. 예수님의 살을 먹고 피를 마신다는 것에 대해서 성찬 예식을 행하면서 먹는 빵 한 조각과 포도주 한 잔이 예수님의 살과 피라고 말하는 사람들이 있습니다. 성찬 예식을 하면서 먹는 빵과 포도주는 절대로 예수님의 살과 피가 될 수 없습니다. 그래서 참된 양식과 참된 음료가 될 수 없으므로 생명을 얻을 수도 없습니다.

◆ 성찬(聖餐)에 대한 견해

1. 로마 가톨릭의 화체설(化體說, Transubstantiation)
성찬의 떡과 포도주가 실제로 그리스도의 몸과 피로 변한다는 주장. 그들은 신부가 떡과 포도주를 들고 축성(祝聖)하면서 '이것은 내 몸이니(hoc est enim corpus meum)' 그리고 '이것은 내 피니(hic est nim calix sanguinis mei)'라고 라틴어로 선언하는 순간에 떡과 포도주가 실제 그리스도의 몸과 피로 바뀐다고 보는 주장. 그리하여 그들은 성찬(聖餐)에 참여하는 모든 사람들이 자동으로 은혜를 받는다고 주장함.

2. 루터의 공재설(共在說, Consubstantiation)

떡과 포도주에 그리스도가 임재(臨在)하신다는 주장. 루터에 따르면, 떡과 포도주라는 실체에는 아무런 변화가 일어나지 않지만 떡과 포도주에 그리스도의 몸이라는 실체가 함께 존재한다고 주장함. 즉 성찬(聖餐) 시에 "떡 안에, 떡과 함께, 그리고 떡 아래에" 그리스도가 계신다고 함. 로마 가톨릭의 화체설과 크게 다르지 않음.

3. 쯔빙글리의 기념설(記念說, Memorialism) 또는 상징설(象徵說, Commemoration)

떡과 포도주가 단순히 그리스도의 고난을 기념할 뿐이라고 주장. 쯔빙글리는 "이것은 내 몸이니"를 문자적으로 해석해서는 안 된다고 봄. 그는 성경에서 '~이다'라는 표현이 자주 '상징하다'를 뜻하기 때문에 여기서도 상징으로 해석해야 한다고 함. 그에 따르면, 떡과 포도주는 그리스도의 고난을 기억하고 그분의 다시 오심을 바라보게 하는 상징이며 단지 기념할 뿐이라고 함.

4. 칼빈의 영적 임재설(靈的 臨在說, Spiritual Presence)

떡과 포도주에 그리스도가 영적으로 임재(臨在)하신다는 주장. 칼빈은 성찬을 행할 때 그리스도의 몸과 피가 영적으로 임하시므로 성찬(聖餐)에 참여하는 성도들이 그리스도의 십자가 사역의 의미를 영적으로 체험한다고 봄. 그리하여 그는 그리스도인들이 성찬에 참여함으로써 그리스도와 친밀하게 교제할 수 있다고 주장함.

성찬에 대한 견해를 4가지 정도로 요약할 수 있는데 이러한 견해들은 다 성경과 맞지 않는 주장들입니다. 예수님의 살과 피를 먹고 마시라고 말씀하신 것은 생명의 떡으로 오신 예수님에 대한 비유입니다. 천주교의 교리처럼 떡과 포도주가 실제로 예수님의 살과 피가 될 수 없고 루터의 주장처럼 그 안에 그리스도께서 함께 하시는 것도 아닙니다. 쯔빙글리의 주장처럼 떡과 포도주가 단지 상징이며 기념하라는 것도 아니며 칼빈이 주장하는 것처럼 성찬(聖餐)을 통해서 그리스도께서 영적으로 임재(臨在)하시는 것도 아닙니다.

"9 여기 한 아이가 있어 **보리떡 다섯 개와 물고기 두 마리를** 가졌나이다 그러나 그것이 이 많은 사람에게 얼마나 되겠삽나이까 10 예수께서 가라사대 이 사람들로 앉게 하라 하신대 그 곳에 잔디가 많은지라 사람들이 앉으니 수효가 오천쯤 되더라 11 예수께서 떡을 가져 축사하신 후에 앉은 자들에게 나눠 주시고 고기도 그렇게 저희의 원대로 주시다 12 저희가 배부른 후에 예수께서 제자들에게 이르시되 남은 조각을 거두고 버리는 것이 없게 하라 하시므로 13 이에 거두니 보리떡 다섯 개로 먹고 남은 조각이 열두 바구니에 찼더라 14 그 사람들이 **예수의 행하신 이 표적을 보고 말하되 이는 참으로 세상에 오실 그 선지자라** 하더라 15 그러므로 예수께서 저희가 와서 자기를 억지로 잡아 임금 삼으려는 줄을 아시고 다시 혼자 산으로 떠나가시니라" (요6:9-15)

예수님이 요한복음 6장에서 행하신 오병이어(五餠二魚)의 표적은 예수님의 행하실 일을 나타내 보여주시기 위한 표적이었습니다. 그러나 표적을 보고도 깨닫지 못하는 유대인들에게 예수님은 너희가 나를 찾는 것은 표적을 본 까닭이 아니요 먹고 배부른 까닭이라고 말씀하셨습니다.

"26 예수께서 대답하여 가라사대 내가 진실로 진실로 너희에게 이르노니 **너희가 나를 찾는 것은 표적을 본 까닭이 아니요 떡을 먹고 배부른**

까닭이로다 27 썩는 양식을 위하여 일하지 말고 영생하도록 있는 양식을 위하여 하라 이 양식은 인자가 너희에게 주리니 인자는 아버지 하나님의 인치신 자니라"(요6:26-27)

예수님이 보리떡 다섯 개와 물고기 두 마리로 오천 명이나 되는 사람들을 먹이셨지만 그들이 먹은 것은 영생하도록 있는 양식이 아니었고 육체를 위한 썩는 양식이었습니다. 예수님이 이적을 행하셔서 먹게 하신 것일지라도 그것은 생명을 주는 양식이 될 수 없습니다. 결국 이 표적은 예수님이 바로 하늘로부터 내려온 생명의 떡이라는 것을 믿는 자들로 알게 하기 위하여 행하신 것입니다.

"**33 하나님의 떡은 하늘에서 내려 세상에게 생명을 주는 것이니라** 34 저희가 가로되 주여 이 떡을 항상 우리에게 주소서 35 예수께서 가라사대 내가 곧 생명의 떡이니 내게 오는 자는 결코 주리지 아니할 터이요 나를 믿는 자는 영원히 목마르지 아니하리라 36 그러나 내가 너희더러 이르기를 너희는 나를 보고도 믿지 아니하는도다 하였느니라"(요6:33-36)
"**48 내가 곧 생명의 떡이로라** 49 너희 조상들은 광야에서 만나를 먹었어도 죽었거니와 50 이는 하늘로서 내려오는 떡이니 사람으로 하여금 먹고 죽지 아니하게 하는 것이니라 51 **나는 하늘로서 내려온 산 떡이니 사람이 이 떡을 먹으면 영생하리라** 나의 줄 떡은 곧 세상의 생명을 위한 내 살이로라 하시니라"(요6:48-51)

사람이 살기 위하여 육체를 위한 양식이 필요한 것처럼 영생을 얻기 위해서 생명의 양식이 필요하다는 것을 알게 하시려고 이 표적을 행하신 것입니다. 육체를 위한 양식이 육체 안으로 들어와야 하는 것처럼 영생을 위한 양식은 사람의 영 안으로 들어와야 합니다. 곧 예수님이 바로 생명의 떡이므로 사람 안으로 들어오셔야 한다는 것을 비유로 말씀하신 것입니다. 그러나 예수님이 말씀하신 것을 깨닫지 못하는 자들은 표적을 보고도 믿지 못하고 예수님을 떠나고 말았습니다.

> "60 제자 중 여럿이 듣고 말하되 **이 말씀은 어렵도다 누가 들을 수 있느냐** 한대 61 예수께서 스스로 제자들이 이 말씀에 대하여 수군거리는 줄 아시고 가라사대 이 말이 너희에게 걸림이 되느냐 62 그러면 너희가 인자의 이전 있던 곳으로 올라가는 것을 볼 것 같으면 어찌 하려느냐 63 **살리는 것은 영이니 육은 무익하니라 내가 너희에게 이른 말이 영이요 생명이라** 64 그러나 너희 중에 믿지 아니하는 자들이 있느니라 하시니 이는 예수께서 믿지 아니하는 자들이 누구며 자기를 팔 자가 누군지 처음부터 아심이러라 65 또 가라사대 이러하므로 전에 너희에게 말하기를 내 아버지께서 오게 하여 주지 아니하시면 누구든지 내게 올 수 없다 하였노라 하시니라 66 이러므로 **제자 중에 많이 물러가고 다시 그와 함께 다니지 아니하더라**" (요6:60-66)

영생을 얻기 위해서는 반드시 예수님의 살과 피를 먹고 마셔야 하는데 이것은 생명의 양식으로 오신 예수님을 먹어야 영생을 얻을 수 있음을 알게 하기 위한 비유입니다. 예수님의 살과 피를 먹고 마신다는 말은 음식을 먹으면 음식이 먹는 사람 안으로 들어오는 것처럼 예수님도 그 사람 안으로 들어오시겠다는 뜻입니다. 예수님을 따르던 제자들이 실제로 예수님의 살과 피를 먹은 적이 없지만 그리스도는 제자들 안에 계셨습니다. 예수님을 믿음으로 그리스도가 그들 안에 계셔서 영생을 얻을 수 있었습니다. 지금도 마찬가지입니다. 믿는 자들이 영생을 얻을 수 있는 유일한 방법은 믿음으로 그리스도께서 자기 안에 계시게 하는 것입니다.

> "17 **믿음으로 말미암아 그리스도께서 너희 마음에 계시게 하옵시고** 너희가 사랑 가운데서 뿌리가 박히고 터가 굳어져서 18 능히 모든 성도와 함께 지식에 넘치는 그리스도의 사랑을 알아 19 그 넓이와 길이와 높이와 깊이가 어떠함을 깨달아 **하나님의 모든 충만하신 것으로 너희에게 충만하게 하시기를 구하노라**" (엡3:17-19)

그리스도께서 믿는 자 안에 계시는 것이 믿음입니다. 이 사람이 영생을 얻은 사람이고 구원받은 사람입니다. 그리스도가 생명이기 때문입니다.

> "10 **하나님의 아들을 믿는 자는 자기 안에 증거가 있고** 하나님을 믿지 아니하는 자는 하나님을 거짓말하는 자로 만드나니 이는 하나님께서 그 아들에 관하여 증거하신 증거를 믿지 아니하였음이라 11 또 증거는 이것이니 **하나님이 우리에게 영생을 주신 것과 이 생명이 그의 아들 안에 있는** 그것이니라 12 아들이 있는 자에게는 생명이 있고 하나님의 아들이 없는 자에게는 생명이 없느니라" (요일5:10-12)
>
> "또 아는 것은 하나님의 아들이 이르러 우리에게 지각을 주사 우리로 참된 자를 알게 하신 것과 또한 우리가 참된 자 곧 그의 아들 예수 그리스도 안에 있는 것이니 **그는 참 하나님이시요 영생이시라**" (요일5:20)

하나님을 믿는 자는 증거가 믿는 자 안에 있고 그 증거는 하나님이 영생을 주신 것인데 그 생명이 하나님의 아들 안에 있는 것이라고 했습니다. 그래서 아들이 있는 자에게는 생명이 있고 아들이 없는 자에게는 생명이 없다고 했습니다. 그렇다면 이 말씀은 영생이신 그리스도께서 믿는 자 안에 있으면 증거가 있으므로 구원을 받은 것이고 그리스도가 자기 속에 계시지 않는 자들은 증거가 없으므로 구원받지 못했다는 뜻입니다.

> "너희가 믿음에 있는가 너희 자신을 시험하고 너희 자신을 확증하라 **예수 그리스도께서 너희 안에 계신 줄을 너희가 스스로 알지 못하느냐** 그렇지 않으면 너희가 버리운 자니라" (고후13:5)

예수 그리스도께서 자기 안에 계신 것을 스스로 알지 못하는 자들은 버리운 자라고 했습니다. 하나님으로부터 버림을 당한 자들이 어떻게 구원받은 자이겠습니까? 누구든지 "믿음이 있다" 하면서 자기 속에 그리스도가 계시지 않는다면 이 사람은 구원받지 못한 사람입니다.

> "3 이는 너희가 죽었고 너희 생명이 그리스도와 함께 하나님 안에 감추었음이니라 4 **우리 생명이신 그리스도께서** 나타나실 그 때에 너희도 그와 함께 영광 중에 나타나리라" (골3:3-4)

그리스도가 믿는 자의 생명입니다. 이 생명을 아버지께서 믿는 자들에게 주셔야 믿는 자들이 하나님의 아들이 될 수 있습니다. 그래서 그리스도는 십자가 이후에 아버지 안으로 가셨다가 다시 믿는 자들 안으로 오신다고 했습니다.

"내가 **아버지께로 나와서** 세상에 왔고 **다시 세상을 떠나 아버지께로 가** 노라 하시니" (요16:28)

아버지께로서 나오신 예수님이 다시 세상을 떠나 아버지께로 가신다고 했습니다. 예수님은 세상을 떠나 아버지께로 가실 때에 아버지 안으로 가신다고 분명하게 말씀하고 가셨습니다. 아버지 안으로 가셔야 하는 이유는 믿는 자들 안으로 다시 오셔야 하기 때문입니다.

"그 날에는 **내가 아버지 안에, 너희가 내 안에, 내가 너희 안에 있는 것 을** 너희가 알리라" (요14:20)

예수님이 아버지 안으로 가셨다가 다시 믿는 자들 안으로 오셔야 믿는 자들이 하나님 아버지의 생명을 받은 아들들이 될 수 있습니다. 그래서 예수님은 십자가에 죽으시고 아버지 안으로 가셔서 많은 열매를 맺으셨습니다. 죽기 전에 예수님은 한 분이었지만 아버지 안으로 가신 예수님은 많은 열매가 맺어져서 아버지 안에서 많은 씨가 되셨습니다. 이 씨가 바로 믿는 자들을 거듭나게 하는 하나님의 살아 있고 항상 있는 말씀입니다.

"내가 진실로 진실로 너희에게 이르노니 한 알의 밀이 땅에 떨어져 죽지 아니하면 한 알 그대로 있고 **죽으면 많은 열매를 맺느니라**" (요12:24)

"**너희가 거듭난 것이** 썩어질 씨로 된 것이 아니요 썩지 아니할 씨로 된 것이니 **하나님의 살아 있고 항상 있는 말씀으로** 되었느니라" (벧전1:23)

그리스도가 하나님의 씨입니다. 이 씨가 바로 믿는 자들 안에 들어와서 새 생명이 되십니다. 이 새 생명을 받은 자들이 하나님 아버지의 생명을 받았으므로 하나님의 아들이 되는 것이고 여호와 하나님은 아버지가 되시는 것입니다. 이로써 창조주 하나님의 천지 창조의 목적이 이루어지는 것입니다.

3) 성령

성령은 삼위일체 교리 안에서 하나님을 믿는 사람들이 주장하는 것처럼 성부와도 다르고 성자와도 다른 제삼위의 하나님이 아닙니다. 한 분 하나님이 하나님의 살아 계심을 나타내시며 창조의 목적을 이루시기 위해 일을 하시는데 이것을 성령으로 성경에 기록했습니다. 그런데 구약 성경에는 성령으로 기록된 곳이 한 구절도 없습니다. 왜냐하면 성령을 구약에는 성신으로 기록했기 때문입니다. 왜 같은 성령을 구약에는 성신으로 기록하고 신약에는 성령으로 기록했을까요? 먼저 구약의 성신과 신약의 성령이 같다는 것을 기록된 말씀을 통해서 확인하고 이어서 설명하도록 하겠습니다.

① 구약의 성신과 신약의 성령은 같습니다

마태복음 12장 17~21절 말씀은 이사야 42장 1~4절 말씀을 마태가 기록한 것입니다.

"17 이는 선지자 이사야로 말씀하신 바 18 보라 나의 택한 종 곧 내 마음에 기뻐하는 바 나의 사랑하는 자로다 **내가 내 성령을 줄 터이니** 그가 심판을 이방에 알게 하리라 19 그가 다투지도 아니하며 들레지도 아니하리니 아무도 길에서 그 소리를 듣지 못하리라 20 상한 갈대를 꺾지 아니하며 꺼져가는 심지를 끄지 아니하기를 심판하여 이길 때까지 하리니 21 또한 이방들이 그 이름을 바라리라 함을 이루려 하심이니라" (마 12:17-21)

"1 내가 붙드는 나의 종, 내 마음에 기뻐하는 나의 택한 사람을 보라 **내가 나의 신을 그에게 주었은즉** 그가 이방에 공의를 베풀리라 2 그는 외치지 아니하며 목소리를 높이지 아니하며 그 소리로 거리에 들리게 아니하며 3 상한 갈대를 꺾지 아니하며 꺼져가는 등불을 끄지 아니하고 진리로 공의를 베풀 것이며 4 그는 쇠하지 아니하며 낙담하지 아니하고 세상에 공의를 세우기에 이르리니 섬들이 그 교훈을 앙망하리라" (사 42:1-4)

두 곳의 말씀을 비교해 보면 마태복음에는 "내 성령을 줄 터이니"라고 했는데 이사야서에는 "내가 나의 신을 그에게 주었은즉"이라고 했습니다. '내 성령'과 '나의 신'이 같다는 것을 알 수 있습니다.

"16 예수께서 그 자라나신 곳 나사렛에 이르사 안식일에 자기 규례대로 회당에 들어가사 성경을 읽으려고 서시매 17 선지자 이사야의 글을 드리거늘 책을 펴서 이렇게 기록한 데를 찾으시니 곧 18 **주의 성령이 내게**

임하셨으니 이는 가난한 자에게 복음을 전하게 하시려고 내게 기름을 부으시고 나를 보내사 포로된 자에게 자유를, 눈먼 자에게 다시 보게 함을 전파하며 눌린 자를 자유케 하고 19 주의 은혜의 해를 전파하게 하려 하심이라 하였더라" (눅4:16-19)

"**1 주 여호와의 신이 내게 임하셨으니** 이는 여호와께서 내게 기름을 부으사 가난한 자에게 아름다운 소식을 전하게 하려 하심이라 나를 보내사 마음이 상한 자를 고치며 포로된 자에게 자유를, 갇힌 자에게 놓임을 전파하며 2 여호와의 은혜의 해와 우리 하나님의 신원의 날을 전파하여 모든 슬픈 자를 위로하되 3 무릇 시온에서 슬퍼하는 자에게 화관을 주어 그 재를 대신하며 희락의 기름으로 그 슬픔을 대신하며 찬송의 옷으로 그 근심을 대신하시고 그들로 의의 나무 곧 여호와의 심으신 바 그 영광을 나타낼 자라 일컬음을 얻게 하려 하심이니라" (사61:1-3)

누가복음 4장 18절에 "주의 성령이 내게 임하셨으니"라고 기록되었는데 이사야 61장 1절에는 "주 여호와의 신에 내게 임하셨으니"라고 기록되어 있습니다. 주의 성령과 주 여호와의 신이 같다는 것을 알 수 있습니다.

"나(다윗)를 주 앞에서 쫓아내지 마시며 **주의 성신을 내게서 거두지 마소서**" (시51:11)

"41 바리새인들이 모였을 때에 예수께서 그들에게 물으시되 42 너희는 그리스도에 대하여 어떻게 생각하느냐 뉘 자손이냐 대답하되 다윗의 자손이니이다 43 가라사대 그러면 **다윗이 성령에 감동하여 어찌 그리스도를 주라 칭하여 말하되** 44 주께서 내 주께 이르시되 내가 네 원수를 네 발 아래 둘 때까지 내 우편에 앉았으라 하셨도다 하였느냐 45 다윗이 그리스도를 주라 칭하였은즉 어찌 그의 자손이 되겠느냐 하시니 46 한 말도 능히 대답하는 자가 없고 그 날부터 감히 그에게 묻는 자도 없더라" (마22:41-46)

시편 51편은 다윗이 밧세바와 동침한 후 하나님께서 선지자 나단을 다윗에게로 보내셨을 때에 했던 다윗의 고백을 기록한 것입니다. 여기에서 다윗은 죄를 범한 "나를 주 앞에서 쫓아내지 마시며 주의 성신을 내게서 거두지 마소서"라고 여호와 하나님께 기도했습니다. 그런데 예수님께서 그리스도가 누구의 자손인가를 바리새인들에게 물었을 때 그들의 대답이 '다윗의 자손'이라고 하자 "다윗이 성령에 감동하여 그리스도를 주라 칭하였다"라고 말씀하시면서 그리스도는 다윗의 자손이 아니라고 말씀하셨습니다. 시편에는 다윗에게 성신이 함께했다고 했는데 예수님은 다윗이 성령에 감동했다고 말씀하셨으므로 구약의 성신과 신약의 성령이 같다는 것을 알 수 있습니다.

② 한 분 하나님의 생명의 활동이 곧 성령이라는 증거의 말씀들

예수님은 하나님의 아들입니다. 예수님도 하나님을 아버지라 부르셨습니다. 하나님 아버지께서 예수님에게 생명을 주셔서 아들이 되셨기 때문입니다.

"아버지께서 자기 속에 생명이 있음같이 **아들에게도 생명을 주어 그 속에 있게 하셨고**" (요5:26)

"또한 이와 같이 그리스도께서 대제사장 되심도 스스로 영광을 취하심이 아니요 오직 말씀하신 이가 저더러 이르시되 **너는 내 아들이니 내가 오늘날 너를 낳았다** 하셨고" (히5:5)

"예수 그리스도의 나심은 이러하니라 그 모친 마리아가 요셉과 정혼하고 동거하기 전에 **성령으로 잉태된 것이 나타났더니**" (마1:18)

하나님 아버지께서 자기 속에 있는 생명을 아들 예수님께 주셔서 예수님이 하나님의 아들이 되셨습니다. 그래서 히브리서 5장 5절에는 "오늘날 내가 너를 낳았다"라고 아버지께서 말씀하셨습니다. 그런데 예수님이 마리아에게 잉태된 것을 말씀하실 때는 "성령으로 잉태된 것이 나타났다"라고 했습니다. 마리아를 잉태하게 한 것이 성령이신데 성경 어디에도 예수님이 성령의 아들이라는 말씀이 없습니다. 왜 성령으로 잉태되었는데 예수님이 성령의 아들이라는 말씀이 없을까요? 아버지께서 자기 속에 있는 생명을 아들에게 주신 것이 성령으로 잉태된 것이고 아들을 낳으신 것입니다. 그래서 성령은 독자적으로 계시는 제 삼위의 하나님이 아니라 아버지 하나님의 생명이 활동하시는 것을 말씀하는 것입니다.

"7 그러므로 **성령이 이르신 바와 같이** 오늘날 너희가 그의 음성을 듣거든 8 노하심을 격동하여 **광야에서 시험하던 때와 같이 너희 마음을 강퍅케 하지 말라** 9 거기서 너희 열조가 나를 시험하여 증험하고 사십 년 동안에 나의 행사를 보았느니라 10 그러므로 내가 이 세대를 노하여 가로되 저희가 항상 마음이 미혹되어 내 길을 알지 못하는도다 하였고 11 내가 노하여 맹세한 바와 같이 저희는 내 안식에 들어오지 못하리라 하셨다 하였으니" (히3:7-11)

"1 이스라엘 자손의 온 회중이 여호와의 명령대로 신 광야에서 떠나 그 노정대로 행하여 르비딤에 장막을 쳤으나 백성이 마실 물이 없는지라 2 백성이 모세와 다투어 가로되 우리에게 물을 주어 마시게 하라 모세가 그들에게 이르되 **너희가 어찌하여 나와 다투느냐 너희가 어찌하여 여호와를 시험하느냐** 3 거기서 백성이 물에 갈하매 그들이 모세를 대하여 원망하여 가로되 당신이 어찌하여 우리를 애굽에서 인도하여 내어서 우리와 우리 자녀와 우리 생축으로 목말라 죽게 하느냐 4 모세가 여호와께 부르짖어 가로되 내가 이 백성에게 어떻게 하리이까 그들이 얼마 아니면 내게 돌질 하겠나이다 5 **여호와께서 모세에게 이르시되** 백성 앞을 지나가서 이스라엘 장로들을 데리고 하수를 치던 네 지팡이를 손에 잡고 가라 6 내가 거기서 호렙 산 반석 위에 너를 대하여 서리니 너는 반석을 치라 그것에서 물이 나리니 백성이 마시리라 모세가 이스라엘 장로들의 목전에서 그대로 행하니라 7 그가 그 곳 이름을 맛사라 또는 므리바라 불렀으니 이는 이스라엘 자손이 다투었음이요 또는 그들이 **여호와를 시험하여 이르기를 여호와께서 우리 중에 계신가 아닌가** 하였음이더라"(출17:1-7)

히브리서 3장 7절 이하에 기록된 말씀은 이스라엘 백성들이 애굽에서 나온 후에 광야에서 여호와 하나님을 시험하던 일을 말씀하고 있는데 이것을 "성령이 이르신 바와 같이"라고 했습니다. 그런데 출애굽기 17장에 기록된 말씀을 보면 여호와 하나님이 모세에게 말씀하셨고 이스라엘 백성들이 여호와를 시험했다고 되어 있습니다. 이로 보건대 성령이 이르신 것과 여호와 하나님이 이르신 것이 같다는 것을 알 수 있습니다.

"내가 아버지께로서 너희에게 보낼 보혜사 곧 **아버지께로서 나오시는 진리의 성령이** 오실 때에 그가 나를 증거하실 것이요" (요15:26)

"말하는 이는 너희가 아니라 너희 속에서 말씀하시는 자 곧 **너희 아버지의 성령**이시니라" (마10:20)

　예수님은 성령이 "아버지께로서 나오시는 진리의 성령"이라고 말씀하셨고 또 "아버지의 성령"이라고 하셨습니다. 성령이 아버지께로서 나오시는 이유는 아버지의 생명이기 때문입니다. 그리고 성령을 아버지의 소유격으로 말씀하셨습니다. 이 또한 성령이 아버지의 생명이기 때문입니다. 삼위일체 교리의 기초를 세우고 삼위일체 교리의 44개 신조를 만든 아타나시우스가 주장하는 것처럼 성령은 스스로 계신 하나님이 절대 될 수 없습니다. 스스로 계신 분은 오직 여호와 하나님 한 분뿐입니다. 그래서 성자이신 예수님도 스스로 존재하시는 것이 아니고 아버지가 낳으신 것이고 아버지의 생명인 성령도 자체로 존재할 수가 없습니다. 성부가 한 분이며 성자도 한 분이지만 성령은 한 분이라고 할 수 없습니다. 독자적으로 존재하는 분이 아니기 때문입니다. 그리고 성령에게는 '주'라는 호칭을 사용하지 않았습니다. 성경 어디에도 성령을 '주 성령'이라고 말씀한 곳이 없습니다. 성령은 독자적인 형체가 있는 하나님이 아니기 때문입니다. 성령의 본체는 아버지입니다. 성령이 아버지의 생명이기 때문입니다. 이해를 돕기 위해 아타나시우스의 신조 일부분을 기록했습니다. 신조 전문은 부록에 있으므로 참조하시기 바랍니다.

◆ 아타나시우스의 삼위일체 신조 44(부록 참조)

3. 이 신앙은 다음의 것들이다. 우리는 삼위일체 되신 한 분 하나님을 믿는다.

4. 이 삼위일체는 인격을 혼합한 것도 아니요, 그 본질을 나눈 것도 아니다.

5. 왜냐하면 아버지의 한 인격과 아들의 다른 인격, 또한 성령의 또 다른 인격이 계시기 때문이다.

6. 그러나 성부와 성자와 성령의 머리 되심은 모두가 다 하나요, 그 영광도 동일하며, 그 위엄도 함께 영원한 것이다.

7. 성부와 성자와 성령은 그 자체로 존재한다.

9. 성부와 성자와 성령은 우리의 이해를 초월한 분이시다.

10. 성부와 성자와 성령은 영원한 분이시다.

11. 그러나 세 분이 영원한 분들이 아니며 다만 영원한 한 분만이 계실 따름이다.

12. 창조되지도 않았고 우리의 이해를 초월한 세 분이 있는 것이 아니라 창조되지도 않았고 인간의 이해를 초월한 단 한 분만이 계실 뿐이다.

13. 성부께서 전능하시듯이 성자와 성령도 전능하시다.

14. 그러나 세 분의 전능자가 계신 것이 아니요, 오직 한 분의 전능자가 계실 뿐이다.

15. 성부가 하나님이시듯이 성자도 성령도 하나님이시다.

16. 그럼에도 세 분 하나님이 계신 것이 아니라 한 분 하나님만이 계실 뿐이다.

17. 성부께서 주님이시듯이 성자도 성령도 주님이시다.

18. 그럼에도 주님은 세 분이 아니라 한 분이실 뿐이다.

19. 우리는 이 각각의 세 분이 그 스스로 하나님이시요, 주님이시라는 사실을 기독교의 진리로 받는 바이다.

20. 따라서 세 분 하나님이 계시며 세 분 주님이 계시다는 말은 참 기독교인으

로서 금한다.

23. 성령은 성부와 성자에게서 왔으나 지음을 받았거나 유래되었거나 발생된 분이 아니시다.

24. 따라서 세 분 성부가 아닌 한 성부, 세 분 성자가 아닌 한 성자, 세 분 성령이 아닌 한 성령만이 계실 뿐이다.

25. 이 삼위일체에 있어서 어느 한 분이 앞서거나 뒤에 계신 것이 아니며, 더 위대하거나 덜 위대한 분도 없다.

26. 다만 세 분이 함께 동등하다는 것이다.

③ 왜 구약에는 성신으로 신약에는 성령으로 기록되었을까요?

구약에는 성신, 여호와의 신, 하나님의 신, 주의 신 등으로 기록되어 있고 신약에는 성령, 하나님의 영으로 기록되어 있는데 왜 구약에는 '신(神)'으로 기록을 했고 신약에는 '영(靈)'으로 기록했을까요? 이것은 하나님의 역사(役事)하심과 깊은 관련이 있습니다. 구약에는 하나님이 사람과 함께하시다가 사람이 죄를 범하면 그 사람을 떠나셨습니다. 하나님이 죄를 지은 사람과 함께하지 않으신다는 것을 알게 하기 위함이었습니다.

"1 이스라엘 자손이 다시 여호와의 목전에 악을 행하였으므로 여호와께서 그들을 사십 년 동안 블레셋 사람의 손에 붙이시니라 2 소라 땅에 단 지파의 가족 중 마노아라 이름하는 자가 있더라 그 아내가 잉태하지 못하므로 생산치 못하더니 3 여호와의 사자가 그 여인에게 나타나시고 그에게 이르시되 보라 네가 본래 잉태하지 못하므로 생산치 못하였으나 이제 잉태하여 아들을 낳으리니 4 그러므로 너는 삼가서 포도주와 독주를 마시지 말지며 무릇 부정한 것을 먹지 말지니라 5 **보라 네가 잉태하여 아들을 낳으리니 그 머리에 삭도를 대지 말라 이 아이는 태에서 나옴으로부터 하나님께 바치운 나실인이 됨이라** 그가 블레셋 사람의 손에서 이스라엘을 구원하기 시작하리라"(삿13:1-5)

"17 삼손이 진정을 토하여 그에게 이르되 **내 머리에는 삭도를 대지 아니하였나니 이는 내가 모태에서 하나님의 나실인이 되었음이라** 만일 내 머리가 밀리우면 내 힘이 내게서 떠나고 나는 약하여져서 다른 사람과 같으리라 18 들릴라가 삼손의 진정을 다 토함을 보고 보내어 블레셋 사람의 방백들을 불러 가로되 삼손이 내게 진정을 토하였으니 이제 한번만 올라오라 블레셋 방백들이 손에 은을 가지고 여인에게로 올라오니라 19 들릴라가 삼손으로 자기 무릎을 베고 자게 하고 사람을 불러 그 머리털 일곱 가닥을 밀고 괴롭게 하여 본즉 그 힘이 없어졌더라 20 들릴라가 가로되 삼손이여 블레셋 사람이 당신에게 미쳤느니라 하니 삼손이 잠을 깨며 이르기를 내가 전과 같이 나가서 몸을 떨치리라 하여도 **여호와께서 이미 자기를 떠나신 줄을 깨닫지 못하였더라** 21 블레셋 사람이 그를 잡아 그 눈을 빼고 끌고 가사에 내려가 놋줄로 매고 그로 옥중에서 맷돌을 돌리게 하였더라"(삿16:17-21)

모태에서 하나님의 나실인이 된 삼손에게 하나님이 주신 계명이 하나 있었는데 그 머리에 삭도를 대지 말라는 것이었습니다. 삼손이 이 계명을 지켰을 때에는 여호와의 신이 삼손과 함께하시므로 맨손으로 사자를 염소 새끼를 찢음같이 찢어버렸고 나귀의 턱뼈로 블레셋 사람을 일천 명을 쳐 죽여서 하나님의 말씀대로 이스라엘을 블레셋 사람의 손에서 구원하였습니다. 그러나 삼손이 들릴라를 만나 자기의 비밀을 실토한 후에는 여호와의 신이 떠나시므로 삼손이 힘을 잃어버리고 블레셋 사람들에게 잡혀서 두 눈을 빼버림을 당하고 감옥에서 소처럼 맷돌을 돌리는 신세가 되어버렸습니다.

"1 이에 **사무엘이 기름병을 취하여 사울의 머리에 붓고 입맞추어 가로되 여호와께서 네게 기름을 부으사 그 기업의 지도자를 삼지 아니하셨느냐** 2 네가 오늘 나를 떠나다가 베냐민 경계 셀사에 있는 라헬의 묘실 곁에서 두 사람을 만나리니 그들이 네게 이르기를 네가 찾으러 갔던 암나귀들을 찾은지라 네 아비가 암나귀들의 염려는 놓았으나 너희를 인하여 걱정하여 가로되 내 아들을 위하여 어찌하리요 하더라 할 것이요 3 네가 거기서 더 나아가서 다볼 상수리나무에 이르면 거기서 하나님께 뵈려고 벧엘로 올라가는 세 사람이 너와 만나리니 하나는 염소 새끼 셋을 이끌었고 하나는 떡 세 덩이를 가졌고 하나는 포도주 한 가죽 부대를 가진 자라 4 그들이 네게 문안하고 떡 두 덩이를 주겠고 너는 그 손에서 받으리라 5 그 후에 네가 하나님의 산에 이르리니 그 곳에는 블레셋 사람의 영문이 있느니라 네가 그리로 가서 그 성읍으로 들어갈 때에 선지자의 무리가 산당에서부터 비파와 소고와 저와 수금을 앞세우고 예언하며 내려오는 것을 만날 것이요 6 **네게는 여호와의 신이 크게 임하리니 너도 그들과 함께 예언을 하고 변하여 새 사람이 되리라** 7 이 징조가 네게 임하거든 너는 기회를 따라 행하라 하나님이 너와 함께 하시느니라"
(삼상10:1-7)

"14 사무엘이 백성에게 이르되 오라 우리가 길갈로 가서 나라를 새롭게 하자 15 모든 백성이 길갈로 가서 거기서 **여호와 앞에 사울로 왕을 삼고** 거기서 여호와 앞에 화목제를 드리고 사울과 이스라엘 모든 사람이 거

기서 크게 기뻐하니라"(삼상11:14-15)

사무엘이 사울에게 기름을 붓고 "여호와께서 네게 기름을 부으사 기업의 지도자를 삼으셨다"라고 했으므로 사울에게 여호와의 신이 크게 임하였다고 했습니다. 이 일이 있은 후에 모든 이스라엘 백성이 모여 길갈에서 사울을 왕으로 삼았습니다. 그리고 하나님이 함께하시므로 사울이 암몬을 치고 블레셋을 쳐서 이스라엘을 그 대적의 손에서 구원하는 일을 했습니다.

"1 사무엘이 사울에게 이르되 **여호와께서 나를 보내어 왕에게 기름을 부어 그 백성 이스라엘 위에 왕을 삼으셨은즉 이제 왕은 여호와의 말씀을 들으소서** 2 만군의 여호와께서 이같이 말씀하시기를 아말렉이 이스라엘에게 행한 일 곧 애굽에서 나올 때에 길에서 대적한 일을 내가 추억하노니 3 지금 **가서 아말렉을 쳐서 그들의 모든 소유를 남기지 말고 진멸하되 남녀와 소아와 젖 먹는 아이와 우양과 약대와 나귀를 죽이라 하셨나이다**"(삼상15:1-3)

"17 사무엘이 가로되 왕이 스스로 작게 여길 그 때에 이스라엘 지파의 머리가 되지 아니하셨나이까 여호와께서 왕에게 기름을 부어 이스라엘 왕을 삼으시고 18 또 왕을 길로 보내시며 이르시기를 가서 죄인 아말렉 사람을 진멸하되 다 없어지기까지 치라 하셨거늘 19 어찌하여 왕이 여호와의 목소리를 청종치 아니하고 탈취하기에만 급하여 여호와의 악하게 여기시는 것을 행하였나이까 20 사울이 사무엘에게 이르되 나는 실로 여호와의 목소리를 청종하여 여호와께서 보내신 길로 가서 아말렉 왕 아각을 끌어왔고 아말렉 사람을 진멸하였으나 21 다만 백성이 그 마땅히 멸할 것 중에서 가장 좋은 것으로 길갈에서 당신의 하나님 여호와께 제사하려고 양과 소를 취하였나이다 22 사무엘이 가로되 여호와께서 번제와 다른 제사를 그 목소리 순종하는 것을 좋아하심같이 좋아하시겠나이까 순종이 제사보다 낫고 듣는 것이 수양의 기름보다 나으니 23 이는 거역하는 것은 사술의 죄와 같고 완고한 것은 사신 우상에게 절하는 죄와 같음이라 **왕이 여호와의 말씀을 버렸으므로 여호와께서도 왕을 버려 왕이 되지 못하게 하셨나이다**" (삼상15:17-23)

여호와께서 사무엘을 사울에게 보내어 아말렉을 쳐서 모든 것을 멸하라고 말씀하셨는데 사울이 여호와의 말씀을 온전히 순종하지 아니하고 사람의 생각으로 불순종하였으므로 버림을 당하고 이스라엘의 왕이 되지 못하게 되었습니다. 구약에는 하나님의 신이 사람과 함께하다가도 죄를 범하면 떠나가셨는데 이것은 하나님이 죄를 지은 사람과 함께하지 않으심을 보여주시기 위함입니다. 다윗이 하나님 앞에 죄를 범한 후에 "주의 성신을 내게서 거두지 마옵소서"라고 여호와 하나님께 기도했던 것도 사람이 죄를 지으면 하나님이 함께하지 않으신다는 것을 알았기 때문입니다. 그러나 다윗이 죄를 자백하고 하나님께 자비를 구하였을 때에 하나님이 다윗을 용서하시고 죽은 아이를 대신하여 다윗에게 아들 솔로몬을 주셨습니다. 삼손도 마지막에 하나님께 기도하고 블레셋 사람들이 우상을 섬기는 신전에서 그들과 함께 죽었는데 생전에 삼손이 죽였던 대적보다 더 많은 대적들을 죽였다고 했습니다. 구약에는 하나님의 신이 함께하시다가 사람이 죄를 지으면 떠나가셨다가 또 회개하면 다시 함께하시는 일이 있었습니다. 이것은 성령(성신)이 아직 사람 속에서 영원히 함께할 수 없었기 때문입니다. 그러나 신약에는 성령이 오시면 그 사람 속에 계시고 또 영원히 함께하신다고 말씀했습니다.

"16 내가 아버지께 구하겠으니 **그가 또 다른 보혜사를 너희에게 주사 영원토록 너희와 함께 있게 하시리니** 17 저는 진리의 영이라 세상은 능히 저를 받지 못하나니 이는 저를 보지도 못하고 알지도 못함이라 그러나 너희는 저를 아나니 **저는 너희와 함께 거하심이요 또 너희 속에 계시겠음이라**" (요14:16-17)

예수님께서 아버지께 구해서 또 다른 보혜사 성령을 믿는 자들에게 주시는데 영원토록 함께 계시고 또 믿는 자들 속에 계신다고 말씀하셨습니다. 예수님이 말씀하신 성령과 구약의 성신이 같은 아버지의 생명이지만 성신은 믿는 자 안으로 오실 수가 없었습니다. 그 이유는 성령(성신)이 믿는 자 안으로 오시기 위해서는 반드시 그리스도와 함께 오셔야 하기 때문입니다.

④ 성령은 반드시 그리스도와 함께 믿는 자 안으로 오십니다
믿는 자들에게 하나님이 성령을 선물로 주시는데 믿을 때 주신다고 했습니다.

"베드로가 가로되 너희가 회개하여 각각 예수 그리스도의 이름으로 세례를 받고 죄 사함을 얻으라 그리하면 **성령을 선물로 받으리니**" (행2:38)
"15 내가 말을 시작할 때에 **성령이 저희에게 임하시기를 처음 우리에게 하신 것과 같이 하는지라** 16 내가 주의 말씀에 요한은 물로 세례 주었으나 너희는 성령으로 세례받으리라 하신 것이 생각났노라 17 그런즉 하나님이 우리가 **주 예수 그리스도를 믿을 때에 주신 것과 같은 선물**을 저희에게도 주셨으니 내가 누구관대 하나님을 능히 막겠느냐 하더라"(행 11:15-17)

  사도행전 2장과 11장에 믿는 자들에게 주시는 성령을 하나님의 선물이라고 말씀하고 있습니다. 두 곳에서 다 베드로가 말을 했는데 먼저 2장에서는 각각 예수 그리스도의 이름으로 세례를 받고 죄 사함을 받으면 성령을 선물로 주신다고 했고 11장에서는 우리가 주 예수 그리스도를 믿을 때에 주신 것과 같은 선물을 저희에게도 주셨다고 했습니다. 2장은 베드로가 오순절에 예루살렘에서 이스라엘 사람들에게 설교한 내용이고 11장은 베드로가 성령의 명을 받고 이방인 고넬료의 집에 가서 복음을 전하고 그들이 믿을 때에 성령을 선물로 받았다는 것을 예루살렘 교회에 보고하는 내용입니다. 이 두 사건은 유대인이나 이방인이나 똑같이 믿을 때에 성령을 선물로 주신다는 말씀입니다. 그러면 '믿는다'라는 것은 구체적으로 무엇을 어떻게 믿는 것일까요? 베드로가 사도행전 2장 38절에 "너희가 회개하여 각각 예수 그리스도의 이름으로 세례를 받고 죄 사함을 얻으라"라고 했는데 이것이 성경에서 요구하는 믿음입니다. 이렇게 믿으면 성령을 선물로 주신다고 했습니다. 먼저 회개해야 합니다. 여기에서 회개는 죄를 지을 때마다 잘못했다고 하나님께 그 죄를 고하는 자백을 말하는 것이 아닙니다. 죄를 지을 때마다 그 죄를 씻고 깨끗함을 받는 것은 죄의 자백을 통해서 받을 수 있지만(요일1:9) 회개는 가던 길에서 돌이키는 것입니다. 마귀에게 속해서 죄를 짓고 마귀의 자녀로 살았었는데 그 길에서 돌이켜 하나님께로 향하는 것입니다. 그래서 이 회개는 한 번으로 충분합니다.

> "너희는 **너희 아비 마귀에게서 났으니** 너희 아비의 욕심을 너희도 행하고자 하느니라 저는 처음부터 살인한 자요 진리가 그 속에 없으므로 진리에 서지 못하고 거짓을 말할 때마다 제 것으로 말하나니 이는 저가 거짓말쟁이요 거짓의 아비가 되었음이니라" (요8:44)
>
> "8 **죄를 짓는 자는 마귀에게 속하나니** 마귀는 처음부터 범죄함이니라 하나님의 아들이 나타나신 것은 **마귀의 일을 멸하려 하심이니라** 9 하나님께로서 난 자마다 죄를 짓지 아니하나니 이는 하나님의 씨가 그의 속에 거함이요 저도 범죄치 못하는 것은 하나님께로서 났음이라" (요일 3:8-9)

모든 사람은 아담으로부터 죄를 유전 받아서 죄악 중에 출생하고 죄 중에 잉태한 자들이므로 필연적으로 죄를 짓게 되어 있습니다. 그래서 예수 그리스도께서 십자가에서 흘리신 보혈이 필요한 것입니다. 세상 모든 죄를 다 담당하신 예수 그리스도의 대속(代贖)의 은혜를 세상 모든 사람이 다 받을 수 있지만 세상 모든 사람에게 똑같이 주어지지는 않습니다. 믿음의 측면에서 볼 때 세상에는 세 부류의 사람들이 있습니다. 첫째, 하나님을 믿지 않는 자들입니다. 불신자들에게는 대속(代贖)의 은혜가 효력이 없습니다. 둘째, 교회는 다니고 하나님을 믿고 예수님을 믿는다고 하는데 예수님만 죄를 위해서 죽었다고 믿는 자들입니다. 예수님이 십자가에서 죽으실 때 나도 함께 죽었다고 믿지 않는 자들입니다. 이 사람들도 죄 사함을 받을 수 없습니다. 셋째, 예수님이 십자가에서 죽으실 때 내 죄를 위해서 죽었다고 믿고 나도 그리스도와 함께 십자가에서 죽었다고 믿는 자의 죄만 사함을 받을 수 있습니다. 이렇게 믿는 사람만 성경대로 믿는 것입니다.

> "3 무릇 **그리스도 예수와 합하여 세례를 받은 우리는 그의 죽으심과 합하여 세례받은 줄을 알지 못하느뇨** 4 그러므로 **우리가 그의 죽으심과 합하여 세례를 받음으로 그와 함께 장사되었나니** 이는 아버지의 영광으로 말미암아 그리스도를 죽은 자 가운데서 살리심과 같이 우리로 또한 새 생명 가운데서 행하게 하려 함이니라" (롬6:3-4)
>
> "**내가 그리스도와 함께 십자가에 못 박혔나니** 그런즉 이제는 내가 산 것이 아니요 오직 내 안에 그리스도께서 사신 것이라 이제 내가 육체 가운데 사는 것은 나를 사랑하사 나를 위하여 자기 몸을 버리신 하나님의 아들을 믿는 믿음 안에서 사는 것이라" (갈2:20)

예수님이 십자가에 죽으실 때 나도 함께 죽었다고 믿는 사람이 그리스도와 합하여 세례를 받은 자요, 예수 그리스도의 이름으로 세례를 받은 자입니다. 이 사람이 죄 사함을 얻은 자입니다.

> "5 주도 하나이요 믿음도 하나이요 **세례도 하나이요** 6 하나님도 하나이시니 곧 만유의 아버지시라 만유 위에 계시고 만유를 통일하시고 만유 가운데 계시도다" (엡4:5-6)

세례가 하나라고 했습니다. 그리스도의 죽으심과 합하여 받는 세례가 성경에서 말씀하고 있는 단 하나의 세례입니다. 이 세례를 받은 자들이 죄 사함을 얻으며 성령을 선물로 받는 것입니다. 이것이 베드로가 말씀하고 있는 믿을 때 성령을 선물로 받는 방법입니다. 믿을 때 그리스도께서 믿는 자 안에 들어오시고 그 보증으로 성령을 믿는 자의 마음에 선물로 주시는 것입니다.

> "21 우리를 너희와 함께 그리스도 안에서 견고케 하시고 **우리에게 기름을 부으신 이는 하나님이시니 22 저가 또한 우리에게 인치시고 보증으로 성령을 우리 마음에** 주셨느니라" (고후1:21-22)
>
> "너희는 **거룩하신 자에게서 기름 부음을 받고** 모든 것을 아느니라" (요일2:20)
>
> "너희는 **주께 받은 바 기름 부음이 너희 안에 거하나니** 아무도 너희를 가르칠 필요가 없고 오직 그의 기름 부음이 모든 것을 너희에게 가르치며 또 참되고 거짓이 없으니 너희를 가르치신 그대로 주 안에 거하라" (요일2:27)

하나님이 우리에게 기름을 부으시고 인치셨다는 보증으로 성령을 마음에 주신다고 했습니다. 하나님의 기름 부음이 '그리스도'입니다. '그리스도'의 의미가 '기름 부은 자'입니다. 믿는 자에게 기름을 부으셨다는 것은 그리스도가 믿는 자 안에 계시는 것을 말합니다. 그리스도가 믿는 자 안에 계시는 것에 대한 보증으로 성령을 믿는 자의 마음에 주셨습니다. 그러므로 믿는 자 안에 성령이 계시면 그리스도가 계시는 것입니다. 또한 그리스도가 계신다면 반드시 성령이 함께 계시는 것입니다.

"9 만일 너희 속에 **하나님의 영이 거하시면** 너희가 육신에 있지 아니하고 영에 있나니 누구든지 **그리스도의 영이 없으면** 그리스도의 사람이 아니라 10 또 그리스도께서 너희 안에 계시면 몸은 죄로 인하여 죽은 것이나 영은 의를 인하여 산 것이니라" (롬8:9-10)

하나님의 영(성령)이 속에 거하시는 사람은 영에 있는 사람이요. 그리스도의 영이 그 사람 안에 있으면 그리스도의 사람이라고 했습니다. 그리스도께서 계시는 사람의 영은 의를 인하여 살았다고 했습니다. 하나님의 영(성령)이 있으면 영에 있는 사람인데 이 사람은 그리스도의 사람이고 그리스도가 속에 계시는 사람의 영이 의를 인하여 살았다고 말씀하고 있습니다. 하나님의 영(성령)이 있는 사람 속에는 그리스도의 영도 있다는 뜻입니다.

"14 무릇 **하나님의 영으로 인도함을 받는 그들은 곧 하나님의 아들이라** 15 너희는 다시 무서워하는 종의 영을 받지 아니하였고 양자의 영을 받았으므로 아바 아버지라 부르짖느니라 16 **성령이 친히 우리 영으로 더불어 우리가 하나님의 자녀인 것을 증거하시나니** 17 자녀이면 또한 후사 곧 하나님의 후사요 그리스도와 함께 한 후사니 우리가 그와 함께 영광을 받기 위하여 고난도 함께 받아야 될 것이니라" (롬8:14-17)

하나님의 영으로 인도함을 받는 자들이 곧 하나님의 아들이라고 했습니다. 하나님의 영이 믿는 자 속에서 인도하십니다. 그래서 하나님의 영의 인도함을 받는 자들이 하나님의 아들입니다. 또한 성령이 친히 우리 영으로 더불어 우리가 하나님의 자녀인 것을 증거 하신다고 했는데 이것은 성령이 믿는 자 속에 계셔서 믿는 자의 영이 그리스도의 영과 하나가 된 것을 증거 하신다는 뜻입니다. 믿는 자의 영과 그리스도의 영이 하나가 되면 이 사람이 바로 하나님의 아들이 되었다는 뜻입니다.

> "우리는 하나님의 동역자들이요 너희는 하나님의 밭이요 하나님의 집이니라"(고전3:9)
> "너희가 거듭난 것이 썩어질 씨로 된 것이 아니요 **썩지 아니할 씨로** 된 것이니 **하나님의 살아 있고 항상 있는 말씀으로** 되었느니라"(벧전1:23)

그리스도(말씀)는 썩지 않는 하나님의 씨입니다. 하나님의 밭에 하나님의 씨가 뿌려지는데 저절로 뿌려지는 것이 아니고 하나님이 그리스도를 하나님의 밭에 뿌리십니다. '그리스도(말씀)'라는 하나님의 씨를 뿌리는 분은 아버지이시고 하나님의 씨이신 그리스도가 뿌려지는 하나님의 밭인 믿는 자 안에는 (성령이 아버지의 생명이기 때문에) 성령이 씨를 뿌리는 자로서 계시는 것입니다.

> "예수께서 대답하여 가라사대 사람이 나를 사랑하면 내 말을 지키리니 내 아버지께서 저를 사랑하실 것이요 **우리가 저에게 와서 거처를 저와 함께 하리라**"(요14:23)

믿는 자들은 하나님의 밭이요 또 하나님의 집입니다. 하나님의 집에는 하나님이 거하십니다. 예수님을 사랑하는 자들에게 우리가 와서 거처를 함께하신다고 했는데 예수님이 말씀하신 우리는 아버지와 아들입니다. 믿는 자 안에 아버지와 아들이 와서 거처를 함께하신다고 했습니다. 이때 오시는 아버지와 아들이 바로 성령과 그리스도의 영입니다. 성령은 아버지이시고 그리스도는 아들이십니다. 그래서 믿는 자 속에는 반드시 성령과 그리스도의 영이 함께 오시게 되어 있습니다.

⑤ 성령(하나님의 영)은 아버지의 영이고 그리스도의 영은 아들의 영입니다

전술(前述)했듯이 성령은 아버지 하나님의 생명이 활동하시는 것을 말한다고 했습니다. 그래서 성령은 아버지 하나님의 영입니다. 성령으로 잉태되신 분이 바로 하나님의 아들이신 예수 그리스도입니다. 그런데 성령으로 잉태되신 예수님은 하나님의 아들이지만 하나님 아버지께서 얻기를 원하시는 아들은 아닙니다. 무슨 뜻이냐면 예수님을 아들로 얻으시려고 천지 만물을 창조하신 것이 아니라는 뜻입니다.

"3 찬송하리로다 하나님 곧 우리 주 예수 그리스도의 아버지께서 그리스도 안에서 하늘에 속한 모든 신령한 복으로 우리에게 복 주시되 4 곧 창세 전에 그리스도 안에서 우리를 택하사 우리로 사랑 안에서 그 앞에 거룩하고 흠이 없게 하시려고 5 그 기쁘신 뜻대로 우리를 예정하사 **예수 그리스도로 말미암아 자기의 아들들이 되게 하셨으니** 6 이는 그의 사랑하시는 자 안에서 우리에게 거저 주시는 바 그의 은혜의 영광을 찬미하게 하려는 것이라"(엡1:3-6)

"26 하나님이 가라사대 우리의 형상을 따라 우리의 모양대로 우리가 사람을 만들고 그로 바다의 고기와 공중의 새와 육축과 온 땅과 땅에 기는 모든 것을 다스리게 하자 하시고 27 하나님이 자기 형상 곧 하나님의 형상대로 사람을 창조하시되 남자와 여자를 창조하시고 28 하나님이 그들에게 복을 주시며 그들에게 이르시되 생육하고 번성하여 땅에 충만하라, 땅을 정복하라, 바다의 고기와 공중의 새와 땅에 움직이는 모든 생물을 다스리라 하시니라"(창1:26-28)

하나님 아버지께서는 예수 그리스도로 말미암아 많은 아들들을 얻으시려고 천지 만물을 창조하셨습니다. 그래서 사람을 지으실 때 하나님의 형상을 따라 하나님의 모양대로 지으셨습니다. 아버지와 아들은 형상과 생명이 같아야 하기 때문입니다. 사람을 하나님의 아들들이 되게 하시려고 하나님의 형상을 따라 지으셨습니다.

"14 롯이 아브람을 떠난 후에 여호와께서 아브람에게 이르시되 너는 눈을 들어 너 있는 곳에서 동서 남북을 바라보라 15 보이는 땅을 내가 너와 네 자손에게 주리니 영원히 이르리라 16 **내가 네 자손으로 땅의 티끌 같게 하리니 사람이 땅의 티끌을 능히 셀 수 있을진대 네 자손도 세리라**"(창13:14-16)

"3 아브람이 또 가로되 주께서 내게 씨를 아니주셨으니 내 집에서 길리운 자가 나의 후사가 될 것이니이다 4 여호와의 말씀이 그에게 임하여 가라사대 그 사람은 너의 후사가 아니라 네 몸에서 날 자가 네 후사가 되리라 하시고 5 그를 이끌고 밖으로 나가 가라사대 **하늘을 우러러 뭇별을 셀 수 있나 보라 또 그에게 이르시되 네 자손이 이와 같으리라**"(창15:3-5)

하나님 아버지께서는 아브라함에게 약속하신 것처럼 하늘의 별과 같고 땅의 티끌과 같이 많은 아들들을 얻기를 원하십니다. 아브라함을 일컬어 '믿음의 조상'이라고(롬4:13-16) 합니다. 믿음으로 말미암은 자들이 아브라함의 아들이라고(갈3:6-7) 했습니다. 그래서 하나님 아버지께서는 아브라함에게 약속하신 것처럼 아브라함과 같은 믿음이 있는 믿는 자들로 아들들이 되게 하시려고 하나님 아버지의 생명을 주십니다. 이 생명이 바로 과정을 거치신 성령, 즉 그리스도의 영입니다. 그리스도의 영이 과정을 거치신 성령이라고 했는데 과정을 거치셨다는 의미는 예수 그리스도 안에 있는 성령이 예수 그리스도를 통해서 믿는 자 안에 들어오시는 것입니다. 예수님은 성령으로 잉태되신 분입니다. 성령으로 잉태되셨으므로 예수님의 생명은 성령입니다. 성령은 아버지 하나님의 생명입니다. 그런데 성령으로 잉태되신 예수님은 아버지가 얻기 원하시는 순수한 아들이 아닙니다. 여기서 순수한 아들이라는 의미는 온전히 아들로서만 존재하는 아들을 말합니다. 예수님은 아들이지만 아버지와 하나이신 아들입니다. 그래서 순수한 아들의 영으로 아들이 된 믿는 자들을 얻으시려고 아버지께서 예수님을 십자가에 못 박히게 하신 것입니다(물론 여기에는 죄사함이 당연히 포함됩니다).

"6 너희가 아들인 고로 하나님이 **그 아들의 영을 우리 마음 가운데 보내사 아바 아버지라 부르게 하셨느니라** 7 그러므로 네가 이 후로는 종이 아니요 아들이니 아들이면 하나님으로 말미암아 유업을 이을 자니라"

(갈4:6-7)

믿는 자들의 마음에 아들의 영을 보내사 아바 아버지라 부르게 하셨다고 했습니다. 이 아들의 영이 바로 그리스도의 영입니다. 하나님 아버지의 신성과 예수 그리스도의 인성이 연합된 영이 그리스도의 영입니다. 이 그리스도의 영이 믿는 자 안으로 들어오셔야 믿는 자들이 하나님의 아들들이 될 수 있습니다. 결국 목적은 그리스도께서 영으로 믿는 자들 안에(엡3:17) 들어오시는 것입니다. 이 일을 위해서 예수님이 십자가에 못 박혀 죽은 것이고 그리스도가 영으로 다시 살리심을 받아서(벧전3:18) 아버지 안으로 가신(요14:20) 것입니다. 그리고 아버지께로 가신 예수님이 아버지 안에서 많은 열매를 맺으심으로(요12:24) 아버지 안에는 하늘의 별과 같고 땅의 티끌과 같이 많은 그리스도가 씨로 있는 것입니다.

> "**17 믿음으로 말미암아 그리스도께서 너희 마음에 계시게 하옵시고 너희가 사랑 가운데서 뿌리가 박히고 터가 굳어져서 18 능히 모든 성도와 함께 지식에 넘치는 그리스도의 사랑을 알아 19 그 넓이와 길이와 높이와 깊이가 어떠함을 깨달아 하나님의 모든 충만하신 것으로 너희에게 충만하게 하시기를 구하노라**" (엡3:17-19)

그리스도가 믿는 자 안에 들어오시면 믿는 자의 생명이 되십니다. 그리스도가 아들의 영이기 때문에 그리스도의 영을 받은 사람들이 하나님의 아들들이 되는 것입니다. 그리고 믿는 자가 하나님의 아들이라는 보증으로 성령을 믿는 자의 마음에 선물로 주시는 것입니다. 그래서 구원도 선물이고 성령도 선물입니다.

"베드로가 가로되 너희가 회개하여 각각 예수 그리스도의 이름으로 세례를 받고 죄 사함을 얻으라 그리하면 **성령을 선물로 받으리니**"(행 2:38)

"너희가 그 은혜를 인하여 믿음으로 말미암아 구원을 얻었나니 이것이 너희에게서 난 것이 아니요 **하나님의 선물이라**"(엡2:8)

성령은 아버지로서 믿는 자 안에 들어오시고 그리스도의 영은 생명으로 믿는 자 안에 들어오십니다. 그래서 성령과 그리스도의 영은 구분된 영입니다. 그러나 잘못된 교리의 영향을 받아서 성령과 그리스도의 영이 같다고 말하는 자들이 많습니다. 어거스틴과 칼빈은 그들의 저서에서 성령은 아버지의 영이면서 또한 아들의 영이라고 했는데 이는 성경과 맞지 않는 잘못된 주장입니다.

"성령은 성부의 영도 되시고, 성자의 영도 되시지만, 성부께서도 성령을 낳으신 것이 아니고, 성자께서도 성령을 낳으신 것이 아니며 성부, 성자께서 함께 성령을 낳으신 것도 아니다"(어거스틴, 『삼위일체론』)[6]

"성부 하나님께서는 그 아들을 위하여 우리에게 성령을 주시지만, 그는 또한 성령을 충만히 아들에게 베풀어 주셔서 아들의 풍성하신 역사를 수종들며 맡아서 담당하도록 하셨다. 그렇기 때문에 성령을 가리켜 때로는 '아버지의 영'이라 부르고, 때로는 '아들의 영'이라 부르는 것이다"(존 칼빈, 『기독교강요(중권)』)[7]

---

[6] 어거스틴(김광채 역), **삼위일체론**(서울:주식회사 부크크, 2022), 13
[7] 존 칼빈(원광연 역), **기독교강요-중권**(서울: CH북스, 2003), 13

어거스틴과 칼빈의 주장대로 성령이 아버지의 영이면서 또한 아들의 영이라면 우리는 절대로 하나님의 친아들이 될 수 없게 되어버립니다. 아버지의 영이면서 또한 아들의 영이신 성령을 받는다면 우리는 아버지도 되고 아들도 된다는 말이 됩니다. 우리는 하나님의 아들로서 하나님이 될 수는 있어도 절대로 아버지가 될 수는 없습니다. 그래서 성령과 그리스도의 영은 확실하게 구분되어야 합니다. 그리스도의 영은 믿는 자 안에 들어오셔서 믿는 자의 생명이 되시므로 믿는 자들이 하나님의 친아들들이 되게 하시는 것이고 성령은 우리가 하나님의 아들이 된 것을 친히 우리 영(그리스도와 하나가 된 영)으로 더불어 증거하시고 우리 속에서 보증이 되시는 것입니다. 성령(하나님의 영)은 아버지의 영이고, 그리스도의 영은 아들의 영입니다.

4) 하나님

하나님은 여호와의 성(姓)입니다. 사람들에게 성(姓)은 자기의 뿌리가 누구인지를 알려주는 것입니다. 그래서 혈연관계로 이루어진 부계(父系)의 친족들이 하나의 성씨(姓氏)를 가지고 있습니다. 성경에 이름이 기록된 사람들이 많이 있는데 그중에 어떤 사람도 이름과 성이 같이 기록된 사람이 없습니다. 구약에 아브라함, 이삭, 야곱, 야곱의 열두 아들들, 기드온, 삼손과 같은 사사(士師)들, 사울, 다윗, 솔로몬과 같은 이스라엘의 왕들, 그리고 이사야, 예레미야, 에스겔과 같은 선지자들, 신약에 나오는 베드로, 야고보, 요한과 같은 예수님의 제자들 등등. 이외에도 많은 사람들의 이름이 기록되어 있는데 그중에 단 한 사람도 성(姓)이 같이 기록된 사람이 없습니다. 왜 성경에 기록된 사람들은 이름만 기록되어 있고 성(姓)이 기록되지 않았을까요? 그 이유는 모든 사람의 성(姓)이 하나님이 되게 하시는 것이 하나님의 뜻이기 때문입니다.

> "하나님은 **모든 사람이 구원을 받으며** 진리를 아는 데 이르기를 원하시느니라" (딤전2:4)

하나님은 모든 사람이 구원받기를 원하십니다. 구원을 받았다고 하는 것은 하나님 아버지의 생명을 받았다는 것입니다. 하나님 아버지의 생명을 받았으면 하나님 아버지의 아들이 되었다는 것입니다. 아버지가 아들에게 생명을 주었다는 증거로 사람들은 성(姓)을 물려줍니다. 마찬가지로 하나님 아버지께서도 믿는 자들에게 생명을 주시고 아버지의 성(姓)인 하나님을 물려주십니다. 그래서 아버지가 하나님이시면 당연히 아들도 하나님이 되는 것입니다. 아버지가 사람이면 아들이 사람인 것과 같습니다. 여기에 의문을 가지거나 '말도 안 된다'라고 할 사람은 한 사람도 없을 것입니다. 그러나 사람과 사람의 관계는 그렇다고 인정하면서 하나님과 우리의 관계는 그럴 수 없다고 하는 기독교인들이 너무 많습니다. 여호와가 하나님이십니다. 여호와가 아버지이시므로 아버지가 하나님이십니다. 하나님 아버지가 낳으신 아들 예수 그리스도가 하나님이십니다. 그리고 예수 그리스도로 말미암아 하나님 아버지의 생명을 받은 믿는 자들이 하나님이 됩니다.

"34 예수께서 가라사대 너희 율법에 기록한 바 **내가 너희를 신이라 하였노라** 하지 아니하였느냐 35 성경은 폐하지 못하나니 **하나님의 말씀을 받은 사람들을 신이라 하셨거든**"(요10:34-35)

"내가 말하기를 **너희는 신들이며 다 지존자의 아들들이라** 하였으나"(시82:6)

하나님의 말씀(생명)을 받은 자들을 신이라고 하셨습니다. 너희가 지존자(至尊者)의 아들들이면 신들이라고 말씀하셨습니다. 아버지가 하나님이시면 하나님의 생명을 받은 아들들이 하나님이 되는 것은 당연한 일입니다. 이 당연한 일을 막무가내로 반대하면서 '참람(僭濫)하다'라고 하는 자들이 기독교 안에 너무나 많이 있습니다. 꼭 예수님 시대의 유대인들과 같이 예수님이 하나님의 아들이라고 하시자 '참람(僭濫)하다'라고 하면서 예수님을 잡으려고 하는 것과 똑같습니다.

"36 하물며 **아버지께서 거룩하게 하사 세상에 보내신 자가 나는 하나님 아들이라 하는 것으로 너희가 어찌 참람하다 하느냐** 37 만일 내가 내 아버지의 일을 행치 아니하거든 나를 믿지 말려니와 38 내가 행하거든 나를 믿지 아니할지라도 그 일은 믿으라 그러면 너희가 아버지께서 내 안에 계시고 내가 아버지 안에 있음을 깨달아 알리라 하신대 39 저희가 다시 예수를 잡고자 하였으나 그 손에서 벗어나 나가시니라"(요10:36-39)

하나님은 아버지의 성(姓)입니다. 그래서 하나님 아버지의 생명을 받은 자들도 다 하나님이 되는 것입니다. 이것을 믿지 않는 자들은 한 사람도 구원받을 수 없습니다.

5) 그

성경에는 '그'로서 일하시는 여호와 하나님이 기록되어 있습니다. '그'로서 일하시는 하나님을 알지 못하면 하나님을 한 분으로 믿을 수가 없습니다.

> "이 일을 누가 행하였느냐 누가 이루었느냐 누가 태초부터 만대를 명정하였느냐 나 여호와라 **태초에도 나요 나중 있을 자에게도 내가 곧 그니라**"(사41:4)

태초부터 일하시는 분이 여호와 하나님이라고 말씀하셨는데 나중 있을 자에게도 '내가 곧 그'라고 말씀하셨습니다. '그'는 3인칭 단수 대명사로서 말하는 이와 듣는 이가 아닌 사람을 가리키는 단어입니다. 여호와 하나님은 창조주이시고 영원하신 분인데 태초부터 일하시던 여호와가 나중에는 '나'가 아니라 '그'로 일하신다고 말씀하고 있습니다. 여호와 하나님이 계속 일하시니까 "태초에도 나요, 나중에도 내가 일한다"라고 하시면 되는데 왜 하필 3인칭 단수 대명사 '그'를 말씀하시면서 나중 있을 자가 있는데 '내가 곧 그'라고 말씀을 하셨을까요? '그'로 일하시는 하나님이 계시려면 세 존재가 필요합니다. 먼저는 내가 '그'로 일한다고 말씀하시는 분입니다. 다음에는 그 말씀을 듣는 존재가 있어야 합니다. 그리고 마지막으로 말씀하시는 분도 아니고 그 말씀을 듣는 존재도 아닌 분이 있어야 합니다. 그래야 3인칭 단수 대명사 '그'가 성립할 수 있습니다. 그래서 여호와 하나님이 말씀하신 '그'는 예수 그리스도이시고 예수님이 말씀하신 '그'는 여호와 하나님이십니다. 만약 여호와 하나님이 '여호와'로서만 일하신다면 하나님의 아들들을 얻을 수가 없습니다. 여호와 하나님이 천지 만물을 창조하신 목적은 예수 그리스도로 말미암아 자기의 아들들을 얻는 것이라고 했습니다. 예수 그리스도가 오셔야 하나님의 아들들을 얻을 수 있고 창조의 목적이 이루어질 수 있습니다. 그래서 여호와 하나님이 아들을 낳으셨는데 이 아들은 영원부터 존재하는 아들이 아니고 여호와 하나님이 직접 오셔서 육신을 입고 사람이 되신 분입니다.

"5 너희 안에 이 마음을 품으라 곧 그리스도 예수의 마음이니 6 **그는 근본 하나님의 본체시나** 하나님과 동등됨을 취할 것으로 여기지 아니하시고 7 오히려 **자기를 비어 종의 형체를 가져** 사람들과 같이 되었고 8 사람의 모양으로 나타나셨으매 자기를 낮추시고 죽기까지 복종하셨으니 곧 십자가에 죽으심이라" (빌2:5-8)

"또한 이와 같이 그리스도께서 대제사장 되심도 스스로 영광을 취하심이 아니요 오직 말씀하신 이가 저더러 이르시되 **너는 내 아들이니 내가 오늘날 너를 낳았다** 하셨고" (히5:5)

예수 그리스도는 근본 하나님의 본체이신 분이었으나 하나님과 동등한 분으로 오신 것이 아니라 사람과 같이 육체를 가진 분으로 오셔서 하나님의 아들이 되신 분입니다. 여호와 하나님이 "너는 내 아들이니 내가 오늘날 너를 낳았다"라고 말씀하셨는데 이는 원래부터 존재하던 하나님의 아들이 오셔서 사람과 같이 육신을 입은 것이 아니라는 것을 말씀하신 것입니다. 하나님의 아들은 원래부터 아들로 존재하던 것이 아니라 아버지가 생명을 주심으로 태어나신 것입니다. 만약 아버지도 영원부터 계셨고 아들도 영원부터 있었다면 이 둘의 관계는 아버지와 아들이 될 수 없습니다. 상식적으로 스스로 존재하는 아들이 어떻게 있을 수 있겠습니까?

> "아버지께서 자기 속에 생명이 있음같이 아들에게도 생명을 주어 그 속에 있게 하셨고" (요5:26)

하나님 아버지께서 아들 예수님에게 생명을 주셔서 아들이 되었다고 분명하게 말씀하고 있습니다. 이것이 아버지와 아들의 관계입니다. 그래서 아버지는 생명을 주시는 분이고 아들은 그 생명을 받아서 아들이 된 것입니다. 그런데 사람은 아버지가 아들을 낳으면 그때부터 아버지와 아들로서 둘이 되지만 하나님 아버지와 예수님은 하나님 아버지가 아들을 낳아도 함께 하나로 계셨습니다.

> "나와 아버지는 하나이니라 하신대" (요10:30)
>
> "7 너희가 나를 알았더면 내 아버지도 알았으리로다 이제부터는 너희가 그를 알았고 또 보았느니라 8 빌립이 가로되 주여 아버지를 우리에게 보여 주옵소서 그리하면 족하겠나이다 9 예수께서 가라사대 빌립아 내가 이렇게 오래 너희와 함께 있으되 네가 나를 알지 못하느냐 나를 본 자는 아버지를 보았거늘 어찌하여 아버지를 보이라 하느냐 10 **나는 아버지 안에 있고 아버지는 내 안에 계신 것을 네가 믿지 아니하느냐** 내가 너희에게 이르는 말이 스스로 하는 것이 아니라 **아버지께서 내 안에 계셔 그의 일을 하시는 것이라** 11 내가 아버지 안에 있고 아버지께서 내

안에 계심을 믿으라 그렇지 못하겠거든 행하는 그 일을 인하여 나를 믿으라"(요14:7-11)

예수님은 사람과 같은 육체로 계시고 하나님 아버지는 영체로서 예수님 안에 계시므로 "나는 아버지 안에 있고 아버지는 내 안에 계신다"라고 예수님이 말씀하셨고 또 예수님이 하시는 일은 예수님의 일이 아니라 아버지가 예수님 안에 계셔서 하시는 아버지의 일이라고 말씀하셨습니다. 그런데 삼위일체 교리를 주장하면서 잘못된 교리를 전하므로 성경대로 한 분 하나님을 믿지 못하게 만들어 버린 어거스틴은 성부와 성자가 동등하다고 주장하였고 칼빈도 예수님이 영원부터 계셨던 하나님의 아들이라는 주장을 하고 있습니다.

"만약 어떤 것은 성부로 말미암고, 어떤 것은 성자로 말미암는다고 하면, 만물이 성부로 말미암은 것이 될 수도 없고, 만물이 성자로 말미암은 것이 될 수도 없을 것이다. 그러나, 만물이 성부로 말미암은 것임과 동시에, 성자로 말미암은 것이라고 한다면, 같은 만물이 성부로 말미암은 것도 되고, 성자로 말미암은 것도 될 것이다. 그러므로, **성부와 성자는 동등하시며**, 성부와 성자의 사역(事役)은 불가분리적(不可分離的)이다" (어거스틴, 『삼위일체론』)[8]

"하나님의 아들이 육체로 나타나셨으나, **영원한 나심으로 인하여 언제나 아들이셨었다는** 우리의 주장도 결코 어리석은 것이 아니다" (존 칼빈, 『기독교강요(상권)』)[9]

---

8 어거스틴(김광채 역), **삼위일체론**(서울: 주식회사 부크크, 2022), **18**
9 존 칼빈(원광연 역), **기독교강요-상권**(서울: CH북스, 2003), **597**

어거스틴이 주장하는 것처럼 성부와 성자가 동등하시다는 말씀이 성경 어디에도 없습니다. 성부와 성자는 결코 동등한 하나님이 되실 수 없습니다. 또 성부와 성자의 사역이 불가분리적(不可分離的)이라고 한다면 하나님 아버지도 예수님과 함께 피를 흘리셨다는 말이 됩니다. 사실 예수님이 육체를 입고 오신 이유는 하나님 아버지께서는 영이시기 때문에 피를 흘려 우리의 죄를 대속(代贖)할 수 없기 때문입니다. 피 흘림이 없은즉 죄 사함이 없다(히9:22)고 했습니다. 그래서 아버지의 사역과 예수님의 사역은 불가분리적(不可分離的)이 아니며 아버지는 아버지로서 아들은 아들로서 일을 하시는 것입니다. 태초부터 일하시는 분이 여호와이신데 나중에도 '내가 곧 그'라고 말씀하신 이유가 여기에 있습니다. 여호와께서 '여호와'로만 일하시면 천지 창조의 목적인 아들들을 얻을 수가 없습니다. 그래서 나중 있을 자가 있는데 '내가 곧 그'라고 말씀하셨습니다. 여호와 하나님이 말씀하신 '그'가 바로 예수 그리스도입니다. 그래서 예수님은 "여호와로 말미암아 여호와가 아닌 여호와"이십니다. 무슨 뜻이냐면 여호와(아버지)가 직접 오셨는데 육신을 입었기 때문에 여호와(아버지)가 아닌 예수님이시고 또 예수님 안에 아버지가 계셔서 예수님과 아버지(여호와)는 하나이기 때문입니다. 칼빈도 어거스틴과 같은 주장을 하면서 "그리스도는 영원 전부터 계신 아들"이라고 했는데 칼빈에게 가장 많은 영향을 끼친 사람이 어거스틴이라서 칼빈도 어거스틴과 같은 주장을 했던 것입니다.

"24 이러므로 내가 너희에게 말하기를 너희가 너희 죄 가운데서 죽으리라 하였노라 너희가 만일 **내가 그인 줄 믿지 아니하면** 너희 죄 가운데서 죽으리라 25 저희가 말하되 네가 누구냐 예수께서 가라사대 나는 처음부터 너희에게 말하여 온 자니라 26 내가 너희를 대하여 말하고 판단할 것이 많으나 나를 보내신 이가 참되시매 내가 그에게 들은 그것을 세상에게 말하노라 하시되 27 저희는 **아버지를 가리켜 말씀하신 줄을 깨닫지 못하더라**" (요8:24-27)

여호와가 말씀하신 '그'는 예수님이셨습니다. 그래서 예수님도 '내가 곧 그'라고 말씀하셨는데 예수님이 말씀하신 '그'는 아버지(여호와)이셨습니다. 구약에 여호와 하나님이 말씀하신 것처럼 신약에 예수님이 여호와(아버지)의 말씀에 화답하듯이 똑같이 말씀하셨습니다. 여호와 하나님의 말씀을 예수님이 보증하시고 예수님의 말씀을 여호와(아버지)께서 보증하고 계십니다. 하나님이 '그'로서 일하시는 이유는 예수 그리스도로 말미암아 많은 하나님의 아들들을 얻기 위함입니다. 하나님 아버지의 생명을 예수 그리스도로 말미암아 분배하시므로 믿는 자들이 하나님의 친아들들이 되는 것입니다.

"10 나 여호와가 말하노라 너희는 나의 증인, 나의 종으로 택함을 입었나니 이는 **너희로 나를 알고 믿으며 내가 그인 줄 깨닫게 하려 함이라** 나의 전에 지음을 받은 신이 없었느니라 나의 후에도 없으리라 11 나 곧 나는 여호와라 나 외에 구원자가 없느니라 12 내가 고하였으며 구원하였으며 보였고 너희 중에 다른 신이 없었나니 그러므로 너희는 나의 증인이요 나는 하나님이니라 여호와의 말이니라 13 과연 **태초로부터 나는 그니 내 손에서 능히 건질 자가 없도다 내가 행하리니 누가 막으리요**" (사43:10-13)

세 위격(位格)을 가진 하나님이 하나의 몸으로 계시는 그런 하나님은 성경에 없습니다. 일위일체로 계신 한 분 하나님이 하나님의 친아들들을 얻기 위하여 삼위로 일하시는 것입니다. 여호와 하나님이 '그'로서 일하시는 분이라는 것을 모르면 절대로 하나님을 한 분으로 믿을 수 없습니다. 그래서 택함을 입은 자들에게 "너희로 나를 알고 믿으며 내가 그인 줄 깨닫게 하신다"라고 말씀하셨습니다. 하나님을 모르면 하나님을 믿을 수 없습니다. 모르는데 무엇을 어떻게 믿을 수 있습니까? 그런데 삼위일체 교리를 주장하는 자들은 하나님이 우리의 이해를 초월하신 분이므로 이해할 수 없으니 그냥 믿으라고 하면서 하나님은 신비(神비)라고 말합니다. 우리가 하나님을 온전히 이해할 수는 없으나 성경에 기록된 대로는 알아야 하고 믿어야 합니다. 그래서 성경 어디에도 하나님을 그냥 믿으라는 말씀은 없지만 알고 믿으라는 말씀은 여러 곳에 있습니다.

"33 나 여호와가 말하노라 그러나 그 날 후에 내가 이스라엘 집에 세울 언약은 이러하니 곧 **내가 나의 법을 그들의 속에 두며 그 마음에 기록하여** 나는 그들의 하나님이 되고 그들은 내 백성이 될 것이라 34 그들이 다시는 각기 이웃과 형제를 가리켜 이르기를 **너는 여호와를 알라 하지 아니하리니 이는 작은 자로부터 큰 자까지 다 나를 앎이니라** 내가 그들의 죄악을 사하고 다시는 그 죄를 기억지 아니하리라 여호와의 말이니라" (렘31:33-34)

"19 **내가 네게 장가들어 영원히 살되** 의와 공변됨과 은총과 긍휼히 여김으로 네게 장가들며 20 진실함으로 **네게 장가들리니 네가 여호와를 알리라**" (호2:19-20)

"너희는 거룩하신 자에게서 **기름 부음을 받고 모든 것을 아느니라**"(요일2:20)

"너희는 **주께 받은 바 기름 부음이 너희 안에 거하나니** 아무도 너희를 가르칠 필요가 없고 오직 그의 기름 부음이 모든 것을 너희에게 가르치며 또 참되고 거짓이 없으니 너희를 가르치신 그대로 주 안에 거하라"(요일2:27)

하나님을 알고 믿으라고 성경을 기록하셨습니다. 하나님이 '그'로서 일하시는 이유는 하나님 아버지의 생명을 분배하심으로 하나님의 친아들들을 얻기 위함입니다.

6) 주

성경에 '주'는 하나라고 했습니다.

"5 **주도 하나이요** 믿음도 하나이요 세례도 하나이요 6 **하나님도 하나이시니** 곧 만유의 아버지시라 만유 위에 계시고 만유를 통일하시고 만유 가운데 계시도다"(엡4:5-6)

"5 비록 하늘에나 땅에나 신이라 칭하는 자가 있어 많은 신과 많은 주가 있으나 6 그러나 우리에게는 **한 하나님 곧 아버지가 계시니** 만물이 그에게서 났고 우리도 그를 위하며 또한 **한 주 예수 그리스도께서 계시니** 만물이 그로 말미암고 우리도 그로 말미암았느니라"(고전8:5-6)

사도 바울이 기록한 에베소서 4장 5~6절에 "주도 하나이요, 하나님도 하나이시니"라고 말씀하고 있는데 같은 사도 바울이 기록한 고린도전서 8장 5~6절에는 '한 하나님'이 아버지이시고 '한 주'는 예수 그리스도라고 말씀하고 있습니다. 그렇다면 아버지는 '주'가 아니고 예수님은 '하나님'이 아니십니까?

"7 여러 종류의 짐승과 새며 벌레와 해물은 다 길들므로 사람에게 길들었거니와 8 혀는 능히 길들일 사람이 없나니 쉬지 아니하는 악이요 죽이는 독이 가득한 것이라 9 이것으로 우리가 **주 아버지**를 찬송하고 또 이것으로 **하나님의 형상대로** 지음을 받은 사람을 저주하나니 10 한 입으로 찬송과 저주가 나는도다 내 형제들아 이것이 마땅치 아니하니라" (약3:7-10)

"11 모든 사람에게 구원을 주시는 하나님의 은혜가 나타나 12 우리를 양육하시되 경건치 않은 것과 이 세상 정욕을 다 버리고 근신함과 의로움과 경건함으로 이 세상에 살고 13 복스러운 소망과 **우리의 크신 하나님 구주 예수 그리스도의** 영광이 나타나심을 기다리게 하셨으니 14 그가 우리를 대신하여 자신을 주심은 모든 불법에서 우리를 구속하시고 우리를 깨끗하게 하사 선한 일에 열심하는 친백성이 되게 하려 하심이니라" (딛2:11-14)

야고보서에는 아버지가 '주'이시고 디도서에는 예수 그리스도가 '크신 하나님'이라고 말씀하고 있습니다. 아버지가 예수님과 따로 계시면서 '주'가 되시는 것이 아니며 예수님이 아버지와 따로 계시면서 '크신 하나님'이 되시는 것이 아닙니다. 예수님과 아버지가 하나(요

10:30)이시므로 주도 하나이요. 하나님도 하나이십니다. 그래서 아버지도 '주'이시고 '하나님'이시며 또한, 예수님도 '주'이시며 '하나님'이십니다. 예수님과 아버지는 영원부터 지금까지 한 번도 떨어져 계신 일이 없습니다. 예수님이 육체를 입고 세상에 오시기 전에는 말씀과 지혜와 생명과 씨로 아버지 안에 계셨고 육체를 입고 세상에 오셨을 때는 아버지께서 예수님 안에 계셨습니다. 그리고 예수님이 십자가에서 죽은 후에는 그 영혼이 다시 아버지 안으로 가셨습니다. 그래서 지금도 예수님과 아버지는 하나이시며 '한 주'이시고 '한 하나님'이십니다. 창조주이신 하나님을 성경에 기록할 때 '주'라는 호칭으로 하나님이 일하시는 여러 가지 상태에 따라 함께 기록되었습니다.

① **여호와가 '주'이십니다**

아브라함이 여호와 하나님을 '주 여호와'라고 불렀습니다.

"1 이 후에 **여호와의** 말씀이 이상 중에 아브람에게 임하여 가라사대 아브람아 두려워 말라 나는 너의 방패요 너의 지극히 큰 상급이니라 2 아브람이 가로되 **주 여호와여** 무엇을 내게 주시려나이까 나는 무자하오니 나의 상속자는 이 다메섹 엘리에셀이니이다 3 아브람이 또 가로되 **주께서** 내게 씨를 아니주셨으니 내 집에서 길리운 자가 나의 후사가 될 것이니이다" (창15:1-3)

다윗이 시편 여러 곳에 여호와 하나님을 '주'로 불렀습니다.

"20 하나님은 우리에게 구원의 하나님이시라 사망에서 피함이 주 **여호**

와께로 말미암거니와 21 그 원수의 머리 곧 그 죄과에 항상 행하는 자의 정수리는 하나님이 쳐서 깨치시리로다"(시68:20-21)

"5 **주 여호와여** 주는 나의 소망이시오 나의 어릴 때부터 의지시라 6 내가 모태에서부터 주의 붙드신 바 되었으며 내 어미 배에서 주의 취하여 내신 바 되었사오니 나는 항상 주를 찬송하리이다"(시71:5-6)

'주'는 영체로 사람의 형체를 하고 계시는 창조주이신 여호와 하나님을 부르는 호칭입니다.

② **하나님이 '주'이십니다**

하나님이 '주'시라는 말씀은 너무 많아서 몇 구절만 기록하겠습니다.

"14 엘리사가 가로되 그러면 저를 위하여 무엇을 하여야 할꼬 게하시가 대답하되 참으로 이 여인은 아들이 없고 그 남편은 늙었나이다 15 가로되 다시 부르라 부르매 여인이 문에 서니라 16 엘리사가 가로되 돐이 되면 네가 아들을 안으리라 여인이 가로되 아니로소이다 **내 주 하나님의 사람이여** 당신의 계집종을 속이지 마옵소서 하니라 17 여인이 과연 잉태하여 돐이 돌아오매 엘리사의 말한 대로 아들을 낳았더라"(왕하4:14-17)

수넴 여인이 엘리사에게 말할 때에 엘리사를 내 주 하나님의 사람이라고 했습니다.

"13 하나님이여 주의 도는 극히 거룩하시오니 하나님과 같이 큰 신이 누구오니이까 14 **주는 기사를 행하신 하나님이시라** 민족들 중에 주의

능력을 알리시고 15 주의 팔로 주의 백성 곧 야곱과 요셉의 자손을 구속하셨나이다"(시77:13-15)

"8 우리 열조의 죄악을 기억하여 우리에게 돌리지 마옵소서 우리가 심히 천하게 되었사오니 주의 긍휼하심으로 속히 우리를 영접하소서 9 **우리 구원의 하나님이여 주의 이름의 영광을 위하여** 우리를 도우시며 주의 이름을 위하여 우리를 건지시며 우리 죄를 사하소서"(시79:8-9)

"1 여호와여 나는 곤고하고 궁핍하오니 귀를 기울여 내게 응답하소서 2 나는 경건하오니 내 영혼을 보존하소서 **내 주 하나님이여** 주를 의지하는 종을 구원하소서"(시86:1-2)

"1 주여 주는 대대에 우리의 거처가 되셨나이다 2 산이 생기기 전, 땅과 세계도 주께서 조성하시기 전 곧 영원부터 영원까지 **주는 하나님이시니이다**"(시90:1-2)

"**주는 나의 하나님이시니** 나를 가르쳐 주의 뜻을 행케 하소서 주의 신이 선하시니 나를 공평한 땅에 인도하소서"(시143:10)

시편 많은 곳에 하나님이 '주'시라고 기록하고 있습니다.

"31 보라 네가 수태하여 아들을 낳으리니 그 이름을 예수라 하라 32 저가 큰 자가 되고 지극히 높으신 이의 아들이라 일컬을 것이요 **주 하나님께서** 그 조상 다윗의 위를 저에게 주시리니 33 영원히 야곱의 집에 왕노릇 하실 것이며 그 나라가 무궁하리라"(눅1:31-33)

"**주 하나님이 가라사대** 나는 알파와 오메가라 이제도 있고 전에도 있었고 장차 올 자요 전능한 자라 하시더라"(계1:8)

"6 보좌 앞에 수정과 같은 유리 바다가 있고 보좌 가운데와 보좌 주위에 네 생물이 있는데 앞뒤에 눈이 가득하더라 7 그 첫째 생물은 사자 같고 그 둘째 생물은 송아지 같고 그 세째 생물은 얼굴이 사람 같고 그 네째 생물은 날아가는 독수리 같은데 8 네 생물이 각각 여섯 날개가 있고 그 안과 주위에 눈이 가득하더라 그들이 밤낮 쉬지 않고 이르기를 거룩하다 거룩하다 거룩하다 **주 하나님 곧 전능하신 이여** 전에도 계셨고 이제도 계시고 장차 오실 자라 하고 9 그 생물들이 영광과 존귀와 감사를 보좌에 앉으사 세세토록 사시는 이에게 돌릴 때에 10 이십사 장로들이 보좌에 앉으신 이 앞에 엎드려 세세토록 사시는 이에게 경배하고 자기의 면류관을 보좌 앞에 던지며 가로되 11 **우리 주 하나님이여** 영광과 존귀와 능력을 받으시는 것이 합당하오니 주께서 만물을 지으신지라 만물이 주의 뜻대로 있었고 또 지으심을 받았나이다 하더라" (계4:6-11)

"16 하나님 앞에 자기 보좌에 앉은 이십사 장로들이 엎드려 얼굴을 대고 하나님께 경배하여 17 가로되 감사하옵나니 옛적에도 계셨고 시방도 계신 **주 하나님 곧 전능하신 이여** 친히 큰 권능을 잡으시고 왕 노릇 하시도다" (계11:16-17)

"성 안에 성전을 내가 보지 못하였으니 이는 **주 하나님 곧 전능하신 이와** 및 어린 양이 그 성전이심이라" (계21:22)

"다시 밤이 없겠고 등불과 햇빛이 쓸데없으니 이는 **주 하나님이** 저희에게 비취심이라 저희가 세세토록 왕 노릇 하리로다" (계22:5)

요한 계시록 여러 곳에 하나님이 '주'시라고 말씀하고 있습니다

③ **아버지가 '주'이시며 우리 하나님이시고 예수 그리스도가 '주'이십니다**
아버지가 '주'로 기록된 곳이 신약 성경에 딱 한 군데 있습니다.

"7 여러 종류의 짐승과 새며 벌레와 해물은 다 길들므로 사람에게 길들 었거니와 8 혀는 능히 길들일 사람이 없나니 쉬지 아니하는 악이요 죽이는 독이 가득한 것이라 9 이것으로 우리가 **주 아버지**를 찬송하고 또 이것으로 하나님의 형상대로 지음을 받은 사람을 저주하나니 10 한 입으로 찬송과 저주가 나는도다 내 형제들아 이것이 마땅치 아니하니라" (약3:7-10)

아버지와 예수 그리스도를 함께 말씀할 때, 아버지를 '하나님'으로 말씀하고 예수 그리스도를 '주'로 말씀하고 있는 구절이 많이 있습니다.

"로마에 있어 하나님의 사랑하심을 입고 성도로 부르심을 입은 모든 자에게 **하나님 우리 아버지와 주 예수 그리스도로** 좇아 은혜와 평강이 있기를 원하노라" (롬1:7)

"2 고린도에 있는 하나님의 교회 곧 그리스도 예수 안에서 거룩하여지고 성도라 부르심을 입은 자들과 또 각처에서 우리의 주 곧 저희와 **우리의 주 되신 예수 그리스도의** 이름을 부르는 모든 자들에게 3 **하나님 우리 아버지와 주 예수 그리스도로** 좇아 은혜와 평강이 있기를 원하노라" (고전1:2-3)

"2 **하나님 우리 아버지와 주 예수 그리스도로** 좇아 은혜와 평강이 있기를 원하노라 3 찬송하리로다 그는 **우리 주 예수 그리스도의 하나님이시요 자비의 아버지시요 모든 위로의 하나님이시며** 4 우리의 모든 환난 중에서 우리를 위로하사 우리로 하여금 하나님께 받는 위로로써 모든 환난 중에 있는 자들을 능히 위로하게 하시는 이시로다" (고후1:2-4)

"1 사람들에게서 난 것도 아니요 사람으로 말미암은 것도 아니요 **오직**

"예수 그리스도와 및 죽은 자 가운데서 그리스도를 살리신 하나님 아버지로** 말미암아 사도 된 바울은 2 함께 있는 모든 형제로 더불어 갈라디아 여러 교회들에게 3 **우리 하나님 아버지와 주 예수 그리스도로** 좇아 은혜와 평강이 있기를 원하노라"(갈1:1-3)

"1 하나님의 뜻으로 말미암아 그리스도 예수의 사도 된 바울은 에베소에 있는 성도들과 그리스도 예수 안의 신실한 자들에게 편지하노니 2 **하나님 우리 아버지와 주 예수 그리스도로** 좇아 은혜와 평강이 너희에게 있을지어다"(엡1:1-2)

"1 그리스도 예수의 종 바울과 디모데는 그리스도 예수 안에서 빌립보에 사는 모든 성도와 또는 감독들과 집사들에게 편지하노니 2 **하나님 우리 아버지와 주 예수 그리스도에게로서** 은혜와 평강이 너희에게 있을지어다"(빌1:1-2)

"1 하나님의 뜻으로 말미암아 그리스도 예수의 사도 된 바울과 형제 디모데는 2 골로새에 있는 성도들 곧 그리스도 안에서 신실한 형제들에게 편지하노니 **우리 아버지 하나님으로부터** 은혜와 평강이 너희에게 있을지어다 3 우리가 너희를 위하여 기도할 때마다 **하나님 곧 우리 주 예수 그리스도의 아버지께** 감사하노라"(골1:1-3)

"3 너희의 믿음의 역사와 사랑의 수고와 **우리 주 예수 그리스도에 대한 소망의 인내를 우리 하나님 아버지 앞에서** 쉬지 않고 기억함이니 4 하나님의 사랑하심을 받은 형제들아 너희를 택하심을 아노라"(살전1:3-4)

"1 바울과 실루아노와 디모데는 **하나님 우리 아버지와 주 예수 그리스도 안에** 있는 데살로니가인의 교회에 편지하노니 2 하나님 아버지와 주 예수 그리스도로부터 은혜와 평강이 너희에게 있을지어다"(살후1:1-2)

"1 우리 **구주 하나님과 우리 소망이신 그리스도 예수**의 명령을 따라 그리스도 예수의 사도 된 바울은 2 믿음 안에서 참 아들 된 디모데에게 편지하노니 **하나님 아버지와 그리스도 예수 우리 주께로부터** 은혜와 긍휼과 평강이 네게 있을지어다"(딤전1:1-2)

"1 하나님의 뜻으로 말미암아 그리스도 예수 안에 있는 생명의 약속대로 그리스도 예수의 사도 된 바울은 2 사랑하는 아들 디모데에게 편지하노니 하나님 아버지와 그리스도 예수 우리 주께로부터 은혜와 긍휼과 평강이 네게 있을지어다"(딤후1:1-2)

"같은 믿음을 따라 된 나의 참 아들 디도에게 편지하노니 **하나님 아버지와 그리스도 예수 우리 구주로** 좇아 은혜와 평강이 네게 있을지어다"(딛1:4)

"**하나님 우리 아버지와 주 예수 그리스도로** 좇아 은혜와 평강이 너희에게 있을지어다"(몬1:3)

"찬송하리로다 **우리 주 예수 그리스도의 아버지 하나님이** 그 많으신 긍휼대로 예수 그리스도의 죽은 자 가운데서 부활하심으로 말미암아 우리를 거듭나게 하사 산 소망이 있게 하시며"(벧전1:3)

바울이 기록한 서신서의 인사말 부분에 나타나는 특징이 있는데 하나님을 우리 '아버지'로 말씀하고 있고 예수님을 우리 '주'로 말씀하고 있습니다. 사도 바울이 이렇게 편지를 써서 보낸 것에는 하나님의 확실한 의도(意圖)가 숨어 있습니다. 오직 예수 그리스도로만 구원을 받을 수 있고 하나님이 우리의 아버지가 되시며 우리가 하나님의 아들이 된다는 것입니다. 그래서 예수님이 구주(救主)이시고 하나님이 우리 주 예수 그리스도의 아버지이시고 또한 우리의 아버지가 되십니다.

"17 예수께서 이르시되 나를 만지지 말라 내가 아직 아버지께로 올라가지 못하였노라 너는 내 형제들에게 가서 이르되 내가 내 아버지 곧 너희 아버지, 내 하나님 곧 너희 하나님께로 올라간다 하라 하신대 18 막달라 마리아가 가서 제자들에게 내가 주를 보았다 하고 또 주께서 자기에게 이렇게 말씀하셨다 이르니라"(요20:17-18)

예수님이 부활하신 후에 가장 먼저 막달라 마리아가 예수님을 뵈었는데 예수님께서 막달라 마리아에게 "내가 내 아버지 곧 너희 아버지, 내 하나님 곧 너희 하나님께로 올라간다 하라"라고 말씀하셨습니다. 이렇게 말씀하신 이유는 예수님의 부활 전에는 하나님이 우리의 아버지가 아니고 하나님이 아니었는데 예수님이 아버지께로 가셨다가 다시 믿는 자들 안으로 오심으로 하나님이 우리의 아버지가 되시고 하나님이 되신다는 것을 말씀하신 것입니다.

④ 성령이 하나님이시지만 성령에는 '주'라는 호칭이 붙지 않습니다

성령이 하나님 아버지의 생명이기 때문에 성령도 하나님입니다. 그러나 성령은 독자적인 형체를 가진 하나님이 아닙니다. 성령의 형체는 아버지이십니다. 그래서 성령에는 '주'라는 호칭을 붙여서 말씀한 곳이 한 군데도 없습니다.

"18 **주의 성령이** 내게 임하셨으니 이는 가난한 자에게 복음을 전하게 하시려고 내게 기름을 부으시고 나를 보내사 포로된 자에게 자유를, 눈먼 자에게 다시 보게 함을 전파하며 눌린 자를 자유케 하고 19 주의 은혜의 해를 전파하게 하려 하심이라 하였더라"(눅4:18-19)

'주 성령'으로 기록된 것이 아니라 '주의 성령'으로 기록되어 있습니다. 성령이 주의 소유라는 뜻입니다. 성령을 말씀하실 때 아버지의 성령, 예수 그리스도의 성령과 같이 소유격으로 말씀하고 있습니다.

"말하는 이는 너희가 아니라 너희 속에서 말씀하시는 자 곧 **너희 아버지의 성령**이시니라" (마10:20)

"이것이 너희 간구와 **예수 그리스도의 성령의** 도우심으로 내 구원에 이르게 할 줄 아는 고로" (빌1:19)

성령은 반드시 아버지께로서 나와서 믿는 자들에게 오십니다.

"내가 아버지께로서 너희에게 보낼 보혜사 곧 **아버지께로서 나오시는 진리의 성령이** 오실 때에 그가 나를 증거하실 것이요" (요15:26)

'주'라는 호칭은 영체로 사람의 형체로 계시는 여호와, 아버지 하나님, 예수 그리스도에게 붙는 호칭입니다. 성령은 독자적인 형체가 없는 아버지 하나님의 생명이므로 '주'라는 호칭이 붙지 않습니다.

⑤ 믿는 자들이 왕이 되고 주가 되어야 예수님이 만왕의 왕이 되시고 만주의 주가 되십니다

예수님은 만왕의 왕이시오, 만주의 주가 되시는 분입니다.

"저희가 어린 양으로 더불어 싸우려니와 **어린 양은 만주의 주시요 만왕의 왕이시므로** 저희를 이기실 터이요 또 그와 함께 있는 자들 곧 부르심

을 입고 빼내심을 얻고 진실한 자들은 이기리로다"(계17:14)

만왕의 왕은 "모든 왕들의 왕"이요, 만주의 주는 "모든 주들의 주"라는 뜻입니다. 예수님 한 분만 왕이시고 다른 왕이 없으면 예수님은 만왕의 왕이 될 수 없고 마찬가지로 예수님 한 분만 주가 되시고 다른 주가 없다면 예수님은 만주의 주가 될 수 없습니다. 그래서 믿는 자들이 왕이 되고 주가 되어야 합니다.

"5 또 충성된 증인으로 죽은 자들 가운데서 먼저 나시고 땅의 임금들의 머리가 되신 예수 그리스도로 말미암아 은혜와 평강이 너희에게 있기를 원하노라 우리를 사랑하사 **그의 피로 우리 죄에서 우리를 해방하시고 6 그 아버지 하나님을 위하여 우리를 나라와 제사장으로 삼으신** 그에게 영광과 능력이 세세토록 있기를 원하노라 아멘"(계1:5-6)
"9 새 노래를 노래하여 가로되 책을 가지시고 그 인봉을 떼기에 합당하시도다 일찍 죽임을 당하사 각 족속과 방언과 백성과 나라 가운데서 **사람들을 피로 사서 하나님께 드리시고 10 저희로 우리 하나님 앞에서 나라와 제사장을 삼으셨으니 저희가 땅에서 왕 노릇 하리로다** 하더라"(계5:9-10)

예수님이 피로 사서 하나님께 드린 자들을 하나님 앞에서 나라와 제사장을 삼으시니 저희가 땅에서 왕 노릇 한다고 했습니다. 사람이 나라가 되고 제사장이 되고 또 그 나라의 왕 노릇도 한다고 했습니다. 구원받은 사람 한 사람 한 사람이 다 나라가 됩니다. 하나님의 나라가 사람 속에 있다고 예수님이 말씀하셨는데 하나님의 나라는 이 땅에서 사람 속에 이루어집니다.

> "20 바리새인들이 하나님의 나라가 어느 때에 임하나이까 묻거늘 예수께서 대답하여 가라사대 하나님의 나라는 볼 수 있게 임하는 것이 아니요 21 또 여기 있다 저기 있다고도 못하리니 **하나님의 나라는 너희 안에 있느니라**" (눅17:20-21)
>
> "11 미쁘다 이 말이여, 우리가 주와 함께 죽었으면 또한 함께 살 것이요 **12 참으면 또한 함께 왕 노릇 할 것이요** 우리가 주를 부인하면 주도 우리를 부인하실 것이라" (딤후2:11-12)

하나님의 나라가 사람 속에 어떻게 이루어집니까? 하나님이신 그리스도가 사람 속에 들어오시면 그 사람 속에 하나님의 나라가 이루어지고 그 사람 속에서 그리스도가 함께 왕 노릇 합니다.

> "23 그 성은 해나 달의 비침이 쓸데없으니 이는 하나님의 영광이 비취고 어린 양이 그 등이 되심이라 24 만국이 그 빛 가운데로 다니고 **땅의 왕들이 자기 영광을 가지고 그리로 들어오리라** 25 성문들을 낮에 도무지 닫지 아니하리니 거기는 밤이 없음이라 26 **사람들이 만국의 영광과 존귀를 가지고 그리로 들어오겠고** 27 무엇이든지 속된 것이나 가증한 일 또는 거짓말하는 자는 결코 그리로 들어오지 못하되 **오직 어린 양의 생명책에 기록된 자들뿐이라**" (계21:23-27)

하나님께로부터 하늘에서 내려오는 거룩한 성 새 예루살렘에 들어가는 자들은 이 땅에서 자기 속에 이루어진 하나님의 나라를 그리스도와 함께 잘 다스린 자들입니다. 나라를 잘 다스렸기 때문에 땅의 왕들이 자기 영광을 가지고 거룩한 성에 들어가는데 이 사람들이 만국의 영광과 존귀를 가지고 그리로 들어가는 땅의 왕들입니다. 거룩한 성 새 예루살렘에 들어가는 땅의 왕들이 바로 어린 양의 생명책에 기록된 자들입니다.

"15 기약이 이르면 하나님이 그의 나타나심을 보이시리니 하나님은 복되시고 홀로 한 분이신 능하신 자이며 **만왕의 왕이시며 만주의 주시요** 16 오직 그에게만 죽지 아니함이 있고 가까이 가지 못할 빛에 거하시고 아무 사람도 보지 못하였고 또 볼 수 없는 자시니 그에게 존귀와 영원한 능력을 돌릴지어다 아멘" (딤전6:15-16)

믿는 자들이 주 예수님으로 말미암아 주 예수님의 생명을 받고 하나님의 친아들 주 예수들이 되는 것이 하나님 아버지께서 영원한 때 전에 세우신 하나님의 경륜입니다.

"3 찬송하리로다 하나님 곧 우리 주 예수 그리스도의 아버지께서 그리스도 안에서 하늘에 속한 모든 신령한 복으로 우리에게 복 주시되 4 **곧 창세 전에 그리스도 안에서 우리를 택하사** 우리로 사랑 안에서 그 앞에 거룩하고 흠이 없게 하시려고 5 그 기쁘신 뜻대로 우리를 예정하사 **예수 그리스도로 말미암아 자기의 아들들이 되게 하셨으니** 6 이는 그의 사랑하시는 자 안에서 우리에게 거저 주시는 바 그의 은혜의 영광을 찬미하게 하려는 것이라" (엡1:3-6)

예수 그리스도로 말미암아 자기의 아들들이 되게 하신다는 말씀은 예수님이 하나님의 생명을 받은 하나님의 친아들이신 것같이 믿는 자들도 하나님의 친아들들이 되게 하신다는 말씀입니다. 그래서 예수님은 외아들이 아니라 맏아들이십니다.

> "하나님이 미리 아신 자들로 또한 그 아들의 형상을 본받게 하기 위하여 미리 정하셨으니 이는 **그로 많은 형제 중에서 맏아들이 되게 하려 하심이니라**" (롬8:29)
>
> "6 거기 있을 그 때에 해산할 날이 차서 7 **맏아들을 낳아 강보로 싸서 구유에 뉘었으니** 이는 사관에 있을 곳이 없음이러라" (눅2:6-7)

마리아가 예수님을 낳아 강보로 싸서 구유에 뉘었는데 맏아들이라고 말씀하고 있습니다. 또 사도 바울이 기록하기를 하나님이 예수님을 많은 형제 중에서 맏아들이 되게 하시기로 미리 정하셨다고 말씀하고 있습니다. 맏아들은 많은 형제 중에 첫째를 말하는 것입니다. 예수님은 하나님 아버지의 생명을 가장 먼저 받은 아들이라서 맏아들이라고 하셨고 또 아버지의 생명을 받은 자들이 많이 나올 것이기 때문에 맏아들이 되게 하신다고 말씀하신 것입니다.

> "거룩하게 하시는 자와 거룩하게 함을 입은 자들이 **다 하나에서 난지라 그러므로 형제라 부르시기를** 부끄러워 아니하시고" (히2:11)

거룩하게 하시는 자 예수 그리스도와 거룩함을 입은 믿는 자들이 다 한 하나님 아버지께로 났으므로 형제라 부르신다고 말씀하고 있습니다. 예수님만 아버지가 낳으신 친아들이 아니라 믿는 자들도 아버지께서 낳으신 친아들입니다.

> "그러나 이제 그리스도께서 죽은 자 가운데서 다시 살아 잠자는 자들의 **첫 열매가 되셨도다**" (고전15:20)
>
> "그가 그 조물 중에 우리로 한 **첫 열매가 되게 하시려고** 자기의 뜻을 좇아 진리의 말씀으로 우리를 낳으셨느니라" (약1:18)

예수님은 첫 열매가 되신 분이고 믿는 자들은 첫 열매가 되게 하신다고 했습니다. 이미 첫 열매가 있는데 또 믿는 자들을 첫 열매가 되게 하신다고 했습니다. 어떻게 믿는 자들을 첫 열매가 되게 하십니까?

> "이뿐 아니라 또한 우리 곧 **성령의 처음 익은 열매를 받은 우리까지도** 속으로 탄식하여 양자될 것 곧 우리 몸의 구속을 기다리느니라" (롬8:23)

믿는 자들이 성령의 처음 익은 열매를 받아서 양자가 되는데 여기서 양자는 아들이 아닌 자를 데려와서 아들로 삼는 것이 아닙니다. 성경이 말씀하시는 양자는 몸의 구속을 받은 자들을 말합니다. 몸이 구속을 받았다는 것은 죄가 있는 몸이 죄가 없는 그리스도의 몸으로 상태가 바뀐 것을 말씀하는 것입니다. 이렇게 믿는 자들의 몸이 그리스도의 몸으로 상태가 바뀌는 것이 바로 첫 열매가 되신 그리스도와 똑같이 믿는 자들도 첫 열매가 되게 하신다는 말씀입니다. 이미 그리스도가 첫 열매가 되셨다면 다음은 둘째 열매, 셋째 열매라고 해야 하는데 믿는 자들도 똑같이 첫 열매가 되게 하신다고 했습니다. 이것은 순서가 아니라 상태를 말씀하는 것이기 때문에 이미 첫 열매가 있어도 또 첫 열매가 되게 하시는 것입니다. 믿는 자들이 그리스도와 똑같은 상태가 되게 하시는 것입니다. 그래서 예수님이 하나님의 친아들이면 믿는 자들도 친아들이 되고 예수님이 첫 열매이시면 믿는 자들도 첫 열매가 되고 예수님이 성전이 되시면 믿는 자들도 성전이 되고 예수님이 대제사장이시면 믿는 자들은 제사장이 되는 것입니다. 믿는 자들이 왕들이 되면 예수님은 만왕의 왕이 되시고 믿는 자들이 주가 되면 예수님은 만주의 주가 되시는 것입니다. 믿는 자들이 왕이 되지 않고 믿는 자들이 주가 되지 않으면 예수님은 만왕의 왕이 될 수 없고 만주의 주가 될 수 없습니다. 믿는 자들은 주 예수님으로 말미암아 주 예수님의 생명을 받고 하나님의 친아들 주 예수들이 되는 것입니다.

7) 예수 그리스도

예수 그리스도는 하나님의 아들이십니다. 그런데 예수 그리스도를 크신 하나님이라고 말씀하고 있습니다.

> "13 복스러운 소망과 **우리의 크신 하나님 구주 예수 그리스도의 영광이 나타나심**을 기다리게 하셨으니 14 그가 우리를 대신하여 자신을 주심은 모든 불법에서 우리를 구속하시고 우리를 깨끗하게 하사 선한 일에 열심하는 친백성이 되게 하려 하심이니라" (딛2:13-14)

어떻게 예수 그리스도가 크신 하나님이 되십니까? 예수님과 아버지가 하나이시므로 예수님이 크신 하나님이 되실 수 있습니다. 예수님과 아버지가 어떻게 하나이십니까?

> "5 너희 안에 이 마음을 품으라 곧 **그리스도 예수의 마음이니** 6 **그는 근본 하나님의 본체시나** 하나님과 동등됨을 취할 것으로 여기지 아니하시고 7 오히려 자기를 비어 종의 형체를 가져 사람들과 같이 되었고 8 사람의 모양으로 나타나셨으매 자기를 낮추시고 죽기까지 복종하셨으니 곧 십자가에 죽으심이라" (빌2:5-8)

예수님은 영원부터 아들이신 분이 오셔서 육신을 입고 사람이 되신 것이 아닙니다. 여호와 하나님이 직접 오셔서 육신을 입고 사람이 되신 분입니다. 그래서 예수님은 근본 하나님의 본체이신 분입니다. 근본 하나님의 본체이신 분이 여호와 하나님입니다. 예수님은 여호와 하나님이 직접 오셨기 때문에 예수님이 세상에 계실 때 아버지(여호와)는 예수님 안에 계셨습니다.

> "**나와 아버지는 하나이니라** 하신대" (요10:30)
>
> "7 너희가 나를 알았더면 내 아버지도 알았으리로다 이제부터는 너희가 그를 알았고 또 보았느니라 8 빌립이 가로되 주여 아버지를 우리에게 보여 주옵소서 그리하면 족하겠나이다 9 예수께서 가라사대 빌립아 내가 이렇게 오래 너희와 함께 있으되 네가 나를 알지 못하느냐 나를 본 자는 아버지를 보았거늘 어찌하여 아버지를 보이라 하느냐 10 **나는 아버지 안에 있고 아버지는 내 안에 계신 것을** 네가 믿지 아니하느냐 **내가 너희에게 이르는 말이 스스로 하는 것이 아니라 아버지께서 내 안에 계**

셔 그의 일을 하시는 것이라 11 내가 아버지 안에 있고 아버지께서 내 안에 계심을 믿으라 그렇지 못하겠거든 행하는 그 일을 인하여 나를 믿으라" (요14:7-11)

예수님이 세상에 오셔야만 하는 이유는 하나님이 여호와로서만 일하시면 아들들을 얻을 수 없기 때문입니다. 예수 그리스도로 말미암아 많은 아들들을 얻는 것이 영원한 때 전에 세우신 하나님의 경륜입니다. 많은 아들들을 얻기 위해서는 먼저 종자(씨)가 되는 아들이 하나 있어야 합니다. 그래서 아버지 하나님께서 아들을 하나 낳으셨는데 그 아들이 아버지와 하나이신 아들인 예수 그리스도입니다.

"또한 이와 같이 그리스도께서 대제사장 되심도 스스로 영광을 취하심이 아니요 오직 말씀하신 이가 저더러 이르시되 **너는 내 아들이니 내가 오늘날 너를 낳았다** 하셨고" (히5:5)

예수 그리스도는 반드시 십자가에서 죽으셔야 하는데 이로써 많은 아들들을 얻을 수 있는 씨를 보게 되기 때문입니다. 예수 그리스도께서 십자가에 달리신 일을 단지 죄 사함을 위한 것으로만 알고 있는 사람들이 많이 있습니다. 그러나 십자가 사건은 죄 사함을 위해서뿐 아니라 많은 아들들을 얻을 수 있는 씨를 얻기 위해서 꼭 필요합니다.

"내가 진실로 진실로 너희에게 이르노니 한 알의 밀이 땅에 떨어져 죽지 아니하면 한 알 그대로 있고 **죽으면 많은 열매를 맺느니라**" (요12:24)
"여호와께서 그로 상함을 받게 하시기를 원하사 질고를 당케 하셨은즉

그 영혼을 속건제물로 드리기에 이르면 그가 그 씨를 보게 되며 그 날은 길 것이요 또 그의 손으로 여호와의 뜻을 성취하리로다" (사53:10)

예수님의 영혼이 속건제물로 드려지면 씨를 보게 되고 예수님이 여호와의 뜻을 성취하신다고 했습니다. 하나님 아버지(여호와)의 뜻이 무엇입니까?

"**내 아버지의 뜻은 아들을 보고 믿는 자마다 영생을 얻는 이것이니** 마지막 날에 내가 이를 다시 살리리라 하시니라" (요6:40)

아버지의 뜻은 아들을 보고 믿는 자마다 영생을 얻는 것입니다. 영생이 무엇입니까? 영생은 영원하신 아버지의 생명입니다. 많은 기독교인들이 죽지 않고 천국에서 영원히 사는 것이 영생이라고 알고 믿고 있습니다. 그러나 성경은 창조주이신 하나님 아버지의 생명이 영생이라고 말씀하고 있습니다.

"아브라함은 브엘세바에 에셀나무를 심고 거기서 **영생하시는 하나님 여호와의 이름을** 불렀으며" (창21:33)
"그 기한이 차매 나 느부갓네살이 하늘을 우러러 보았더니 내 총명이 다시 내게로 돌아온지라 이에 **내가 지극히 높으신 자에게 감사하며 영생하시는 자를 찬양하고 존경하였노니** 그 권세는 영원한 권세요 그 나라는 대대에 이르리로다" (단4:34)
"내가 들은즉 그 세마포 옷을 입고 강물 위에 있는 자가 그 좌우 손을 들어 **하늘을 향하여 영생하시는 자를 가리켜 맹세하여** 가로되 반드시 한 때 두 때 반 때를 지나서 성도의 권세가 다 깨어지기까지니 그렇게 되면 이 모든 일이 다 끝나리라 하더라"(단12:7)

구약 성경에 '영생하시는 자'라는 호칭이 세 번 기록되어 있는데 이것은 전부 여호와 하나님을 가리켜 말씀하는 것입니다. 단지 죽지 않고 영원히 사는 것이 영생이라면 천사가 영으로 지음을 받아서 죽지 않고 영원히 사는 존재이기 때문에 천사에게도 영생이라는 말씀이 있어야 하고 사람도 육체는 죽지만 영혼은 죽지 않고 영원히 살기 때문에 영생이라는 말씀이 있어야 하는데 성경 어디에도 천사나 사람이 영생이라는 말씀이 없습니다. 그래서 창조주이신 하나님 아버지의 생명을 영생이라고 합니다. 영생은 시작도 없고 끝도 없는 생명입니다. 시작이 없다는 것은 지음을 받지 않았다는 뜻이고 피조물이 아니라는 뜻입니다. 지음을 받지도 않았고 피조물도 아닌 분은 오직 창조주이신 여호와 하나님 한 분뿐입니다. 그래서 창조주 하나님의 생명이 영생입니다. 이 영생을 받은 자들이 하나님의 아들이 될 수 있습니다.

"또 아는 것은 하나님의 아들이 이르러 우리에게 지각을 주사 우리로 참된 자를 알게 하신 것과 또한 우리가 참된 자 곧 **그의 아들 예수 그리스도** 안에 있는 것이니 **그는 참 하나님이시요 영생이시라**"(요일5:20)

예수 그리스도가 참 하나님이시요, 영생이십니다. 그래서 예수 그리스도가 있으면 영생이 있는 것이고 예수 그리스도가 없으면 영생이 없는 것입니다.

"10 하나님의 아들을 믿는 자는 자기 안에 증거가 있고 하나님을 믿지 아니하는 자는 하나님을 거짓말하는 자로 만드나니 이는 하나님께서 그 아들에 관하여 증거하신 증거를 믿지 아니하였음이라 11 또 **증거는 이 것이니 하나님이 우리에게 영생을 주신 것과 이 생명이 그의 아들 안에 있는 그것이니라** 12 아들이 있는 자에게는 생명이 있고 하나님의 아들이 없는 자에게는 생명이 없느니라"(요일5:10-12)

"너희가 믿음에 있는가 너희 자신을 시험하고 너희 자신을 확증하라 **예수 그리스도께서 너희 안에 계신 줄을 너희가 스스로 알지 못하느냐** 그렇지 않으면 너희가 버리운 자니라"(고후13:5)

믿음이 있다고 하는 자들은 자기의 믿음을 시험하고 확증하라고 했는데 자기 속에 예수 그리스도께서 계시는 것을 스스로 알지 못하면 '버리운 자'라고 했습니다. 버리운 자는 구원받지 못한 자입니다. 예수 그리스도가 영생이시므로 예수 그리스도께서 안에 없으면 구원받지 못한 자입니다. 다시 말하면 영생을 얻지 못한 자들은 구원받지 못한 자들입니다. 영생이 아버지 하나님의 생명이므로 영생을 받지 못한 자들은 하나님의 아들이 아닙니다. 영생을 얻는 유일한 방법은 예수님의 살과 피를 먹고 마시는 것입니다. 앞에서 설명했듯이 예수님의 살과 피를 먹고 마시라는 것은 비유(比喩)입니다. 예수님이 하늘로부터 내려온 생명의 떡이시고 영생하도록 있는 양식입니다. 육체를 위한 양식을 입으로 먹어서 양식이 먹는 사람 안으로 들어오는 것처럼 영을 위한 양식도 먹어서 믿는 사람 안으로 들어와야 하는 것을 말씀하신 것입니다. 예수님의 살과 피는 하나님의 선과 진리를 말씀합니다. 그래서 예수님의 살과 피를 먹고 마시는 사람 속에는 하나님의 선과 진리가 그 속에 있게 됩니다.

"예수께서 가라사대 **내가 곧 길이요 진리요 생명이니** 나로 말미암지 않고는 아버지께로 올 자가 없느니라"(요14:6)

"너희는 하나님께로부터 나서 그리스도 예수 안에 있고 **예수는 하나님께로서 나와서 우리에게 지혜와 의로움과 거룩함과 구속함이 되셨으니**"(고전1:30)

예수님 안에 하나님의 모든 것이 충만하게 있어서 예수를 얻으면 다 얻은 것이요, 예수를 잃으면 다 잃는 것입니다.

"9 그(예수 그리스도) 안에는 **신성의 모든 충만이 육체로 거하시고 10 너희도 그 안에서 충만하여졌으니** 그는 모든 정사와 권세의 머리시라"(골 2:9-10)

예수 그리스도는 동정녀 마리아에게서 나신 하나님의 아들입니다. '예수 그리스도'라고 할 때 '예수'는 육체를 가진 사람의 이름(마1:21)입니다. 그리고 '그리스도'는 예수님의 영혼입니다. 하나님의 아들이신 예수님이 십자가에서 죽고 예수님의 영혼(그리스도)이 아버지께로 가서서 아버지 안에서 그리스도가 많은 열매를 맺으셨고 아버지 안에서 열매가 맺어진 그리스도가 믿는 각 사람 안으로 들어오시면 믿는 자들이 구원을 받는 것입니다. 이 과정이 없이는 단 한 사람도 구원받을 수 없으므로 단 한 사람도 하나님의 아들이 될 수 없습니다.

8) 그리스도 예수

예수 그리스도는 여호와(아버지) 하나님이 직접 오셔서 육신을 입고 사람이 되신 분입니다. 이 사람이 되신 분이 하나님의 아들이시고 그 속에는 아버지 전체가 계십니다. 그리고 예수님이 십자가에서 죽고 예수님의 영혼(그리스도)이 아버지 안으로 가시면 아버지 안에서 그리스도가 많은 열매를 맺으시는데 많은 열매가 맺어진 그리스도가 육체가 있는 믿는 자 안으로 들어오셔서 믿는 자의 생명이 되십니다. 이렇게 그리스도가 믿는 자의 생명이 되시는 자들을 '그리스도 예수'라고 합니다.

| 신약 성경에 기록된 예수와 그리스도(개역한글판 기준) |

구분	예수 그리스도	그리스도 예수	예수	그리스도
사복음서	6	0	1,089	56
사도행전	12	1	65	14
바울서신	84	87	49	225
히브리서~계시록	39	0	35	32
계	141	88	1,238	327

신약 성경에 '예수', '그리스도', '예수 그리스도', '그리스도 예수'가 기록된 것을 살펴보면 '예수'라는 이름은 사복음서에 가장 많이 기록되어 있고 '그리스도'라는 호칭은 바울 서신에 가장 많이 기록되어 있습니다. 그리고 '그리스도 예수'라고 기록된 것은 88회가 있는데 이것은 바울 서신에서만 확인할 수가 있고 딱 한 군데 사도행전에 기록

된 것이 있습니다. 그런데 그것 또한 사도 바울과 관련된 것을 기록한 것입니다.

> "24 수일 후에 **벨릭스가 그 아내 유대 여자 드루실라와 함께 와서 바울을 불러 그리스도 예수 믿는 도를 듣거늘** 25 바울이 의와 절제와 장차 오는 심판을 강론하니 벨릭스가 두려워하여 대답하되 시방은 가라 내가 틈이 있으면 너를 부르리라 하고 26 동시에 또 바울에게서 돈을 받을까 바라는 고로 더 자주 불러 같이 이야기하더라" (행24:24-26)

바울 당시에 유대 총독이었던 벨릭스가 그 아내 유대 여자 드루실라와 함께 바울을 불러 '그리스도 예수' 믿는 도를 들었다고 말씀하고 있습니다. '그리스도 예수'를 믿는 도(道)를 전하는 것이 바울이 전한 복음이었습니다. 바울이 기록한 말씀들을 보면 바울이 전하는 복음이 예수 그리스도의 계시로 말미암은 것이라고 기록하고 있습니다.

> "11 형제들아 내가 너희에게 알게 하노니 내가 전한 복음이 사람의 뜻을 따라 된 것이 아니라 12 이는 내가 사람에게서 받은 것도 아니요 배운 것도 아니요 **오직 예수 그리스도의 계시로 말미암은 것이라**" (갈1:11-12)

> "2 너희를 위하여 내게 주신 하나님의 그 은혜의 경륜을 너희가 들었을 터이라 3 곧 **계시로 내게 비밀을 알게 하신 것**은 내가 이미 대강 기록함과 같으니 4 이것을 읽으면 **그리스도의 비밀을 내가 깨달은 것을 너희가 알 수 있으리라**" (엡3:2-4)

사도 바울이 예수 그리스도의 계시로 비밀을 깨달았다고 말씀하고 있습니다. 그리고 바울이 기록한 것을 읽는 자들도 마찬가지로 비밀을 깨달을 수 있다고 말씀하고 있습니다. 그래서 사도 바울은 자기가 깨달은 비밀을 복음을 듣는 자들도 깨달아 알 수 있도록 기록해 놓았는데 그 비밀이 바울이 쓴 편지에 자세히 기록되어 있습니다.

"1 내가 너희와 라오디게아에 있는 자들과 무릇 내 육신의 얼굴을 보지 못한 자들을 위하여 어떻게 힘쓰는 것을 너희가 알기를 원하노니 2 이는 저희로 마음에 위안을 받고 사랑 안에서 연합하여 원만한 이해의 모든 부요에 이르러 **하나님의 비밀인 그리스도를 깨닫게 하려 함이라** 3 **그 안에는 지혜와 지식의 모든 보화가 감추어 있느니라**" (골2:1-3)

하나님의 비밀이 그리스도라고 했는데 그 안에 지혜와 지식의 모든 보화가 감춰져 있다고 했습니다.

"25 내가 교회 일군 된 것은 하나님이 너희를 위하여 내게 주신 **경륜을 따라 하나님의 말씀을 이루려 함이니라** 26 이 비밀은 만세와 만대로부터 옴으로 감추었던 것인데 이제는 그의 성도들에게 나타났고 27 하나님이 그들로 하여금 이 비밀의 영광이 이방인 가운데 어떻게 풍성한 것을 알게 하려 하심이라 **이 비밀은 너희 안에 계신 그리스도시니 곧 영광의 소망이니라**" (골1:25-27)

사도 바울이 교회의 일꾼이 된 것은 하나님이 주신 하나님의 경륜을 따라 하나님의 말씀을 이루려 함이라고 했습니다. 하나님의 경륜의 비밀은 만세와 만대로부터 옴으로 감춰왔던 것인데 사도 바울을 통하여 비밀이 나타나고 전해졌다고 했습니다. 그리고 이 비밀은 믿는 자 안에 그리스도가 계시는 것이라고 했습니다. 사도 바울이 전하는 복음은 그리스도가 믿는 자 안으로 들어오셔야 하나님의 경륜의 비밀이 이루어진다는 것입니다. 반복적으로 설명하고 있는데 그리스도는 예수님의 영입니다. 예수님의 영(그리스도)이 아버지께로 갔다가 다시 믿는 자들 안으로 오셔야 하나님의 비밀이 믿는 자들에게 이루어집니다.

> "14 이러하므로 내가 하늘과 땅에 있는 각 족속에게 15 이름을 주신 아버지 앞에 무릎을 꿇고 비노니 16 그 영광의 풍성을 따라 그의 성령으로 말미암아 너희 속 사람을 능력으로 강건하게 하옵시며 17 **믿음으로 말미암아 그리스도께서 너희 마음에 계시게 하옵시고** 너희가 사랑 가운데서 뿌리가 박히고 터가 굳어져서 18 능히 모든 성도와 함께 지식에 넘치는 그리스도의 사랑을 알아 19 그 넓이와 길이와 높이와 깊이가 어떠함을 깨달아 **하나님의 모든 충만하신 것으로 너희에게 충만하게 하시기를 구하노라**" (엡3:14-19)

사도 바울이 간절히 원하고 바라던 바는 모든 믿는 자들이 믿음으로 그 마음에 그리스도께서 계시고 믿는 자의 마음에 계신 그리스도로 말미암아 종국(終局)에는 믿는 자에게 하나님의 모든 충만하신 것으로 충만하게 되는 것이었습니다. 바울이 전한 복음의 핵심이 바로 '그리스도'입니다. 그리스도가 믿는 자 안에 들어오시면 믿는 자 안에 들어오신 그리스도는 믿는 자의 생명이 되십니다.

"1 그러므로 **너희가 그리스도와 함께 다시 살리심을 받았으면** 위엣 것을 찾으라 거기는 그리스도께서 하나님 우편에 앉아 계시느니라 2 위엣 것을 생각하고 땅엣 것을 생각지 말라 3 이는 너희가 죽었고 **너희 생명이 그리스도와 함께 하나님 안에** 감취었음이니라 4 **우리 생명이신 그리스도께서** 나타나실 그 때에 **너희도 그와 함께 영광 중에 나타나리라**"

(골3:1-4)

믿는 자들이 그리스도와 함께 살리심을 받았다는 것은 그리스도가 믿는 자 안에 들어오셔서 믿는 자의 생명이 되셨다는 것입니다. 믿는 자의 본래 가진 생명은 그리스도와 함께 하나님 안에 감추어졌고 이제 그리스도가 믿는 자의 생명이 되셔서 믿는 자의 몸에 나타나시면 이것이 믿는 자와 그리스도가 함께 영광 중에 나타나는 것입니다.

"10 우리가 항상 예수 죽인 것을 몸에 짊어짐은 **예수의 생명도 우리 몸에 나타나게** 하려 함이라 11 우리 산 자가 항상 예수를 위하여 죽음에 넘기움은 **예수의 생명이 또한 우리 죽을 육체에 나타나게** 하려 함이니라" (고후4:10-11)

예수의 생명이 그리스도입니다. 예수의 생명이 믿는 자의 몸에 나타나고 죽을 육체에 나타난다고 했습니다. 예수의 생명이 나타나는 몸과 육체는 예수입니다. 그래서 믿는 자들이 예수 그리스도로 말미암아 '그리스도 예수'들이 되는 것입니다. 2,000년 전에 오신 예수님은 처음부터 죄가 하나도 없으신 분이었고 거룩하신 하나님의 아들이었습니다. 그러나 믿는 자들은 처음에 그리스도께서 믿는 자의 영

(롬8:10)에만 들어오시므로 몸은 죄로 인하여 죽은 상태였습니다. 그리고 영으로써 죽을 몸을 살리면(롬8:11) 곧 영에 들어오신 그리스도께서 믿는 자의 몸에까지 살게 되면 믿는 자의 몸이 그리스도의 몸이 되고 육체가 있는 믿는 자들이 예수가 됩니다. 그래서 예수님은 '예수 그리스도'이시고 믿는 자들은 '그리스도 예수'입니다. 그리스도가 믿는 자 안에 들어오셔서 육체가 있는 믿는 자들을 예수들로 만들기 때문입니다. 이 모든 말씀이 믿는 자가 육체를 가지고 땅에 사는 동안 이루어져야 합니다.

9) 말씀

① 태초부터 계신 생명의 말씀

말씀이 육신이 되신 분이 예수 그리스도입니다. 이 말씀이 태초부터 하나님과 함께 계셨기 때문에 이 말씀을 하나님이라고 했습니다.

> "1 태초에 말씀이 계시니라 이 말씀이 하나님과 함께 계셨으니 **이 말씀은 곧 하나님이시니라** 2 그가 태초에 하나님과 함께 계셨고 3 만물이 그로 말미암아 지은 바 되었으니 지은 것이 하나도 그가 없이는 된 것이 없느니라"(요1:1-3)
>
> "**말씀이 육신이 되어** 우리 가운데 거하시매 우리가 그 영광을 보니 아버지의 독생자의 영광이요 은혜와 진리가 충만하더라"(요1:14)

태초부터 하나님과 함께 계신 '말씀'에 대하여 잘못된 해석을 하므로 잘못된 신관(神觀)을 만들어서 한 분 하나님을 셋으로 나눠버린 자들이 있습니다. 바로 삼위일체(三位一體) 하나님을 전하고 믿는 자들입니다. 삼위일체 하나님을 전하는 자들은 '말씀'이라는 하나님이 태초부터 독립된 존재로서 하나님과 함께 계셨다고 주장을 합니다. 그래서 '말씀 하나님'이 바로 예수 그리스도이시고 예수 그리스도는 하나님의 아들이기 때문에 하나님의 아들이 영원부터 계셨다고 주장합니다. 이러한 주장은 말씀에 대하여 전혀 알지 못하는 정신 나간 자들의 헛소리입니다. 아들이 영원부터 스스로 존재한다고 말하는 자체가 벌써 제정신이 아니라는 증거입니다. 스스로 존재하는 아들이 어떻게 있을 수 있습니까? 아들은 반드시 아버지가 낳아서 존재하는 것입니다.

"19 너희가 즐겨 순종하면 땅의 아름다운 소산을 먹을 것이요 20 너희가 거절하여 배반하면 칼에 삼키우리라 **여호와의 입의 말씀**이니라"(사 1:19-20)

여호와 하나님의 생명에서 나온 생각이 입을 통하여 말씀하시면 이것을 말씀이라고 합니다. 그래서 이사야는 여호와의 말씀이 "여호와의 입의 말씀"이라고 했습니다. 살아 계신 하나님은 형체가 있고 영체로 사람의 형체로 계시는 여호와 하나님 속에는 생명이 있습니다. 이 생명에서 나온 생각이 입을 통하여 말씀하시면 이것이 '말씀'입니다. 그래서 말씀과 생각과 생명은 하나입니다. 그러면 말씀이 육신이 되었다는 것은 무슨 뜻입니까? 여호와 하나님이 일하시는 방법은 반드시 먼저 말씀하시고 말씀하신 그대로 이루십니다. 그래서 여호와 하나님이 말씀하신 것을 아는 자들은 다른 설명이 없어도 이 일은 여호와 하나님이 행하셨다는 것을 알 수 있습니다.

"그러므로 주께서 친히 징조로 너희에게 주실 것이라 **보라 처녀가 잉태하여 아들을 낳을 것이요 그 이름을 임마누엘이라 하리라**"(사7:14)

"22 이 모든 일의 된 것은 주께서 선지자로 하신 말씀을 이루려 하심이니 가라사대 23 **보라 처녀가 잉태하여 아들을 낳을 것이요 그 이름은 임마누엘이라 하리라** 하셨으니 이를 번역한즉 하나님이 우리와 함께 계시다 함이라"(마1:22-23)

이사야 선지자에게 "보라 처녀가 잉태하여 아들을 낳을 것이요, 그 이름을 임마누엘이라 하리라"라고 말씀하신 것이 그대로 이루어졌는데 이것이 바로 말씀이 육신이 되신 것입니다. 말씀이라는 하나님이 따로 계셔서 하나님의 아들이 되신 것이 아니라 여호와 하나님이 미리 말씀하신 대로 동정녀 마리아에게 성령으로 잉태된 것이 바로 말씀이 육신이 되신 것입니다.

"예수 그리스도의 나심은 이러하니라 그 모친 마리아가 요셉과 정혼하고 동거하기 전에 **성령으로 잉태된 것이 나타났더니**"(마1:18)

성령으로 잉태된 것이 나타나기 전까지는 예수님은 하나님의 아들이 아니었습니다. 육신을 입기 전에 예수님은 하나님 아버지 속에 계신 생명이요, 지혜요, 말씀이셨습니다. 동정녀 마리아에게 성령으로 잉태되었을 때 비로소 예수님은 하나님의 아들이 되신 것입니다. 이

것이 아버지가 아들을 낳으신 것입니다. 아들은 절대로 스스로 존재할 수 없습니다. 반드시 아버지가 낳아야 아들은 존재할 수 있습니다.

> "**1 태초부터 있는 생명의 말씀에 관하여는** 우리가 들은 바요 눈으로 본 바요 주목하고 우리 손으로 만진 바라 2 이 생명이 나타내신 바 된지라 이 영원한 생명을 우리가 보았고 증거하여 너희에게 전하노니 이는 **아버지와 함께 계시다가 우리에게 나타내신 바 된 자니라**" (요일1:1-2)

태초부터 계신 생명의 말씀이 아버지와 함께 계셨다는 것은 아버지 옆이 아니라 아버지 안에 계신 것입니다.

② **의문의 말씀**

성경에 기록되어 버린 말씀은 하나님의 말씀이라도 의문의 말씀입니다. 그 말씀 안에 생명이 없습니다. 그래서 의문의 말씀은 죽이는 것이라고 했습니다. 율법이 곧 의문의 말씀입니다.

> "저가 또 우리로 새 언약의 일군 되기에 만족케 하셨으니 의문으로 하지 아니하고 오직 영으로 함이니 **의문은 죽이는 것이요 영은 살리는 것임이니라**" (고후3:6)
>
> "이제는 우리가 얽매였던 것에 대하여 죽었으므로 율법에서 벗어났으니 이러므로 우리가 **영의 새로운 것으로 섬길 것이요 의문의 묵은 것으로 아니할지니라**" (롬7:6)

새 언약의 일꾼이 된 사람들은 의문으로 하지 않고 영으로 한다고 했는데 이 영이 살아 계신 하나님의 영입니다. 그리고 우리가 얽매였던 것에 대하여 죽었으므로 율법에서 벗어났는데 그러므로 영의 새로운 것으로 섬기고 의문의 묵은 것으로 하지 않는다고 했습니다. 하나님의 말씀을 의문의 묵은 것과 영의 새로운 것으로 대조(對照)해서 말씀하고 있는데 이것은 새 언약과 옛 언약에 대한 말씀입니다.

"너희는 우리로 말미암아 나타난 그리스도의 편지니 이는 먹으로 쓴 것이 아니요 **오직 살아 계신 하나님의 영으로** 한 것이며 또 **돌비에 쓴 것이 아니요 오직 육의 심비에 한 것이라**" (고후3:3)

옛 언약은 돌비에 새겨졌는데 새 언약은 살아 계신 하나님의 영으로 육의 심비(心碑)에 새겨진다고 했습니다. 돌비에 새겨진 하나님의 말씀은 의문이라서 생명이 없으나 살아 계신 하나님의 영으로 육의 심비(心碑)에 새겨진 하나님의 말씀은 믿는 자 속에서 살아 역사하는 말씀입니다.

"12 **하나님의 말씀은 살았고 운동력이 있어** 좌우에 날선 어떤 검보다도 예리하여 혼과 영과 및 관절과 골수를 찔러 쪼개기까지 하며 또 마음의 생각과 뜻을 감찰하나니 13 지으신 것이 하나라도 그 앞에 나타나지 않음이 없고 오직 만물이 우리를 상관하시는 자의 눈 앞에 벌거벗은 것같이 드러나느니라" (히4:12-13)

믿는 자 속에서 살아 역사하는 말씀이 믿는 자들을 거듭나게 하는 말씀입니다.

③ 하나님의 살아 있고 항상 있는 말씀으로 거듭납니다

사람이 거듭나야 구원을 받을 수 있습니다. 우리를 거듭나게 하는 말씀은 하나님의 살아 있고 항상 있는 말씀입니다.

> "**너희가 거듭난 것이** 썩어질 씨로 된 것이 아니요 썩지 아니할 씨로 된 것이니 **하나님의 살아 있고 항상 있는 말씀으로** 되었느니라"(벧전1:23)

사람이 거듭난다는 것은 다시 태어나는 것인데 다시 태어나기 위해서는 반드시 새 생명이 필요합니다. 하나님의 살아 있고 항상 있는 말씀이 바로 믿는 자 안으로 들어오신 그리스도입니다. 그리스도와 함께 죽었다고 믿는 자들이 새 생명을 얻어서 거듭날 수 있습니다.

> "3 무릇 그리스도 예수와 합하여 세례를 받은 우리는 그의 죽으심과 합하여 세례받은 줄을 알지 못하느뇨 4 그러므로 우리가 그의 죽으심과 합하여 세례를 받음으로 그와 함께 장사되었나니 이는 아버지의 영광으로 말미암아 그리스도를 죽은 자 가운데서 살리심과 같이 **우리로 또한 새 생명 가운데서 행하게** 하려 함이니라"(롬6:3-4)

그리스도가 믿는 자들이 얻는 새 생명입니다. 새 생명을 얻은 자들이 거듭난 자들이요, 구원받은 하나님의 아들들입니다. 이제 이 사람들 속에는 그리스도가 사십니다.

> "내가 그리스도와 함께 십자가에 못 박혔나니 그런즉 **이제는 내가 산 것이 아니요 오직 내 안에 그리스도께서 사신 것이라** 이제 내가 육체 가운

데 사는 것은 나를 사랑하사 나를 위하여 자기 몸을 버리신 하나님의 아들을 믿는 믿음 안에서 사는 것이라" (갈2:20)

믿는 자 안에 새 생명이신 그리스도께서 사시면 이 사람이 거듭난 것이요, 구원을 받은 하나님의 아들입니다.

④ 말씀을 받은 자들이 신(하나님)이 됩니다

말씀이 하나님이시므로 말씀을 받은 자들도 하나님이 됩니다.

"34 예수께서 가라사대 너희 율법에 기록한 바 내가 너희를 신이라 하였노라 하지 아니하였느냐 35 성경은 폐하지 못하나니 **하나님의 말씀을 받은 사람들을 신이라 하셨거든**" (요10:34-35)

하나님의 말씀을 받은 자들이 신(하나님)이 된다고 했습니다. 말씀을 받아서 하나님이 되는 것은 하나님의 아들들이 되는 것입니다. 그래서 말씀을 받은 자들이 지존자(至尊者)의 아들들이 됩니다.

"하나님이 **하나님의 회 가운데 서시며** 재판장들 중에서 판단하시되" (시82:1)

"내가 말하기를 **너희는 신들이며 다 지존자의 아들들이라** 하였으나" (시82:6)

말씀은 하나님 아버지의 생명입니다. 하나님 아버지의 생명을 받은 자들은 하나님의 아들입니다. 아버지가 하나님이시면 아들도 하나님이어야 합니다. 그래서 하나님의 회(會)가 있습니다. 하나님들이 모인 것이 하나님의 회(會)입니다. 하나님이 한 분이신데 어떻게 하나님의 회(會)가 있을 수 있습니까? 아버지는 한 분이지만 아들들은 많습니다. 하나님의 아들들이 모이면 하나님의 회(會)가 됩니다. 말씀을 받은 자들이 하나님의 아들들로서 하나님들이 되고 지존자의 아들들이 되는 것입니다.

2

하나님께서 9가지 상태로 일하셔서 하나님의 친아들들을 얻으십니다

앞에서 9가지 상태로 일하시는 하나님에 대하여 살펴보았습니다. 하나님께서 여호와, 아버지, 성령, 하나님, 그, 주, 예수 그리스도, 그리스도 예수, 말씀으로 일하시는 이유는 하나님의 친아들들을 얻기 위함입니다.

1) 여호와, 아버지, 성령은 아버지의 위격(位格)입니다

여호와는 아버지의 이름입니다. 구약에는 거의 모든 말씀을 '여호와'라는 이름으로 말씀하셨습니다. 여호와는 하나님께서 아직 아들을 낳기 전에 주로 사용하신 이름이었습니다. 그런데 예수님을 낳으신 후에는 하나님이 '여호와'로서는 한 번도 말씀하지 않으시고 '아버지'로서만 말씀하십니다. 예수 그리스도로 말미암아 하나님의 아들들을 얻는 것이 하나님의 경륜이요, 창조의 목적이기 때문입니다. 여기서 우리가 꼭 알아야 하는 것은 구약의 여호와 하나님과 신약의 아버지 하나님이 같은 분이라는 사실입니다. 그리고 앞에서 살펴봤듯이 구약의 성신과 신약의 성령이 같다는 사실입니다. 예수님은 성령으로 잉태되신 분인데 성경 어디에도 예수님이 성령의 아들이라는 말씀이 없습니다. 예수님을 하나님의 아들이라고 했고 예수님이 하나님을 아버지라고 부르셨습니다. 그래서 성령은 하나님 아버지의 일하심 곧 생명의 활동입니다. 하나님 아버지께서 일하시므로 동정녀 마리아에게 잉태하게 하셨고 하나님의 아들이신 그리스도께서 세상에 오신 것입니다. 구약에는 여호와로 말씀하시고 일하셨고 신약에는 아버지로 말씀하시고 일하셨고 구약이나 신약이나 하나님께서 일하시는 것을 성령(성신)이라고 했으므로 여호와와 아버지와 성령은 하나의 위격입니다. 삼위일체 교리를 주장하는 자들이 말하는 것처럼 성령은 제 삼위의 하나님이 아닙니다. 아버지가 일위이시면 성령도 일위입니다. 성령은 어디에서도 항상 아버지로서 일위가 되십니다. 성령이 아버지 속에 계실 때는 당연히 아버지와 하나이시므로 일위이시고 예수 그리스도 안에 있을 때도 성령은 아버지이십니다. 그리고 믿는 자들 안에 성령이 들어오셔도 성령은 아버지이십니다. 그래서 믿는 자들 안에 들어오시는 아버지는 성령이십니다. 영체로서 사람의 형체로 계시는 아버지는 절대로 사람 속에 들어오실 수가 없습니다. 그래서 아버지께서 성령을 믿는 자들에게 주시는 것입니다.

"베드로가 가로되 너희가 회개하여 각각 예수 그리스도의 이름으로 세례를 받고 죄 사함을 얻으라 그리하면 **성령을 선물로 받으리니**" (행2:38)
"21 우리를 너희와 함께 그리스도 안에서 견고케 하시고 우리에게 기름을 부으신 이는 하나님이시니 22 저가 또한 우리에게 인치시고 **보증으로 성령을 우리 마음에 주셨느니라**" (고후1:21-22)

성령은 모든 믿는 사람에게 하나님이 보증으로 주시는 선물입니다. 구원받은 사람 속에는 반드시 성령이 계셔야 합니다. 성령이 계시지 않는 자들은 하나님의 보증이 없으므로 구원받지 못한 자들입니다. 그리고 성령은 반드시 아버지께로 나와서 믿는 자들에게 오십니다.

"내가 아버지께로서 너희에게 보낼 보혜사 곧 **아버지께로서 나오시는 진리의 성령이** 오실 때에 그가 나를 증거하실 것이요" (요15:26)
"16 내가 아버지께 구하겠으니 그가 또 다른 보혜사를 너희에게 주사 **영원토록 너희와 함께 있게 하시리니** 17 저는 진리의 영이라 세상은 능히 저를 받지 못하나니 이는 저를 보지도 못하고 알지도 못함이라 그러나 너희는 저를 아나니 **저는 너희와 함께 거하심이요 또 너희 속에 계시겠음이라**" (요14:16-17)

성령은 한번 오시면 절대로 떠나가지 않습니다. 성령은 믿는 자 속에서 믿는 자와 함께 영원히 아버지로서 계십니다. 그래서 성령은 아버지와 위격이 같고 아버지와 여호와가 같은 분이기 때문에 성령(성신)과 아버지와 여호와는 하나의 위격입니다.

2) 하나님과 말씀은 상태에 따라 위격(位格)이 달라집니다

하나님은 아버지의 성(姓)이라고 했습니다. 아버지가 하나님이시면 아들도 하나님입니다. 아버지가 아들에게 성(姓)을 물려주는 것과 같은 이치입니다. 그래서 말씀을 받은 사람들이 하나님들이 되는데 아버지 하나님은 한 분이지만 아들 하나님들은 많습니다. 말씀이 육신이 되기 전에 아버지 속에 있을 때는 아버지입니다. 아버지께서 자기 속에 있는 말씀을 내어놓으면 아들이 되는데 이렇게 아들이 되신 분이 말씀이 육신이 되신 예수 그리스도입니다. 예수 그리스도는 하나님의 아들로서 이위(二位)가 됩니다. 아버지와 다른 아들로서의 위격(位格)이 나타난 것입니다. 말씀이 육신이 되신 예수님이 십자가에 죽으시고 그 영혼(그리스도)이 아버지께로 가시면 아버지 안에서 많은 열매가 맺어지는데 이때 맺어진 열매가 많은 그리스도입니다. 그리스도가 씨로 심어졌기 때문에 많은 그리스도가 열매를 맺는 것입니다. 그래서 아버지 속에는 이제 많은 그리스도가 있습니다. 아버지로부터 믿는 자들 안으로 그리스도께서 오시면 믿는 자들이 하나님의 아들이 됩니다. 이렇게 하나님의 아들이 되면 이것이 바로 말씀으로 거듭난 것입니다.

> "너희가 **거듭난 것이** 썩어질 씨로 된 것이 아니요 썩지 아니할 씨로 된 것이니 **하나님의 살아 있고 항상 있는 말씀으로** 되었느니라" (벧전1:23)

믿는 자들이 거듭난 것이 썩지 아니할 씨로 되었는데 이 씨는 하나님의 살아 있고 항상 있는 말씀이라고 했습니다. 결국 아버지 속에 있는 말씀이 아버지께로 나와서 사람이 되셨고 사람이 되신 예수님이 십자가에서 죽으실 때 다시 아버지 속으로 간 말씀이 많은 씨가 되어서 믿는 자들 속으로 들어와서 믿는 자들이 말씀으로 거듭나게 된 것입니다. 그래서 말씀은 아버지 속에 있을 때는 아버지이시고 아들 예수 그리스도 속에 있을 때는 아들이시고 또 믿는 자들 속에 들어오면 하나님의 아들들이 되게 하는 것입니다. 말씀이 누구 속에 있는가에 따라서 아버지도 되시고 아들도 되시고 하나님의 아들들도 되게 하는 것입니다. 이로써 삼위(三位)가 나타나는데 아버지는 일위(一位)이시고 아들 예수님은 이위(二位)이시고 말씀을 받아서 거듭난 믿는 자들이 삼위(三位)가 되는 것입니다.

3) 예수 그리스도와 그리스도 예수의 차이

예수 그리스도는 유일하신(Only One) 하나님의 아들이었습니다. 그러나 성경은 예수님을 외아들이라고 하지 않았습니다.

> "**맏아들을 낳아** 강보로 싸서 구유에 뉘었으니 이는 사관에 있을 곳이 없음이러라" (눅2:7)
>
> "하나님이 미리 아신 자들로 또한 그 아들의 형상을 본받게 하기 위하여 미리 정하셨으니 이는 **그로 많은 형제 중에서 맏아들이 되게 하려 하심이니라**" (롬8:29)

마리아가 낳은 예수님을 외아들이라고 하지 않고 맏아들을 낳아 강보로 싸서 구유에 뉘었다고 했습니다. 사도 바울은 하나님이 예수님을 많은 형제 중에서 맏아들이 되게 하신다고 했습니다. 하나님 아버지가 낳으신 아들은 예수님 한 분이지만 예수 그리스도로 말미암아 많은 아들들을 얻으시려고 하나님이 미리 정하셨기 때문에(엡1:3-6) 예수님을 많은 형제 중에서 맏아들이 되게 하신다고 말씀하신 것입니다. 하나님 아버지께서 예수님을 낳은 것처럼 믿는 자들도 진리의 말씀으로 낳았다고(약1:18) 했습니다.

"거룩하게 하시는 자와 거룩하게 함을 입은 자들이 **다 하나에서 난지라 그러므로 형제라 부르시기를 부끄러워 아니하시고**" (히2:11)

거룩하게 하시는 자 예수 그리스도와 거룩하게 함을 입은 자들 곧 믿는 자들이 한 하나님 아버지에게서 났으므로 형제가 된다고 말씀하고 있습니다. 한 아들을 통해서 많은 아들들을 얻는 일을 하나님 아버지께서 예정(豫定)하시고 예정(豫定)하신 그대로 이루십니다. 한 아들은 예수 그리스도입니다. 한 아들을 통해서 하나님 아버지가 얻으시는 많은 아들들은 그리스도 예수입니다. 이것이 사도 바울이 계시로 깨달은 하나님의 비밀인 그리스도를 전하는 도(道)입니다. 이 부분은 앞에서 설명했으므로 넘어가도록 하겠습니다.

제 3장

일위일체(一位一體)로 계신 한 분 하나님이 삼위(三位)로 일하시므로 하나님의 친아들들을 얻으십니다

1

여호와는 일위일체(一位一體)로 계신 하나님입니다

하나님은 한 분이십니다. 하나님이 한 분이라는 것은 위격(位格)이 하나이고 몸도 하나라는 것입니다.

"4 이스라엘아 들으라 **우리 하나님 여호와는 오직 하나인 여호와시니** 5 너는 마음을 다하고 성품을 다하고 힘을 다하여 네 하나님 여호와를 사랑하라"(신6:4-5)

"5 주도 하나이요 믿음도 하나이요 세례도 하나이요 6 **하나님도 하나이시니 곧 만유의 아버지시라** 만유 위에 계시고 만유를 통일하시고 만유 가운데 계시도다"(엡4:5-6)

"15 기약이 이르면 하나님이 그의 나타나심을 보이시리니 **하나님은 복되시고 홀로 한 분이신 능하신 자이며 만왕의 왕이시며 만주의 주시요** 16 오직 그에게만 죽지 아니함이 있고 가까이 가지 못할 빛에 거하시고 아무 사람도 보지 못하였고 또 볼 수 없는 자시니 그에게 존귀와 영원한 능력을 돌릴지어다 아멘"(딤전6:15-16)

구약이나 신약이나 성경 어디를 봐도 하나님이 두 분 또는 세 분이 계신다는 말씀이 없습니다. 그러나 하나님이 한 분이라는 말씀은 넘쳐나게 많이 찾을 수 있습니다. 그런데 왜 오늘날 기독교는 하나님을 세 분으로 알고 믿으며 성경에 없는 삼위일체(三位一體)라는 교리를 믿고 있을까요? 그 이유는 잘못된 교리를 세우고 체계화하고 후세에 전하는 자들 때문입니다. 이제라도 잘못된 교리를 바로잡지 않으면 하나님의 친아들들은 한 사람도 나올 수가 없습니다.

"이스라엘의 왕인 여호와, 이스라엘의 구속자인 만군의 여호와가 말하노라 **나는 처음이요 나는 마지막이라 나 외에 다른 신이 없느니라**"(사 44:6)

"네 구속자요 모태에서 너를 조성한 나 여호와가 말하노라 **나는 만물을 지은 여호와라 나와 함께한 자 없이 홀로 하늘을 폈으며 땅을 베풀었고**" (사44:24)

"5 나는 여호와라 **나 외에 다른 이가 없나니 나밖에 신이 없느니라** 너는 나를 알지 못하였을지라도 나는 네 띠를 동일 것이요 6 해 뜨는 곳에서든지 지는 곳에서든지 나밖에 다른 이가 없는 줄을 무리로 알게 하리라 나는 여호와라 다른 이가 없느니라 7 나는 빛도 짓고 어두움도 창조하며 나는 평안도 짓고 환난도 창조하나니 나는 여호와라 이 모든 일을 행하는 자니라 하였노라"(사45:5-7)

"여호와는 하늘을 창조하신 하나님이시며 땅도 조성하시고 견고케 하시되 헛되이 창조치 아니하시고 사람으로 거하게 지으신 자시니라 그 말씀에 **나는 여호와라 나 외에 다른 이가 없느니라**"(사45:18)

여호와 하나님이 홀로 하늘을 폈고 땅을 베풀었으며 여호와 하나님 외에 다른 신이 없다고 말씀하고 있습니다. 하나님이 여호와이시고 그분이 한 분이신 것은 기록된 하나님의 말씀을 근거로 너무나 확실합니다. 그런데 사람들이 하나님을 한 분으로 믿지 못하는 이유는 예수님이 하나님의 아들인데 이 아들이 영원부터 존재하는 아들이라고 하기 때문입니다. 예수님은 하나님의 아들로서 영원부터 존재하신 분이 아닙니다. 말씀이 육신이 되기 전에 예수님은 여호와 하나님 안에서 지혜와 말씀과 생명으로 계신 분입니다.

"**지혜는 그 얻은 자에게 생명나무라** 지혜를 가진 자는 복되도다"(잠 3:18)

"22 여호와께서 그 조화의 시작 곧 **태초에 일하시기 전에 나(지혜)를 가지셨으며** 23 만세전부터, 상고부터, 땅이 생기기 전부터 내가 세움을 입었나니 24 아직 바다가 생기지 아니하였고 큰 샘들이 있기 전에 **내(지혜)가 이미 났으며** 25 산이 세우심을 입기 전에, 언덕이 생기기 전에 **내(지혜)가 이미 났으니** 26 하나님이 아직 땅도, 들도, 세상 진토의 근원도 짓지 아니하셨을 때에라 27 그가 하늘을 지으시며 궁창으로 해면에 두르실 때에 내가 거기 있었고 28 그가 위로 구름 하늘을 견고하게 하시며 바다의 샘들을 힘있게 하시며 29 바다의 한계를 정하여 물로 명령을 거스리지 못하게 하시며 또 땅의 기초를 정하실 때에 30 **내(지혜)가 그 곁에 있어서 창조자가 되어** 날마다 그 기뻐하신 바가 되었으며 항상 그 앞에서 즐거워하였으며 31 사람이 거처할 땅에서 즐거워하며 인자들을 기뻐하였었느니라"(잠8:22-31)

잠언 8장은 하나님의 지혜를 말씀하고 있는데 만물이 조성되기 전에 여호와께서 지혜를 가지셨고 그 지혜로 만물을 창조하셨다고 말씀하고 있습니다. 사람의 지혜가 사람 속에 있는 것처럼 하나님의 지혜는 하나님 속에 있습니다. 솔로몬이 하나님께 지혜를 구했을 때 하나님께서 솔로몬 속에 지혜를 주셨습니다. 예수 그리스도가 하나님의 지혜입니다.

"오직 부르심을 입은 자들에게는 유대인이나 헬라인이나 **그리스도는 하나님의 능력이요 하나님의 지혜니라**" (고전1:24)

그리스도가 하나님의 능력이요, 하나님의 지혜라고 했습니다. 하나님의 지혜는 하나님 속에 있는 것이므로 하나님의 아들이 되기 전에 예수님은 하나님의 지혜로 하나님 속에 계셨습니다.

"**1 태초에 말씀이 계시니라 이 말씀이 하나님과 함께 계셨으니 이 말씀은 곧 하나님이시니라** 2 그가 태초에 하나님과 함께 계셨고 3 만물이 그로 말미암아 지은 바 되었으니 지은 것이 하나도 그가 없이는 된 것이 없느니라" (요1:1-3)

예수님은 태초부터 하나님과 함께 계신 말씀입니다. 말씀이 하나님과 함께 계셨다는 것은 하나님 안에 계셨다는 것입니다. 영체로서 사람의 형체를 하고 계신 여호와 하나님의 생명에서 나온 생각이 입을 통해 말하면 이것이 말씀입니다. 지혜가 하나님 안에 있을 때는 하나님입니다. 말씀도 하나님 안에 있을 때는 하나님입니다. 지혜나 말씀이나 아버지 하나님과 따로 계시는 아들이 될 수 없습니다. 그래서 하나님의 아들 예수 그리스도께서 세상에 오시기 전에 여호와 하나님은 일위일체(一位一體)로 계신 하나님입니다.

2

예수 그리스도는 이위이체(二位二體)로 계신 하나님입니다

예수님은 영원부터 아들로 계시다가 오셔서 육신을 입고 사람이 되신 분이 아닙니다. 여호와 하나님이 직접 오셔서 육신을 입고 사람이 되신 분이 예수 그리스도입니다. 여호와 하나님이 직접 오셔서 육신을 입고 사람이 되셨다는 증거는 성경에 차고 넘칩니다.

"5 너희 안에 이 마음을 품으라 곧 그리스도 예수의 마음이니 6 **그는 근본 하나님의 본체시나** 하나님과 동등됨을 취할 것으로 여기지 아니하시고 7 오히려 자기를 비어 종의 형체를 가져 사람들과 같이 되었고 8 사람의 모양으로 나타나셨으매 자기를 낮추시고 죽기까지 복종하셨으니 곧 십자가에 죽으심이라" (빌2:5-8)

예수님은 원래 아들로 계셨던 분이 아니라 근본 하나님의 본체이었던 분이라고 사도 바울이 증거하고 있습니다.

"이는 **한 아기가 우리에게 났고 한 아들을 우리에게 주신 바 되었는데** 그 어깨에는 정사를 메었고 그 이름은 기묘자라, 모사라, **전능하신 하나님이라, 영존하시는 아버지라**, 평강의 왕이라 할 것임이라" (사9:6)

이사야 선지자가 아기가 나시면 그 아기가 바로 전능하신 하나님이요, 영존하시는 아버지라고 예수님이 오시기 전에 미리 증거하고 있습니다.

"**나와 아버지는 하나이니라** 하신대" (요10:30)
"7 너희가 나를 알았더면 내 아버지도 알았으리로다 이제부터는 너희가 그를 알았고 또 보았느니라 8 빌립이 가로되 주여 아버지를 우리에게 보여 주옵소서 그리하면 족하겠나이다 9 예수께서 가라사대 빌립아 내가 이렇게 오래 너희와 함께 있으되 네가 나를 알지 못하느냐 **나를 본 자는 아버지를 보았거늘 어찌하여 아버지를 보이라 하느냐** 10 나는 아버지 안에 있고 아버지는 내 안에 계신 것을 네가 믿지 아니하느냐 내가 너희에게 이르는 말이 스스로 하는 것이 아니라 아버지께서 내 안에 계셔 그의 일을 하시는 것이라 11 **내가 아버지 안에 있고 아버지께서 내 안에 계심을 믿으라** 그렇지 못하겠거든 행하는 그 일을 인하여 나를 믿으라" (요14:7-11)

예수님께 아버지를 보여주라고 말하는 빌립에게 "나를 본 자는 아버지를 보았다"라고 말씀하시고 예수님은 아버지 안에 계시고 아버지는 예수님 안에 계신다고 말씀하시면서 내가 하는 일은 나의 일이 아니라 아버지께서 예수님 안에 계셔서 아버지의 일을 하시는 것이라고 했습니다. 그래서 예수님은 아버지와 예수님이 하나라고 말씀하시고 여호와 하나님이 직접 오셔서 육신을 입고 사람이 되신 분이 바로 예수님 자신이신 것을 친히 증거 하셨습니다.

"31 내가 만일 나를 위하여 증거하면 내 증거는 참되지 아니하되 32 **나를 위하여 증거하시는 이가 따로 있으니 나를 위하여 증거하시는 그 증거가 참인 줄 아노라** 33 너희가 요한에게 사람을 보내매 요한이 진리에 대하여 증거하였느니라 34 그러나 나는 사람에게서 증거를 취하지 아니하노라 다만 이 말을 하는 것은 너희로 구원을 얻게 하려 함이니라 35 요한은 켜서 비취는 등불이라 너희가 일시 그 빛에 즐거이 있기를 원하였거니와 36 **내게는 요한의 증거보다 더 큰 증거가 있으니 아버지께서 내게 주사 이루게 하시는 역사 곧 나의 하는 그 역사가 아버지께서 나를 보내신 것을 나를 위하여 증거하는 것이요 37 또한 나를 보내신 아버지께서 친히 나를 위하여 증거하셨느니라** 너희는 아무 때에도 그 음성을 듣지 못하였고 그 형용을 보지 못하였으며 38 그 말씀이 너희 속에 거하지 아니하니 이는 그의 보내신 자를 믿지 아니함이니라 39 너희가 성경에서 영생을 얻는 줄 생각하고 성경을 상고하거니와 이 성경이 곧 내게 대하여 증거하는 것이로다" (요5:31-39)

세례 요한이 예수님을 증거 하였는데 예수님께는 요한의 증거보다 더 큰 증거가 있다고 하시면서 그 증거는 "아버지께서 내게 주사 이루게 하시는 역사 곧 나의 하는 그 역사가 아버지께서 나를 보내신 것을 나를 위하여 증거하는 것이요"라고 말씀하셨습니다. 아버지께서 예수님 안에 계시면서 예수님을 위하여 친히 증거 하시므로 이 말씀을 하신 것입니다. 이사야 선지자가 미리 증거 하였고 세례 요한이 예수님을 직접 보고 증거 하였으며 또 예수님 자신도 친히 증거 하셨고 예수님이 아버지께로 가신 후에는 사도 바울을 통하여 증거 하였습니다. 예수님과 아버지가 하나이신 것을 믿는다면 반드시 예수님 안에 아버지가 계신 것을 믿어야 합니다. 이 사실이 의심 없이 믿어지는 사람은 성경대로 하나님을 한 분으로 믿는 것입니다. 그러나 이것을 믿지 않는 사람은 절대로 하나님을 한 분으로 믿을 수 없습니다. 여호와 하나님이 직접 오셔서 육신을 입고 사람이 되신 예수 그리스도는 이위이체(二位二體)로 계신 하나님입니다. 영체로 사람의 형체를 하고 계시는 아버지는 예수님 안에 계시고 사람과 같이 육체가 있는 예수님은 아들로 계십니다. 그래서 아버지의 위격과 아들의 위격, 아버지의 육체와 아들의 육체가 함께 하나로 계시므로 예수님은 이위이체(二位二體)로 계신 하나님입니다. 그래서 예수님을 본 자는 아버지를 보았다고 말씀하셨고 예수님을 믿는 자는 아버지를 믿는 것이라고 말씀하셨습니다.

> "44 예수께서 외쳐 가라사대 **나를 믿는 자는 나를 믿는 것이 아니요 나를 보내신 이를 믿는 것이며 45 나를 보는 자는 나를 보내신 이를 보는 것이니라**" (요12:44-45)

예수님이 "나를 믿는 자는 나를 보내신 이를 믿는 것이며 나를 보는 자는 나를 보내신 이를 보는 것"이라고 말씀하신 것은 예수님 안에 아버지가 계시기 때문이지 하나님이 삼위일체(三位一體)로 계신 분이어서가 아닙니다. 예수님이 우리와 같은 육체를 입고 사람이 되셨을 때 하나님 아버지 전체가 예수님 안에 계셨습니다. 이 사실을 믿지 않으면 하나님을 한 분으로 믿을 수 없고 하나님이 하신 일도 믿을 수 없어서 하나님 아버지의 생명을 받은 하나님의 친아들들이 될 수 없습니다.

3

십자가 이후에 하나님은 이위일체(二位一體)로 계십니다

예수님이 사람으로 계실 때 하나님은 이위이체(二位二體)로 계셨는데 예수님이 십자가에서 죽으시고 그 영혼(그리스도)이 다시 살리심을 받고 아버지 안으로 가신 후에 하나님은 이위일체(二位一體)로 계십니다.

"그리스도께서도 한 번 죄를 위하여 죽으사 의인으로서 불의한 자를 대신하셨으니 이는 우리를 하나님 앞으로 인도하려 하심이라 **육체로는 죽임을 당하시고 영으로는 살리심**을 받으셨으니" (벧전3:18)

죄를 위하여 한 번 죽으신 그리스도께서 육체로는 죽임을 당하시고 영으로는 살리심을 받았다고 말씀하고 있습니다. 여기서 육체로는 죽임을 당하시고 영으로는 살리심을 받았다고 하는 말씀을 많은 기독교인들이 예수님의 영혼은 죽지 않고 육체만 죽었다고 알고 믿고 있습니다. 예수님은 십자가에서 영혼과 육체가 다 죽었습니다. 그리고 아버지께서 예수님을 살리실 때 예수님의 육체는 죽임을 당한 그대로 두시고 영혼을 살리셔서 그 영혼이 아버지 안으로 가셨습니다.

"이제는 그의 **육체의 죽음으로 말미암아 화목케 하사** 너희를 거룩하고 흠 없고 책망할 것이 없는 자로 그 앞에 세우고자 하셨으니"(골1:22)
"10 여호와께서 그로 상함을 받게 하시기를 원하사 질고를 당케 하셨은즉 **그 영혼을 속건제물로 드리기에 이르면 그가 그 씨를 보게 되며** 그 날은 길 것이요 또 그의 손으로 여호와의 뜻을 성취하리로다 11 가라사대 그가 자기 영혼의 수고한 것을 보고 만족히 여길 것이라 나의 의로운 종이 자기 지식으로 많은 사람을 의롭게 하며 또 그들의 죄악을 친히 담당하리라 12 이러므로 내가 그로 존귀한 자와 함께 분깃을 얻게 하며 강한 자와 함께 탈취한 것을 나누게 하리니 이는 **그가 자기 영혼을 버려 사망에 이르게 하며** 범죄자 중 하나로 헤아림을 입었음이라 그러나 실상은 그가 많은 사람의 죄를 지며 범죄자를 위하여 기도하였느니라 하시니라"(사53:10-12)

예수님의 육체는 화목제물(和睦祭物)로(요일2:2) 드려졌고 예수님의 영혼은 속건제물(贖愆祭物)이 되어 하나님께 드려졌습니다. 예수님의 육체의 죽음으로 하나님과 사람 사이에 막힌 담을 허시고(엡2:14-18) 사람을 하나님과 화목하게 하셨습니다. 그리고 예수님의 영혼이 속건제물(贖愆祭物)이 되면(예수님의 영혼의 죽음으로) 그 씨를 보게 되며 그의 손으로 여호와의 뜻을 성취하신다고 했습니다. 예수님이 사람의 죄를 대속하고 구속사(救贖史)를 이루시려면 예수님이 제물이 되심으로 사람들의 죄가 완전하게 사함을 받아야 합니다. 만약 사람의 범죄(犯罪) 함이 육체에 국한된 것이라면 예수님의 육체만 제물이 되어도 죄인을 구원하실 수 있을 것입니다. 그러나 사람은 범죄 함으로 그 영혼이 죽었습니다(겔18:4). 그래서 예수님이 완전한 대속(代贖)을 이루기 위한 제물(祭物)이 되시려면 예수님의 영혼과 육체가 다 제물(祭物)이 되어서 죽어야 합니다. 특히 예수님의 영혼이 속건제물(贖愆祭物)이 되어 드려지면 씨를 보게 된다고 했는데 이 씨가 바로 여호와의 뜻을 성취하기 위한 것이라고 말씀하고 있습니다.

"**내 아버지의 뜻은 아들을 보고 믿는 자마다 영생을 얻는 이것이니** 마지막 날에 내가 이를 다시 살리리라 하시니라" (요6:40)

하나님 아버지의 뜻이 아들을 보고 믿는 자마다 영생을 얻는 것이라고 했습니다. 영생은 하나님 아버지의 생명이기 때문에 영생을 얻는 자들은 하나님의 아들들이 됩니다. 예수님의 영혼이 속건제물(贖愆祭物)이 되시면 씨를 보게 되는데 이 씨가 바로 하나님 아버지의 아들들을 얻을 수 있는 씨입니다. 이 씨를 얻기 위해서는 예수님의 영혼(그리스도)이 반드시 아버지 안으로 가셔야 합니다. 예수님이 아버지 안으로 가시기 위해서는 자기의 몸과 육체를 버리셔야 합니다. 만약 예수님이 육체로 다시 살아나신다면 예수님은 절대로 믿는 자들 안으로 들어오실 수가 없게 되어버립니다. 믿는 자들 안으로 들어오시는 그리스도는 아버지 안에서 믿는 자들 안으로 오시는데 십자가에서 죽은 예수님의 영혼 곧 그리스도가 아버지 안으로 가셔서 많은 열매를 맺었기 때문에 그리스도가 믿는 사람들 안으로 오실 수 있는 것입니다.

"그 날에는 **내가 아버지 안에, 너희가 내 안에, 내가 너희 안에 있는 것을** 너희가 알리라"(요14:20)

"내가 진실로 진실로 너희에게 이르노니 한 알의 밀이 땅에 떨어져 죽지 아니하면 한 알 그대로 있고 **죽으면 많은 열매를 맺느니라**"(요12:24)

자기의 몸과 육체를 버리신 예수님이 영원히 아버지 안으로 가셨기 때문에 예수님의 십자가 이후에 하나님은 이위일체(二位一體)로 계십니다. 아버지께로 가신 예수님은 아버지 보좌(寶座)의 오른편으로 가신 것이 아니라 아버지의 보좌(寶座)에 앉으셨습니다.

"이기는 그에게는 **내가 내 보좌에 함께 앉게 하여 주기를 내가 이기고 아버지 보좌에 함께 앉은 것과 같이** 하리라"(계3:21)

이기는 자를 예수님의 보좌에 앉게 하신다고 했는데 예수님이 이기고 아버지의 보좌에 함께 앉은 것과 같이 하신다고 했습니다. 하늘에 보좌는 하나입니다. 보좌는 왕이 앉는 자리를 말합니다. 한 나라를 다스리는 왕이 하나인 것처럼 하늘과 천지만물(天地萬物)을 다스리는 분도 하나입니다. 만왕의 왕이시오, 만주의 주가 되시는 예수 그리스도께서 바로 보좌에 앉으신 천상천하에 홀로 한 분이신 하나님이십니다.

"15 기약이 이르면 하나님이 그의 나타나심을 보이시리니 **하나님은 복되시고 홀로 한 분이신 능하신 자이며 만왕의 왕이시며 만주의 주시요** 16 오직 그에게만 죽지 아니함이 있고 가까이 가지 못할 빛에 거하시고 아무 사람도 보지 못하였고 또 볼 수 없는 자시니 그에게 존귀와 영원한

능력을 돌릴지어다 아멘"(딤전6:15-16)

아버지 안으로 가신 예수님은 이제 영원히 아버지 안에 계시는데 아버지와 하나가 되셔서 아버지로 계십니다. 여기서 유의할 것은 예수님이 아버지가 되셨다는 말이 아닙니다. 아들이 어떻게 아버지가 될 수 있겠습니까? 아버지가 아들이 될 수 없는 것처럼 아들도 아버지가 될 수 없습니다. 아버지가 아들을 낳으신 것이고 아들이 다시 아버지 안으로 가신 것입니다.

"**1 예수 그리스도의 계시라** 이는 하나님이 그에게 주사 반드시 속히 될 일을 그 종들에게 보이시려고 그 천사를 그 종 요한에게 보내어 지시하신 것이라 2 요한은 **하나님의 말씀과 예수 그리스도의 증거 곧 자기의 본 것을 다 증거하였느니라**"(계1:1-2)

잘 아는 바와 같이 요한계시록은 예수님이 요한에게 천사를 보내어 지시하신 것이요, 예수 그리스도의 계시입니다. 그런데 말씀하신 내용을 보면 예수님이 하나님의 아들이 아니라 주 하나님으로 말씀하십니다. 부활 후에 예수님은 아들로서 계신 것이 아니기 때문입니다.

"주 하나님이 가라사대 나는 알파와 오메가라 이제도 있고 전에도 있었고 장차 올 자요 전능한 자라 하시더라"(계1:8)
"17 내가 볼 때에 그 발 앞에 엎드러져 죽은 자같이 되매 그가 오른손을 내게 얹고 가라사대 두려워 말라 **나는 처음이요 나중이니** 18 곧 산 자라 **내가 전에 죽었었노라** 볼지어다 이제 세세토록 살아 있어 사망과 음부

의 열쇠를 가졌노니 19 그러므로 네 본 것과 이제 있는 일과 장차 될 일을 기록하라"(계1:17-19)

주 하나님이 말씀하시는데 장차 올 자요, 전능한 자라고 하셨습니다. 그리고 요한에게 손을 얹고 말씀하신 분이 처음이요, 나중이신 분인데 전에 죽었었고 이제 세세토록 살아 있어 사망과 음부의 열쇠를 가졌다고 말씀하고 있습니다. 장차 올 자도 예수님이시고 전에 죽었다가 다시 사신 분도 예수님이십니다. 그런데 이 예수님은 하나님의 아들로서 말씀하시는 것이 아니라 아버지로서 말씀하고 계십니다. 예수님이 이기고 앉으신 보좌는 아버지의 보좌라고 했는데 이제는 그 보좌가 예수님의 보좌라고 했습니다. 그래서 지금 보좌에 앉으신 분은 부활하신 예수님인데 그분이 이기는 자들에게 아버지가 되신다고 말씀하셨습니다.

"5 **보좌에 앉으신 이가 가라사대** 보라 내가 만물을 새롭게 하노라 하시고 또 가라사대 이 말은 신실하고 참되니 기록하라 하시고 6 또 내게 말씀하시되 이루었도다 **나는 알파와 오메가요 처음과 나중이라** 내가 생명수 샘물로 목마른 자에게 값없이 주리니 7 이기는 자는 이것들을 유업으로 얻으리라 **나는 저의 하나님이 되고 그는 내 아들이 되리라**"(계21:5-7)

요한계시록은 예수 그리스도의 계시입니다. 당연히 말씀하시는 분은 예수 그리스도입니다. 그런데 예수님이 아들로서 말씀하지 않으시고 아버지로서 말씀하십니다. 예수님이 아버지 안으로 가셔서 영원히 아버지 안에 계시면서 말씀하시기 때문입니다. 그래서 현재의 하나님은 자기 몸을 버리신 예수님의 영혼이 아버지 안으로 가셔서 몸은 아버지의 몸 하나이지만 아버지와 아들의 두 위격이 아버지 안에 있는 것입니다. 이로써 하나님은 이위일체(二位一體)로 계시는 하나님이 되셨습니다.

4

한 분 하나님이 삼위(三位)로 일하시므로 믿는 자들이 하나님의 친아들들로서 삼위(三位)가 됩니다

여호와 하나님은 일위일체(一位一體)로 계셨습니다. 그래서 하나님은 한 분이십니다. 그런데 하나님이 아들을 낳으시므로 이위이체(二位二體)가 되셨습니다. 그래도 하나님은 아들 예수 그리스도 안에서 아들과 아버지가 함께 계시는 한 분이십니다. 예수님이 십자가에 죽으시고 자기 몸을 버리시고 아버지 안으로 가신 후에는 하나님이 이위일체(二位一體)로 계십니다. 그리고 이위일체(二位一體)로 계신 아버지 안에는 믿는 자들에게 주실 씨(그리스도)가 하늘의 별과 같이, 땅의 티끌과 같이, 바닷가의 모래와 같이 많이 있습니다.

"너희가 거듭난 것이 썩어질 씨로 된 것이 아니요 **썩지 아니할 씨로 된 것이니 하나님의 살아 있고 항상 있는 말씀으로** 되었느니라"(벧전1:23)
"34 예수께서 가라사대 너희 율법에 기록한 바 내가 너희를 신이라 하였노라 하지 아니하였느냐 35 성경은 폐하지 못하나니 **하나님의 말씀을 받은 사람들을 신이라** 하셨거든"(요10:34-35)

하나님의 살아 있고 항상 있는 말씀으로 믿는 자들이 거듭났는데 이 말씀을 받은 사람들이 신이 된다고 했습니다. 여호와 하나님만 하나님이셨는데 여호와 하나님이 아들을 낳으시니 아들도 하나님이십니다. 그래서 아버지 하나님이 일위(一位)이시고 아버지가 낳은 아들 예수 그리스도가 이위(二位)가 되셨습니다. 그리고 십자가에서 죽으신 예수님이 아버지 안으로 가셔서 많은 씨(열매)가 맺어졌고 그 씨가 하나님의 살아 있고 항상 있는 말씀인데 이 말씀을 믿는 자들이 받으면 믿는 자들이 하나님의 아들들로서 하나님이 되는 세 번째 위격 곧 삼위(三位)가 됩니다. 정리하자면 아버지가 일위(一位)이시고 예수님이 이위(二位)이시고 믿는 자들이 삼위(三位)가 됩니다. 아타나시우스의 존재론적 삼위일체 교리(부록 참조) 안에 있는 자들이 성부와 성자와 성령을 성삼위(聖三位)라고 하는데 성부의 위격과 성자의 위격은 달라도 성부와 성령의 위격은 같습니다. 성령은 제 삼위(三位)의 하나님이 아닙니다. 성령은 하나님 아버지의 생명의 활동으로서 독자적인 위격이 없습니다. 그래서 아버지가 일위(一位)이시면 성령도 일위(一位)입니다.

"예수 그리스도의 나심은 이러하니라 그 모친 마리아가 요셉과 정혼하고 동거하기 전에 **성령으로 잉태된 것이 나타났더니**" (마1:18)

예수님은 성령으로 잉태되신 분인데 성경 어디에도 예수님이 성령의 아들이라는 말씀이 없습니다. 오히려 성령으로 잉태되신 예수님이 거룩하신 하나님의 아들이라고 말씀하고 있습니다. 성령으로 잉태되신 예수님이 성령의 아들이 아니라 하나님의 아들이라면 성령을 아버지의 생명이라고 이해하는 것이 지극히 합리적인 사고(思考)입니다.

"말하는 이는 너희가 아니라 너희 속에서 말씀하시는 자 곧 **너희 아버지의 성령이시니라**" (마10:20)

"내가 아버지께로서 너희에게 보낼 보혜사 곧 **아버지께로서 나오시는 진리의 성령이** 오실 때에 그가 나를 증거하실 것이요" (요15:26)

성령은 아버지의 성령이기 때문에 아버지께로 나오십니다. 어떤 사람과 그 사람의 생명이 하나이듯이 하나님 아버지와 하나님 아버지의 생명은 하나입니다. 그래서 성부와 성령은 하나입니다. 한 분 하나님이 삼위(三位)로 일하시는 이유는 한 분 하나님 아버지의 생명을 분배하셔서 하나님의 친아들들을 얻기 위함입니다. 한 분 하나님이 아들을 낳으셔서 아버지와 아들이 되시고 또 아들이신 예수님이 십자가에서 죽으시고 아버지 안으로 가셔서 많은 열매를 맺었고 이때 아버지 안에 많은 씨(그리스도)가 생겼는데 이 씨가 바로 믿는 자들을 하나님들이 되게 하는 하나님의 살아 있고 항상 있는 말씀입니다. 이 씨를 받은 자들이 하나님의 친아들들로서 제 삼위(三位)의 하나님들이 되는 것입니다. 이것이 한 분 하나님이 삼위(三位)로 일하시는 것입니다.

제4장

한 분 하나님이
하나님의 아들이 되고
아내가 되고
또 아들들이 되십니다

1

여호와 하나님이 직접 오셔서 사람이 되신 분이 하나님의 아들 예수 그리스도입니다

한 분 하나님이 하나님의 아들을 낳으셨는데 그분이 예수 그리스도입니다. 하나님의 아들은 원래부터 존재한 것이 아닙니다. 삼위일체 교리 안에 있는 자들이 예수님에 대해서 영원부터 아들로 계신 분이 세상에 오셔서 사람이 되었다고 주장합니다.

◆ **아타나시우스의 삼위일체 신조 44**(부록 참조)

3. 이 신앙은 다음의 것들이다. 우리는 삼위일체 되신 한 분 하나님을 믿는다.

4. 이 삼위일체는 인격을 혼합한 것도 아니요, 그 본질을 나눈 것도 아니다.

5. 왜냐하면 아버지의 한 인격과 아들의 다른 인격, 또한 성령의 또 다른 인격이 계시기 때문이다.

6. 그러나 성부와 성자와 성령의 머리되심은 모두가 다 하나요, 그 영광도 동일하며, 그 위엄도 함께 영원한 것이다.

7. 성부와 성자와 성령은 그 자체로 존재한다.

9. 성부와 성자와 성령은 우리의 이해를 초월한 분이시다.

10. 성부와 성자와 성령은 영원한 분이시다.

11. 그러나 세 분이 영원한 분들이 아니며 다만 영원한 한 분만이 계실 따름이다.

18. 그럼에도 주님은 세 분이 아니라 한 분이실 뿐이다.

19. 우리는 이 각각의 세 분이 그 스스로 하나님이시요, 주님이시라는 사실을 기독교의 진리로 받는 바이다.

20. 따라서 세 분 하나님이 계시며 세 분 주님이 계시다는 말은 참 기독교인으로서 금한다.

25. 이 삼위일체에 있어서 어느 한 분이 앞서거나 뒤에 계신 것이 아니며, 더 위대하거나 덜 위대한 분도 없다.

26. 다만 세 분이 함께 동등하다는 것이다.

삼위일체 교리 안에 있는 자들이 예수님은 영원부터 아들로 계셨다가 오신 분이라고 주장하는 근거는 말씀이 태초부터 계셨다고 하면서 말씀이 육신이 되신 분이 예수 그리스도이시므로 아들이 태초부터 있었다고 주장하는 것입니다. 그러나 태초부터 계신 말씀은 아들로서 계신 것이 아니라 아버지로서 계신 것입니다. 말씀이 육신이 되기 전에 말씀은 아버지 안에 있었습니다. 아버지가 아들을 낳기 전에는 말씀이 씨로서 아버지 안에 있는 것이므로 아들이 아닙니다. 아버지가 씨를 내어놓아야 비로소 아들이 될 수 있습니다. 말씀과 하나님 아버지의 관계가 그렇습니다. 말씀이 아버지 속에 있을 때는 아들이 아니라 아버지입니다. 아버지가 말씀하신 것이 실제가 되어 나타나면 아들이 되는 것입니다. 하나님 아버지께서는 일하시기 전에 반드시 먼저 말씀하시고 말씀하신 그대로 이루십니다. 그래서 누가 보더라도 이 일은 하나님이 행하셨다는 것을 알게 하시는 것입니다.

> "그러므로 주께서 친히 징조로 너희에게 주실 것이라 **보라 처녀가 잉태하여 아들을 낳을 것이요 그 이름을 임마누엘이라 하리라**" (사7:14)
> "18 예수 그리스도의 나심은 이러하니라 그 모친 마리아가 요셉과 정혼하고 동거하기 전에 **성령으로 잉태된 것이 나타났더니** 19 그 남편 요셉은 의로운 사람이라 저를 드러내지 아니하고 가만히 끊고자 하여 20 이 일을 생각할 때에 주의 사자가 현몽하여 가로되 다윗의 자손 요셉아 네 아내 마리아 데려오기를 무서워 말라 저에게 잉태된 자는 성령으로 된 것이라 21 아들을 낳으리니 이름을 예수라 하라 이는 그가 자기 백성을 저희 죄에서 구원할 자이심이라 하니라 22 **이 모든 일의 된 것은 주께서 선지자로 하신 말씀을 이루려 하심이니** 가라사대 23 **보라 처녀가 잉태하여 아들을 낳을 것이요 그 이름은 임마누엘이라 하리라** 하셨으니 이를 번역한즉 하나님이 우리와 함께 계시다 함이라" (마1:18-23)

이사야 선지자가 일이 이루어지기 전에 하나님의 말씀을 받아서 "보라 처녀가 잉태하여 아들을 낳을 것이요 그 이름은 임마누엘이라 하리라"라고 미리 기록했는데 실제로 이 일이 이루어진 것은 마태가 기록한 말씀을 통해서 확인할 수 있습니다. 말씀이 육신이 되었다는 것은 '말씀'이라는 하나님이 태초부터 계셨는데 그 '말씀'이 오셔서 육신을 입고 사람이 되셨다는 것이다. 이렇게 믿는 것이 삼위일체 교리 안에 있는 자들의 믿음입니다. 이것은 성경과 전혀 맞지 않는 잘못된 믿음입니다. 태초부터 계신 말씀이라 함은 여호와 하나님 안에 미리 계획된 하나님의 경륜이 있었는데 그 계획을 이루시기 전에 선지자를 통하여 미리 말씀하시고 말씀하신 그대로 이루시기 위한 계획입니다. 특별히 말씀이 육신이 되신 일에 대해서 "태초부터 계신 말씀"이라고 한 것은 말씀이 육신이 되심으로 창조의 목적이 이루어질 수 있기 때문입니다. 실현(實現)되기 전에 여호와 하나님 안에 있는 계획(計劃)이 태초부터 계신 말씀이고 그 계획을 선지자들에게 미리 말씀하신 것이 예언(豫言)이며 미리 말씀하신 그대로 이루시는 것이 말씀의 실재(實在)입니다. 이것을 통틀어서 하나님의 경륜(經綸)이라고 합니다.

> "영생의 소망을 인함이라 **이 영생은 거짓이 없으신 하나님이 영원한 때 전부터 약속하신** 것인데" (딛1:2)
>
> "하나님이 우리를 구원하사 거룩하신 부르심으로 부르심은 우리의 행위대로 하심이 아니요 **오직 자기 뜻과 영원한 때 전부터 그리스도 예수 안에서 우리에게 주신 은혜대로** 하심이라" (딤후1:9)

여호와 하나님이 영원한 때 전에 많은 아들들을 얻기 위한 계획을 세우셨는데 그 계획이 태초부터 계신 말씀입니다. 그 계획을 이사야 선지자를 통하여 "보라 처녀가 잉태하여 아들을 낳을 것이요 그 이름을 임마누엘이라 하리라"라고 미리 말씀하시고 기록하게 하셨는데 이것이 예언(豫言)입니다. 그리고 말씀하신 그대로 동정녀 마리아에게서 예수님이 나신 것이 바로 말씀의 실재(實在)입니다. 예수님은 원래부터 존재하던 아들이 오셔서 육신을 입고 사람이 되신 분이 아니라 여호와 하나님이 직접 오셔서 육신을 입고 사람이 되신 분입니다. 그래서 예수님과 아버지는 하나이시고 영원부터 지금까지 한 번도 떨어져 계신 적이 없는 아버지와 아들입니다.

2

최초로 아버지의 아내가 되신 분이 예수 그리스도입니다

여호와 하나님이 결혼하신다는 말씀이 성경 여러 곳에 기록되어 있습니다. 여호와 하나님께서 결혼하자고 말씀하신 대상이 땅이나 들 짐승이나 공중의 새들이나 곤충들이라고 되어 있는데 이는 다 사람을 말하는 것입니다.

"1 나는 시온의 공의가 빛같이, 예루살렘의 구원이 횃불같이 나타나도록 시온을 위하여 잠잠하지 아니하며 예루살렘을 위하여 쉬지 아니할 것인즉 2 열방이 네 공의를, 열왕이 다 네 영광을 볼 것이요 **너는 여호와의 입으로 정하실 새 이름으로 일컬음이 될 것이며** 3 너는 또 여호와의 손의 아름다운 면류관, 네 하나님의 손의 왕관이 될 것이라 4 다시는 너를 버리운 자라 칭하지 아니하며 다시는 네 땅을 황무지라 칭하지 아니하고 **오직 너를 헵시바라 하며 네 땅을   라라 하리니 이는 여호와께서 너를 기뻐하실 것이며 네 땅이 결혼한 바가 될 것임이라** 5 마치 청년이 처녀와 결혼함같이 네 아들들이 너를 취하겠고 신랑이 신부를 기뻐함같

이 네 하나님이 너를 기뻐하시리라"(사62:1-5)

여호와 하나님께서 시온의 공의가 빛같이, 예루살렘의 구원이 횃불같이 나타나도록 시온을 위하여 잠잠하지 아니하며 예루살렘을 위하여 쉬지 않는다고 하셨는데 다시는 네 땅이 황무지가 되지 않고 여호와께서 너를 기뻐하시며 네 땅이 결혼한 바가 될 것이라고 말씀하셨습니다. 땅이 결혼한 여자 '쁄라'가 된다고 했습니다. 여호와 하나님이 땅과 결혼하신다는 말씀이 무슨 뜻입니까? 여기서 땅이 무엇을 말하는 것인지 깨닫지 못하면 말씀의 뜻을 절대 이해할 수 없습니다. 여기서 땅은 육체가 있는 사람을 말하는 것입니다.

"17 아담에게 이르시되 네가 네 아내의 말을 듣고 내가 너더러 먹지 말라 한 나무 실과를 먹었은즉 **땅은 너로 인하여 저주를 받고** 너는 종신토록 수고하여야 그 소산을 먹으리라 18 땅이 네게 가시덤불과 엉겅퀴를 낼 것이라 너의 먹을 것은 밭의 채소인즉 19 네가 얼굴에 땀이 흘러야 식물을 먹고 필경은 흙으로 돌아가리니 그 속에서 네가 취함을 입었음이라 **너는 흙이니 흙으로 돌아갈 것이니라** 하시니라"(창3:17-19)

아담이 죄를 범하고 에덴에서 쫓겨났을 때 하나님께서 아담에게 땅은 너로 인하여 저주를 받는다고 말씀하셨는데 여기서 저주를 받는 땅이 바로 아담의 육체를 말하는 것입니다.

"7 땅이 그 위에 자주 내리는 비를 흡수하여 밭 가는 자들의 쓰기에 합당한 채소를 내면 하나님께 복을 받고 8 만일 **가시와 엉겅퀴를 내면 버**

림을 당하고 저주함에 가까와 그 마지막은 불사름이 되리라" (히6:7-8)

아담으로 인하여 땅이 저주를 받고 가시와 엉겅퀴를 내게 되었는데 만일 땅이 가시와 엉겅퀴를 내면 저주를 받아 그 마지막은 불사름이 된다고 했습니다. 여기서 말하는 땅이 과연 사람이 농사를 짓는 땅을 말하는 것이겠습니까? 아니면 육체가 있는 사람을 말하는 것이겠습니까? 상식적으로 돌보는 사람이 없이 땅이 스스로 작물을 낸다는 것은 불가능한 일입니다. 땅이 밭 가는 자들의 쓰기에 합당한 채소를 낸다는 것은 육체가 있는 사람이 하나님의 말씀에 순종하여 열매를 맺으면 하나님께 복을 받는다는 말씀입니다. 반대로 가시와 엉겅퀴를 낸다는 것은 아담이 하나님의 말씀에 불순종한 죄를 똑같이 내어놓음으로 저주를 받아 불과 유황으로 타는 못에 들어간다는 뜻입니다.

"45 기록된 바 첫 사람 아담은 산 영이 되었다 함과 같이 마지막 아담은 살려 주는 영이 되었나니 46 그러나 먼저는 신령한 자가 아니요 육 있는 자요 그 다음에 신령한 자니라 47 **첫 사람은 땅에서 났으니 흙에 속한 자이거니와 둘째 사람은 하늘에서 나셨느니라** 48 무릇 흙에 속한 자는 저 흙에 속한 자들과 같고 무릇 하늘에 속한 자는 저 하늘에 속한 자들과 같으니 49 우리가 흙에 속한 자의 형상을 입은 것같이 또한 하늘에 속한 자의 형상을 입으리라" (고전15:45-49)

첫 사람 아담은 땅에서 났으니 흙에 속한 자이고 둘째 사람 예수 그리스도는 하늘에서 나신 분이라고 했습니다. 첫 사람 아담이 땅에서 났으니 아담의 근본이 땅이요, 흙이라는 말씀입니다.

"이는 **너를 지으신 자는 네 남편이시라 그 이름은 만군의 여호와시며** 네 구속자는 이스라엘의 거룩한 자시라 온 세상의 하나님이라 칭함을 받으실 것이며" (사54:5)

여호와 하나님이 흙으로 사람을 지으시고 내가 네 남편이라고 말씀하셨습니다.

"16 여호와께서 이르시되 **그 날에 네가 나를 내 남편이라 일컫고** 다시는 내 바알이라 일컫지 아니하리라 17 내가 바알들의 이름을 저의 입에서 제하여 다시는 그 이름을 기억하여 일컬음이 없게 하리라 18 **그 날에는 내가 저희를 위하여 들짐승과 공중의 새와 땅의 곤충으로 더불어 언약을 세우며** 또 이 땅에서 활과 칼을 꺾어 전쟁을 없이 하고 저희로 평안히 눕게 하리라 19 **내가 네게 장가들어 영원히 살되 의와 공변됨과 은총과 긍휼히 여김으로 네게 장가들며 20 진실함으로 네게 장가들리니 네가 여호와를 알리라**" (호2:16-20)

여호와 하나님이 들짐승과 공중의 새와 땅의 곤충으로 더불어 언약을 세우시며 또 그들에게 장가들어 영원히 사시는데 의와 공변됨과 은총과 긍휼히 여김으로 장가들며 진실함으로 장가드신다고 했습니다. 하나님이 언약을 세우시는 들짐승과 공중의 새와 땅의 곤충은 사람을 말합니다. 겉의 모습은 사람이나 속에 있는 생명의 상태는 들짐승과 공중의 새와 땅의 곤충과 같은 사람을 말씀하는 것입니다. 사람이 사람으로 더불어 결혼하는 것이 당연한 것처럼 하나님도 하나님과 결혼해야 당연한데 왜 들짐승과 공중의 새와 땅의 곤충으로 더불어 결혼하신다고 했을까요? 여기서 주목해서 봐야 할 부분이 그들과 언약을 세우시겠다는 말씀입니다. 절대로 하나님과 결혼할 수 없는 존재들을 하나님과 결혼할 수 있는 상태로 바꾸셔서 결혼하시는 것이 하나님의 언약이요, 하나님의 말씀을 이루시는 일입니다.

> "31 나 여호와가 말하노라 **보라 날이 이르리니 내가 이스라엘 집과 유다 집에 새 언약을 세우리라** 32 나 여호와가 말하노라 이 언약은 내가 그들의 열조의 손을 잡고 애굽 땅에서 인도하여 내던 날에 세운 것과 같지 아니할 것은 **내가 그들의 남편이 되었어도 그들이 내 언약을 파하였음이니라** 33 나 여호와가 말하노라 그러나 **그 날 후에 내가 이스라엘 집에 세울 언약은 이러하니 곧 내가 나의 법을 그들의 속에 두며 그 마음에 기록하여 나는 그들의 하나님이 되고 그들은 내 백성이 될 것이라** 34 그들이 다시는 각기 이웃과 형제를 가리켜 이르기를 너는 여호와를 알라 하지 아니하리니 이는 작은 자로부터 큰 자까지 다 나를 앎이니라 내가 그들의 죄악을 사하고 다시는 그 죄를 기억지 아니하리라 여호와의 말이니라" (렘31:31-34)

첫 언약 때 이미 여호와께서 사람들의 남편이 되셨으나 이 언약은 지켜지지 못하고 깨졌습니다. 들짐승과 공중의 새와 땅의 곤충과 같은 사람들과 하나님이 언약을 맺으셨으나 그 언약이 지켜지지 못한 이유는 하나님의 법을 사람(들짐승과 공중의 새와 땅의 곤충과 같은)이 지킬 수 없었기 때문입니다. 그래서 새 언약을 세우신다고 했는데 새 언약은 하나님의 법을 사람의 속에 두고 그 마음에 기록하신다고 했습니다. 첫 언약은 말씀이 돌에 새겨졌으나 새 언약은 사람의 마음에 하나님의 말씀이 새겨지는 것입니다.

"너희는 우리로 말미암아 나타난 그리스도의 편지니 이는 먹으로 쓴 것이 아니요 **오직 살아 계신 하나님의 영으로 한 것이며 또 돌비에 쓴 것이 아니요 오직 육의 심비에 한 것이라**"(고후3:3)

하나님의 살아 있고 항상 있는 말씀이 사람의 마음에 새겨지면 이 사람이 새 언약 안에 있는 사람입니다. 그래서 말씀으로 거듭나는 사람이 하나님의 아들이요, 말씀을 받은 사람들을 신이라고 하신 것입니다. 수준이 맞지 않아서 하나님과 결혼할 수 없는 존재들을 하나님의 생명으로 존재를 바뀌게 하셔서 하나님이 결혼하시는 것입니다. 하나님과 사람의 결혼은 육체의 결합을 의미하는 것이 아니라 생명이 하나가 되는 것입니다. 하나님과 사람의 결혼은 하나님이 사람 속에 들어오셔서 그 사람의 생명이 되셔서 그 사람 속에서 영원히 사시는 것입니다. 여호와께서 의와 공변됨과 은총과 긍휼히 여김과 진실함으로 장가드신다고 하신 말씀이 바로 여호와 하나님이 장가드셔서 그 존재를 하나님과 같이 바꾸신다는 말씀입니다.

"나 여호와가 말하노라 **배역한 자식들아 돌아오라 나는 너희 남편임이니라** 내가 너희를 성읍에서 하나와 족속 중에서 둘을 택하여 시온으로 데려오겠고"(렘3:14)

여호와 하나님은 자기를 배반하고 반역해서 떠나버린 자식들에게 돌아오라고 말씀하시면서 내가 너희 남편이라고 말씀하셨습니다. 여호와 하나님이 자식에게 장가드시는 것이 새 언약이 이루어지는 일입니다. 최초로 사람 속에 온전한 하나님의 생명이 들어간 분이 예수 그리스도입니다. 그래서 여호와 하나님과 최초로 결혼하신 분이 예수 그리스도입니다. 예수 그리스도는 하나님 아버지의 첫 번째 아내가 되신 분입니다. 하나님과 사람의 결혼이 무엇을 말하는 것인지를 알면 예수님이 여호와 하나님의 아내가 되셨다는 말씀과 믿는 자들이 아버지와 결혼해야 한다는 말씀이 하나도 이상하지 않고 오히려 믿는 내 속에서 이루어지는 말씀이 되어야 한다는 것을 알게 되고 믿게 됩니다.

"내가 하나님의 열심으로 너희를 위하여 열심 내노니 **내가 너희를 정결한 처녀로 한 남편인 그리스도께 드리려고 중매함이로다**"(고후11:2)

사도 바울은 그리스도가 모든 믿는 자의 남편이 되신다고 말씀하고 있습니다. 구약에 여호와 하나님이 장가드신다는 말씀이 신약에 그리스도가 믿는 자의 남편이 되시므로 이루어지는 것입니다. 그리스도가 어떻게 믿는 자의 남편이 되십니까? 믿는 자 속에 그리스도가 들어오시면 그리스도가 믿는 자의 생명이 되시므로 그리스도와 믿는 자가 결혼한 것입니다.

"1 그러므로 **너희가 그리스도와 함께 다시 살리심을 받았으면** 위엣 것을 찾으라 거기는 그리스도께서 하나님 우편에 앉아 계시느니라 2 위엣 것을 생각하고 땅엣 것을 생각지 말라 3 이는 너희가 죽었고 너희 생명이 그리스도와 함께 하나님 안에 감취었음이니라 4 **우리 생명이신 그**

리스도께서 나타나실 그 때에 너희도 그와 함께 영광 중에 나타나리라"
(골3:1-4)

"**믿음으로 말미암아 그리스도께서 너희 마음에 계시게 하옵시고** 너희가 사랑 가운데서 뿌리가 박히고 터가 굳어져서"(엡3:17)

예수께서 우리를 위하여 죽으신 목적은 자든지 깨든지 자기와 함께 살게 하기 위함입니다. 결혼한 부부가 함께 사는 것처럼 그리스도가 믿는 자와 함께 살기 위해서 믿는 자 안으로 들어오십니다.

"9 하나님이 우리를 세우심은 노하심에 이르게 하심이 아니요 오직 우리 주 예수 그리스도로 말미암아 구원을 얻게 하신 것이라 10 **예수께서 우리를 위하여 죽으사 우리로 하여금 깨든지 자든지 자기와 함께 살게 하려 하셨느니라**"(살전5:9-10)

그리스도가 믿는 자 안에 들어오셔서 믿는 자와 함께 영원히 사는 것이 구원입니다.

3

예수님이 아버지의 아내가 되신 것같이 믿는 자들도 아버지의 아내가 되어야 합니다

하나님과 사람의 결혼은 하나님 아버지의 생명이 사람 속에 들어와 사람과 하나가 되는 것입니다. 예수님이 하나님 아버지의 최초의 아내가 되신 것은 예수님 속에는 하나님 아버지의 생명이 충만하게 거하시기 때문입니다.

"6 그러므로 **너희가 그리스도 예수를 주로 받았으니** 그 안에서 행하되 7 그 안에 뿌리를 박으며 세움을 입어 교훈을 받은 대로 믿음에 굳게 서서 감사함을 넘치게 하라 8 누가 철학과 헛된 속임수로 너희를 노략할까 주의하라 이것이 사람의 유전과 세상의 초등 학문을 좇음이요 그리스도를 좇음이 아니니라 9 **그 안에는 신성의 모든 충만이 육체로 거하시고** 10 너희도 그 안에서 충만하여졌으니 그는 모든 정사와 권세의 머리시라" (골2:6-10)

"18 그는 몸인 교회의 머리라 그가 근본이요 죽은 자들 가운데서 먼저 나신 자니 이는 친히 만물의 으뜸이 되려 하심이요 19 **아버지께서는 모**

든 충만으로 예수 안에 거하게 하시고 20 그의 십자가의 피로 화평을 이루사 만물 곧 땅에 있는 것들이나 하늘에 있는 것들을 그로 말미암아 자기와 화목케 되기를 기뻐하심이라" (골1:18-20)

예수님 안에는 신성의 모든 충만(充滿)이 육체로 거하신다고 했는데 사람이신 예수님 안에 신성의 모든 충만(充滿)이 거하시는 이유는 아버지께서 모든 충만(充滿)으로 예수님 안에 거하시기 때문입니다. 사람으로서 아버지와 온전하게 하나가 되신 분이 바로 예수 그리스도입니다. 예수님과 아버지가 하나가 되신 것처럼 믿는 자들도 그리스도와 하나가 되게 하시려고 예수님이 세상에 오셨습니다.

"나는 세상에 더 있지 아니하오나 저희는 세상에 있사옵고 나는 아버지께로 가옵나니 거룩하신 아버지여 내게 주신 아버지의 이름으로 저희를 보전하사 **우리와 같이 저희도 하나가 되게 하옵소서**" (요17:11)
"20 내가 비옵는 것은 이 사람들만 위함이 아니요 또 저희 말을 인하여 나를 믿는 사람들도 위함이니 21 **아버지께서 내 안에, 내가 아버지 안에 있는 것같이 저희도 다 하나가 되어** 우리 안에 있게 하사 세상으로 아버지께서 나를 보내신 것을 믿게 하옵소서" (요17:20-21)

예수님이 아버지와 하나가 되어 아버지께서 예수님 안에, 예수님이 아버지 안에 계신 것처럼 믿는 자들도 하나가 되어 아버지와 아들 안에 있게 하심으로 아버지께서 예수님을 세상에 보내신 것을 세상으로 믿게 하신다고 했습니다. 아버지가 예수님을 세상에 보내셨다는 것을 믿게 하는 증거가 믿는 자들이 예수님과 하나가 되는 것입니다.

그래서 예수님은 우리를 고아(孤兒)와 같이 버려두지 아니하고 우리에게 오신다고 말씀하셨습니다.

> "18 **내가 너희를 고아와 같이 버려 두지 아니하고 너희에게로 오리라** 19 조금 있으면 세상은 다시 나를 보지 못할 터이로되 너희는 나를 보리니 이는 내가 살았고 너희도 살겠음이라 20 **그날에는 내가 아버지 안에, 너희가 내 안에, 내가 너희 안에 있는 것을 너희가 알리라**" (요14:18-20)

그날에 예수님이 아버지 안으로 가시면 아버지 안에서 믿는 자들 안으로 오셔서 믿는 자들과 하나가 되신다고 했습니다. 그날이 어떤 날입니까? 예수님이 십자가에 달려 죽으시고 아버지께로 돌아가시는 날을 말합니다.

> "**내가 아버지께로 나와서 세상에 왔고 다시 세상을 떠나 아버지께로 가노라** 하시니" (요16:28)
>
> "예수께서 신 포도주를 받으신 후 가라사대 **다 이루었다** 하시고 머리를 숙이시고 **영혼이 돌아가시니라**" (요19:30)

예수님이 세상에 오실 때에 아버지께로 나오셨는데 다시 세상을 떠나 아버지께로 가신다고 했습니다. 아버지께로 나오신 예수님이 다시 아버지께로 가신다면 예수님은 아버지 안으로 가셔야 합니다. 그래서 예수님의 영혼이 원래 나오셨던 아버지 안으로 다시 가셨습니다. 그리고 아버지 안으로 가신 그리스도가 아버지 안에서 많은 열매를 맺었고 많은 열매가 맺어진 그리스도가 믿는 자들 안으로 다시 오시는 것입니다. 믿는 자들 안으로 두 번째 오시는 그리스도가 믿는 자와 하나가 되시면 그리스도가 믿는 자의 남편이 되시는 것입니다.

> "이는 **너를 지으신 자는 네 남편이시라 그 이름은 만군의 여호와시며** 네 구속자는 이스라엘의 거룩한 자시라 온 세상의 하나님이라 칭함을 받으실 것이며"(사54:5)
>
> "나 여호와가 말하노라 **배역한 자식들아 돌아오라 나는 너희 남편임이니라** 내가 너희를 성읍에서 하나와 족속 중에서 둘을 택하여 시온으로 데려오겠고"(렘3:14)

사람을 지으시고 "너를 지으신 자는 네 남편이시라"라고 말씀하신 여호와 하나님이 또 배역한 자식들에게 돌아오라고 말씀하시면서 "나는 너희 남편임이니라"라고 하셨습니다. 여호와 하나님은 자기의 형상을 따라 모양대로 지으신 사람과 결혼하시고 또 하나님을 배반하고 반역해서 떠나간 자식들이 돌아오면 돌아온 자식들과 결혼하신다고 말씀하셨습니다. 구약은 장차 이루어질 일에 대한 예표(豫表)요, 모형(模型)이요, 그림자라고 했습니다. 여호와 하나님이 말씀하신 모든 일들이 예수 그리스도가 오셔서 아버지의 뜻을 이루심으로 말미암아 다 이루어집니다.

> "30 롯이 소알에 거하기를 두려워하여 두 딸과 함께 소알에서 나와 산에 올라 거하되 그 두 딸과 함께 굴에 거하였더니 31 **큰 딸이 작은 딸에게 이르되 우리 아버지는 늙으셨고 이 땅에는 세상의 도리를 좇아 우리의 배필 될 사람이 없으니** 32 우리가 우리 아버지에게 술을 마시우고 동

침하여 **우리 아버지로 말미암아 인종을 전하자** 하고 33 그 밤에 그들이 아비에게 술을 마시우고 큰 딸이 들어가서 그 아비와 동침하니라 그러나 그 아비는 그 딸의 눕고 일어나는 것을 깨닫지 못하였더라 34 이튿날에 **큰 딸이 작은 딸에게 이르되** 어제 밤에는 내가 우리 아버지와 동침하였으니 오늘 밤에도 우리가 아버지에게 술을 마시우고 네가 들어가 동침하고 **우리가 아버지로 말미암아 인종을 전하자** 하고 35 이 밤에도 그들이 아비에게 술을 마시우고 작은 딸이 일어나 아비와 동침하니라 그러나 아비는 그 딸의 눕고 일어나는 것을 깨닫지 못하였더라" (창19:30-35)

창세기 19장에 죄악이 가득한 성(城) 소돔과 고모라가 하나님의 진노하심으로 멸망하였는데 하나님이 아브라함을 생각하사 그중에 거하던 롯을 건져내어 살리셨습니다. 롯이 두 딸과 함께 소돔에서 나와서 산에 있는 굴에 거하였는데 롯의 두 딸이 아비 롯에게 술을 마시게 하고 동침하여 아들을 얻는 일이 기록되어 있습니다. 롯과 두 딸의 사건을 말할 때 대부분의 목사들이나 신학자들이 이 일은 죄악으로 가득한 소돔과 고모라에서 살았던 음란한 롯의 딸들이 아버지를 유혹해서 근친상간의 죄를 범한 것으로 이것은 후세에 교훈을 주기 위해 기록한 것이라고 말합니다. 그러나 이것은 하나님의 경륜을 알지 못해서 하는 말입니다. 여기에는 놀라운 하나님의 비밀이 숨겨져 있습니다. 먼저 롯의 두 딸이 죄악으로 가득한 곳에 살았으므로 음란한 자들이라고 성경이 말씀하고 있습니까? 오히려 롯의 두 딸이 남자를 가까이하지 않았다고 말씀하고 있습니다.

"1 날이 저물 때에 그 두 천사가 소돔에 이르니 마침 롯이 소돔 성문에 앉았다가 그들을 보고 일어나 영접하고 땅에 엎드리어 절하여 2 가로되 내 주여 돌이켜 종의 집으로 들어와 발을 씻고 주무시고 일찌기 일어나 갈 길을 가소서 그들이 가로되 아니라 우리가 거리에서 경야하리라 3 롯이 간청하매 그제야 돌이켜서 그 집으로 들어오는지라 롯이 그들을 위하여 식탁을 베풀고 무교병을 구우니 그들이 먹으니라 4 그들의 눕기 전에 그 성 사람 곧 소돔 백성들이 무론 노소하고 사방에서 다 모여 그 집을 에워싸고 5 롯을 부르고 그에게 이르되 이 저녁에 네게 온 사람이 어디 있느냐 이끌어 내라 우리가 그들을 상관하리라 6 롯이 문 밖의 무리에게로 나가서 뒤로 문을 닫고 7 이르되 청하노니 내 형제들아 이런 악을 행치 말라 8 내게 남자를 가까이 아니한 두 딸이 있노라 청컨대 내가 그들을 너희에게로 이끌어 내리니 너희 눈에 좋은 대로 그들에게 행하고 이 사람들은 내 집에 들어왔은즉 이 사람들에게는 아무 짓도 하지 말라"(창19:1-8)

롯의 두 딸들에게 이미 결혼을 약속한 정혼자들이 있었는데도 롯이 자기 집에 온 두 천사를 보호하기 위하여 자기 집을 에워싼 소돔 사람들에게 "내게 남자를 가까이 아니한 두 딸이 있노라 청컨대 내가 그들을 너희에게로 이끌어 내리니 너희 눈에 좋은 대로 그들에게 행하고 이 사람들은 내 집에 들어왔은즉 이 사람들에게는 아무 짓도 하지 말라"라고 했습니다. 롯의 두 딸에게 정혼자가 있음에도 롯이 자기의 두 딸이 남자를 가까이하지 않았다고 한 것을 볼 때에 롯의 두 딸은 순결한 처녀였음을 알 수 있습니다. 또 롯의 큰딸이 "이 땅에는 세상의 도리를 좇아 우리의 배필 될 사람이 없으니"라고 하면서 롯에게 술을 먹이고 동침했는데 롯의 딸들은 마음만 먹으면 아브라함에게 가서 얼마든지 배필이 될 사람들을 찾을 수가 있었습니다. 창세기 14장에 시날 왕 아므라벨과 엘라살 왕 아리옥과 엘람 왕 그돌라오멜과 고임 왕 디달이 소돔 왕 베라와 고모라 왕 비르사와 아드마 왕 시납과 스보임 왕 세메벨과 벨라 곧 소알 왕과 일으킨 전쟁에 대한 기록이 있는데 이 전쟁에서 소돔이 포함된 다섯 나라가 시날이 포함된 네 나라에게 패하게 되므로 소돔에 거하는 아브라함의 조카 롯과 그 가족과 재물까지 그들이 노략하여 갔습니다. 이 소식을 들은 아브라함이 자기 집에서 기른 용사 318명을 거느리고 가서 그들을 쳐서 파하고 빼앗겼던 모든 것을 되찾아 왔다고 했습니다. 그 당시에 아브라함이 거하던 곳과 소돔 사이의 거리가 그리 멀지 않았다는 것을 기록된 말씀을 통해 알 수 있는데 소돔과 고모라가 불에 타서 옹기점 연기가 올라오는 것을(창19:27-28) 아브라함이 보았다고 했습니다. 롯과 두 딸의 사건은 하나님이 하실 일을 예표(豫表)로 보여주는 것인데 여기서 롯은 하나님 아버지에 대한 예표(豫表)이고, 롯의 큰딸은 예수 그리스도에 대한 예표(豫表)이고, 작은딸은 믿는 자들에 대한 예표(豫表)입니다. 아버지와 자식이 결혼해서 생명을 낳는 것을 롯과 두 딸의 사건을 통해서 보여주고 계십니다. 이 비밀을 알지 못하는 자들이 인간의 윤리와 도덕에 초점을 맞춰서 롯과 두 딸의 사건을 보기 때문에 하나님의 경륜(經綸)을 깨닫지 못하는 것입니다. 창세기 38장에 기록된 유다와 다말의 사건도 하나님의 경륜(經綸) 안에서 보면 아버지가 자식에게 장가들어 아들을 낳는 일에 대한 예표(豫表)입니다.

"1 그 후에 유다가 자기 형제에게서 내려가서 아둘람 사람 히라에게로 나아가니라 2 유다가 거기서 가나안 사람 수아라 하는 자의 딸을 보고 그를 취하여 동침하니 3 그가 잉태하여 아들을 낳으매 유다가 그 이름을 엘이라 하니라 4 그가 다시 잉태하여 아들을 낳고 그 이름을 오난이라 하고 5 그가 또 다시 아들을 낳고 그 이름을 셀라라 하니라 그가 셀라를 낳을 때에 유다는 거십에 있었더라 6 유다가 장자 엘을 위하여 아내를 취하니 그 이름은 다말이더라 7 유다의 장자 엘이 여호와 목전에 악하므로 여호와께서 그를 죽이신지라 8 유다가 오난에게 이르되 네 형수에게로 들어가서 남편의 아우의 본분을 행하여 네 형을 위하여 씨가 있게 하라 9 오난이 그 씨가 자기 것이 되지 않을 줄 알므로 형수에게 들어갔을 때에 형에게 아들을 얻게 아니하려고 땅에 설정하매 10 그 일이 여호와 목전에 악하므로 여호와께서 그도 죽이시니 11 유다가 그 며느리 다말에게 이르되 수절하고 네 아비 집에 있어서 내 아들 셀라가 장성하기를 기다리라 하니 셀라도 그 형들같이 죽을까 염려함이라 다말이 가서 그 아비 집에 있으니라 12 얼마 후에 유다의 아내 수아의 딸이 죽은지라 유다가 위로를 받은 후에 그 친구 아둘람 사람 히라와 함께 딤나로 올라가서 자기 양털 깎는 자에게 이르렀더니 13 혹이 다말에게 고하되 네 시부가 자기 양털을 깎으려고 딤나에 올라왔다 한지라 14 그가 그 과부의 의복을 벗고 면박으로 얼굴을 가리고 몸을 휩싸고 딤나 길 곁 에나임 문에 앉으니 이는 셀라가 장성함을 보았어도 자기를 그의 아내로 주지 않음을 인함이라 15 그가 얼굴을 가리웠으므로 유다가 그를 보고 창녀로 여겨 16 길 곁으로 그에게 나아가 가로되 청컨대 나로 네게 들어가게 하라 하니 그 자부인 줄 알지 못하였음이라 그가 가로되 당신이 무엇을 주고 내게 들어오려느냐 17 유다가 가로되 내가 내 떼에서 염소 새끼를 주리라 그가 가로되 당신이 그것을 줄 때까지 약조물을 주겠느냐 18 유다가 가로되 무슨 약조물을 네게 주랴 그가 가로되 당신의 도장과 그

끈과 당신의 손에 있는 지팡이로 하라 유다가 그것들을 그에게 주고 그에게로 들어갔더니 그가 유다로 말미암아 잉태하였더라 19 그가 일어나 떠나가서 그 면박을 벗고 과부의 의복을 도로 입으니라 20 유다가 그 친구 아둘람 사람의 손에 부탁하여 염소 새끼를 보내고 그 여인의 손에서 약조물을 찾으려 하였으나 그가 그 여인을 찾지 못한지라 21 그가 그 곳 사람에게 물어 가로되 길 곁 에나임에 있던 창녀가 어디 있느냐 그들이 가로되 여기는 창녀가 없느니라 22 그가 유다에게로 돌아와 가로되 내가 그를 찾지 못하고 그 곳 사람도 이르기를 여기는 창녀가 없다 하더라 23 유다가 가로되 그로 그것을 가지게 두라 우리가 부끄러움을 당할까 하노라 내가 이 염소 새끼를 보내었으나 그대가 그를 찾지 못하였느니라 24 석 달쯤 후에 혹이 유다에게 고하여 가로되 네 며느리 다말이 행음하였고 그 행음함을 인하여 잉태하였느니라 유다가 가로되 그를 끌어내어 불사르라 25 여인이 끌려나갈 때에 보내어 시부에게 이르되 이 물건 임자로 말미암아 잉태하였나이다 청컨대 보소서 이 도장과 그 끈과 지팡이가 뉘 것이니이까 한지라 26 유다가 그것들을 알아보고 가로되 **그는 나보다 옳도다 내가 그를 내 아들 셀라에게 주지 아니하였음이로다** 하고 다시는 그를 가까이 하지 아니하였더라"(창38:1-26)

유다가 아들 셋을 낳고 장자 엘을 위하여 아내를 취하였는데 그가 유다의 며느리 다말입니다. 유다의 큰아들 엘이 여호와의 목전에 악하므로 여호와께서 그를 죽이셨고 둘째 아들 오난도 형수 다말에게 들어가 형을 위하여 씨가 있게 하라고 한 아버지 유다의 말을 거역하고 그 씨가 자기의 씨가 되지 않을 것을 알고 땅에 설정하였고 그 일이 여호와 목전에 악하므로 죽임을 당하였습니다. 이에 유다가 막내 아들 셀라도 죽임을 당할까 하여 다말에게 "수절하고 네 아비 집에 있어서 내 아들 셀라가 장성하기를 기다리라"라고 했는데 셀라가 장성하여도 유다가 다말을 셀라에게 주지 않음을 인하여 다말이 기회를 타서 유다를 유혹하고 유다로 말미암아 잉태하였습니다. 이 일이 유다에게 들어갔고 유다가 다말이 행음하였음을 이유로 다말을 죽이고자 하였으나 다말이 유다에게서 증표로 받은 도장과 끈과 지팡이를 보이자 "그는 나보다 옳도다 내가 그를 내 아들 셀라에게 주지 아니하였음이로다"하고 다시는 다말을 가까이하지 않았다고 했습니다. 이 사건도 인간의 윤리 도덕의 관점에서 보면 며느리가 시아버지를 유혹해서 자식을 낳는 근친상간의 범죄로 보게 됩니다. 그러나 하나님의 경륜 안에서 이 사건을 보면 유다는 아버지에 대한 예표(豫表)이며 다말은 믿는 자들에 대한 예표(豫表)가 됩니다. 다말이 시아버지를 유혹해서라도 생명을 받아서 자식을 낳으려고 한 일로 "네가 니보다 옳다"라는 말을 들었습니다. 믿는 자들이 무슨 수를 쓰든지 아버지의 생명을 받아서 내어놓으면 아버지로부터 옳다 인정함을 받을 수 있다는 것을 유다와 다말의 사건을 통해서 믿는 자들에게 보여주시는 사건입니다. 성경은 믿는 자들이 아버지와 결혼하는 것이라고 말씀하고 있는데 복음이 잘못 전해져서 잘못 믿는 자들이 아들 예수님과 결혼한다고 하면서 예수님이 신랑으로 다시 오신다고 합니다. 성경 어디에도 예수님이 신랑이라는 말씀이 없습니다. 예수님은 하나님의 아들입니다. 만약 우리가 하나님의 아들과 결혼한다면 하나님 아버지는 시아버지가 되십니다. 이런 관계는 성경 어디에도 없습니다. 그러나 그리스도가 믿는 자의 남편이 되시면 믿는 자들이 아버지와 결혼하는 것입니다. 결혼은 여자가 남편의 생명을 받는 것입니다. 그리스도가 믿는 자 안에 들어오시는 과정을 잘 살펴보면 왜 그리스도가 믿는 자의 남편이 되시는 것이 믿는 자들이 아버지와 결혼하는 것인가를 잘 알 수 있습니다. 그리스도가 믿는 자 안으로 오시기 위해서는 반드시 먼저 아버지 안으로 가셔야 합니다. 예수님은 아버지 안으로 가시기 위해서 십자가에서 자기의 몸과 육체를 버리셨습니다. 자기의 몸과 육체를 버리신 그리스도가 아버지 안으로 가셔서 많은 열매를 맺으셨고 많은 열매가 맺어진 그리스도가 다시 믿는 자들 안으로 오시면 이때 믿는 자들이 아버지가 주신 생명을 받은 것입니다. 그리스도가 바로 아버지께서 믿는 자들에게 주시는 생명이기 때문입니다. 아버지의 생명을 받은 자들은 하나님의 아들이면서 또 아버지와 결혼하는 자식들이 되는 것입니다. 그러나 예수님이 신랑이라고 믿는 사람들은 예수님이 십자가에 죽으시고 삼 일 만에 부활하셔서 하나님 아버지 오른쪽으로 가셨다가 다시 세상에 오시는데 이때 예수님이 공중으로 재림하셔서 하늘(sky)에서 혼인 잔치가 열린다고 합니다. 여전히 하나님의 아들로 계시는 예수님이 다시 오셔서 그 예수님과 믿는 자들이 공중에서 만나 결혼한다고 합니다. 이런 일은 절대로 일어날 수 없습니다. 공중으로 올 수 있는 예수님이 없기 때문입니다. 두 번째 오시는 예수님은 구원하시려고 오신다고 했고 자기를 바라는 자들에게 오신다고 했습니다.

"이와 같이 그리스도도 많은 사람의 죄를 담당하시려고 단번에 드리신 바 되셨고 **구원에 이르게 하기 위하여 죄와 상관 없이 자기를 바라는 자들에게 두 번째 나타나시리라**" (히9:28)

두 번째 오시는 그리스도는 반드시 믿는 자 안으로 오셔야 합니다. 그래야 하나님의 말씀이 이루어집니다. 여호와께서 사람에게 장가들어 영원히 사신다는 말씀이 그리스도가 믿는 자 안에 들어오심으로 이루어집니다.

4

믿는 자들이
예수님의 형제요, 자매요, 모친입니다

　예수님이 말씀을 전하고 계실 때에 마리아와 예수님의 젖동생들이 예수님께 말하려고 밖에 서 있는데 한 사람이 예수님께 고하여 "당신의 모친과 동생들이 당신께 말하려고 밖에 섰나이다"라고 말을 했습니다. 이 말을 들은 예수님께서 "누가 내 모친이며 내 동생들이냐"라고 하시면서 제자들을 가리켜 말씀하시기를 "나의 모친과 나의 동생들을 보라 누구든지 하늘에 계신 내 아버지의 뜻대로 하는 자가 내 형제요 자매요 모친이니라"라고 말씀하셨습니다.

　"46 예수께서 무리에게 말씀하실 때에 그 모친과 동생들이 예수께 말하려고 밖에 섰더니 47 한 사람이 예수께 여짜오되 보소서 당신의 모친과 동생들이 당신께 말하려고 밖에 섰나이다 하니 48 말하던 사람에게 대답하여 가라사대 누가 내 모친이며 내 동생들이냐 하시고 49 손을 내밀어 제자들을 가리켜 가라사대 나의 모친과 나의 동생들을 보라 50 **누구든지 하늘에 계신 내 아버지의 뜻대로 하는 자가 내 형제요 자매요 모친**

이니라 하시더라" (마12:46-50)

예수님이 제자들을 가리켜 말씀하시면서 "하늘에 계신 내 아버지의 뜻대로 하는 자"라고 말씀하셨는데 하나님 아버지의 뜻대로 하는 자는 어떤 사람들을 말씀하시는 것일까요? 먼저 아버지의 뜻이 무엇인지 알아야 아버지의 뜻대로 하는 자들이 누구인지 알 수 있습니다.

"**내 아버지의 뜻은 아들을 보고 믿는 자마다 영생을 얻는 이것이니** 마지막 날에 내가 이를 다시 살리리라 하시니라" (요6:40)

예수님이 "내 아버지의 뜻은 아들을 보고 믿는 자마다 영생을 얻는 것"이라고 했습니다. 영생은 하나님 아버지의 생명입니다. 하나님 아버지의 뜻은 예수님을 보고 믿는 자들이 하나님 아버지의 생명을 얻어서 하나님의 아들들이 되는 것입니다. 전술(前述)했듯이 아들을 보고 믿는다는 것은 아들을 보고 아버지를 믿는 것이라고 했습니다. 예수님을 보고 아버지를 믿는다는 것은 예수님 안에 아버지가 계신 것을 믿는 것입니다. 이렇게 믿는 사람들이 아버지의 뜻대로 하는 자들이요, 영생을 얻어서 하나님의 아들들이 된 자들입니다.

"21 나더러 주여 주여 하는 자마다 천국에 다 들어갈 것이 아니요 다만 **하늘에 계신 내 아버지의 뜻대로 행하는 자라야 들어가리라** 22 그 날에 많은 사람이 나더러 이르되 주여 주여 우리가 주의 이름으로 선지자 노릇 하며 주의 이름으로 귀신을 쫓아내며 주의 이름으로 많은 권능을 행치 아니하였나이까 하리니 23 그 때에 내가 저희에게 밝히 말하되 **내가**

너희를 도무지 알지 못하니 불법을 행하는 자들아 내게서 떠나가라 하리라" (마7:21-23)

주여! 주여! 하는 자들이 다 천국에 들어갈 수 없고 하늘에 계신 아버지의 뜻대로 행하는 자라야 들어갈 수 있다고 했습니다. 교회를 다니는 사람들이 예수님을 주로 부르고 하나님을 아버지로 부른다고 다 구원을 받는 것은 아닙니다. 그래서 예수님이 주여! 주여! 하는 자들이 다 천국에 들어갈 수 없다고 말씀하셨습니다. 주의 이름으로 선지자 노릇 하며 주의 이름으로 귀신을 쫓아내며 주의 이름으로 많은 권능을 행할지라도 아버지의 뜻대로 행하지 않는 자들은 천국에 들어갈 수 없습니다. 누구든지 하나님 아버지의 생명을 받지 않고 하는 일들은 모두 불법이라고 예수님이 말씀하셨습니다. 하나님 아버지의 아들이 된 자들만 천국에 들어갈 수 있고 하나님의 아들이 된 자들이 하는 일만 합법적인 일이 되는 것입니다. 그래서 예수님이 하늘에 계신 내 아버지의 뜻대로 하는 자가 내 형제요, 자매요, 모친이라고 말씀하신 것은 예수님과 믿는 자들이 형제와 자매와 모친의 관계가 되어야 하는 것을 말씀하신 것입니다.

1) 그리스도와 믿는 자가 형제가 됩니다

예수님과 믿는 자들이 형제가 됩니다. 예수님의 아버지가 믿는 자들의 아버지가 되시기 때문입니다.

"거룩하게 하시는 자와 거룩하게 함을 입은 자들이 다 하나에서 난지라 그러므로 형제라 부르시기를 부끄러워 아니하시고" (히2:11)

거룩하게 하시는 자 예수 그리스도와 거룩하게 함을 입은 믿는 자들이 다 한 아버지께로 났으므로 형제라 부르시기를 부끄러워 아니하신다고 했습니다. 예수님은 가장 먼저 하나님의 아들이 되신 분이므로 맏아들이시고 믿는 자들은 예수님의 동생들이 되는 것입니다.

"29 하나님이 미리 아신 자들로 또한 그 아들의 형상을 본받게 하기 위하여 미리 정하셨으니 이는 **그로 많은 형제 중에서 맏아들이 되게 하려 하심이니라** 30 또 미리 정하신 그들을 또한 부르시고 부르신 그들을 또한 의롭다 하시고 의롭다 하신 그들을 또한 영화롭게 하셨느니라"(롬 8:29-30)

사도신경을 신앙고백으로 하는 기독교인들은 예수님을 외아들이라고 고백하고 자기들은 하나님의 친아들이 아니라 은혜를 받아 입양된 양자라고 합니다. 어거스틴이나 칼빈이 주장한 교리를 그대로 받아들여서 예수님만 하나님의 친아들이 되시고 믿는 자들은 하나님의 친아들이 될 수 없다고 말합니다. 예수님이 아버지께 생명을 받아서 하나님의 아들이 되셨으므로 하나님의 친아들이시면 믿는 자들도 아버지의 생명을 받아서 아들이 되기 때문에 당연히 친아들입니다. 생명을 받은 아들을 양아들이라고 부르는 경우는 세상 어디에도 없습니다.

"10 하나님의 아들을 믿는 자는 자기 안에 증거가 있고 하나님을 믿지 아니하는 자는 하나님을 거짓말하는 자로 만드나니 이는 하나님께서 그 아들에 관하여 증거하신 증거를 믿지 아니하였음이라 11 또 증거는 이것이니 **하나님이 우리에게 영생을 주신 것과 이 생명이 그의 아들 안에 있는 그것이니라 12 아들이 있는 자에게는 생명이 있고 하나님의 아들이 없는 자에게는 생명이 없느니라**" (요일5:10-12)

하나님의 아들을 믿는 자에게는 증거가 있는데 그 증거는 하나님이 영생을 주신 것이고 그 생명이 하나님의 아들 안에 있으므로 하나님의 아들이 있는 자에게는 생명이 있고 아들이 없는 자에게는 생명이 없다고 했습니다. 하나님의 아들이 예수 그리스도입니다. 예수 그리스도가 안에 있는 자는 생명이 있고 없는 자는 생명이 없다는 말씀입니다.

"너희가 믿음에 있는가 너희 자신을 시험하고 너희 자신을 확증하라 **예수 그리스도께서 너희 안에 계신 줄을 너희가 스스로 알지 못하느냐** 그렇지 않으면 너희가 버리운 자니라" (고후13:5)

예수 그리스도께서 자기 안에 계시는 것을 스스로 알지 못하는 자들은 구원받지 못한 자들입니다. 믿음의 확증은 예수 그리스도께서 자기 안에 계신 것을 스스로 아는 것입니다.

"17 **믿음으로 말미암아 그리스도께서 너희 마음에 계시게 하옵시고** 너희가 사랑 가운데서 뿌리가 박히고 터가 굳어져서 18 능히 모든 성도와 함께 지식에 넘치는 그리스도의 사랑을 알아 19 그 넓이와 길이와 높이와 깊이가 어떠함을 깨달아 **하나님의 모든 충만하신 것으로 너희에게 충만하게 하시기를 구하노라**"(엡3:17-19)

믿는 자들의 마음에는 그리스도가 계셔야 합니다. 만약 그리스도가 계시지 않는다면 그 사람은 믿음이 없는 사람입니다. 믿음의 증거가 없기 때문입니다. 믿음의 증거는 그리스도가 믿는 자의 마음에 계시는 것입니다. 그리스도가 믿는 자 안에 들어오시므로 믿는 자가 하나님의 아들이 되었고 믿는 자가 하나님의 아들이 되었으므로 예수님과 형제가 되는 것입니다.

2) 그리스도와 믿는 자가 자매가 됩니다

예수님과 믿는 자가 자매가 되는 것은 앞에서 살펴보았던 창세기 19장 롯과 두 딸의 사건을 보면 잘 알 수 있습니다. 롯의 큰딸은 예수님에 대한 예표(豫表)이고 둘째 딸은 믿는 자들에 대한 예표(豫表)입니다. 롯의 딸들이 "우리가 아버지로 말미암아 인종을 전하자"라고 했을 때 모든 일이 전적으로 큰딸의 주도(主導)하에 이루어지는 것을 볼 수 있습니다. 모든 계획과 모든 대화가 큰딸에 의해서 이루어지고 작은딸은 한마디의 말도 없이 큰딸이 주도(主導)하는 대로 따라가는 것을 볼 수 있습니다. 이것은 아버지의 생명을 받는 모든 일을 예수님이 주도하시고 우리는 예수님이 하라는 대로 하기만 하면 되는 것을 보여주시는 것입니다. 먼저 예수님이 아버지의 아내가 되신 것같이 믿는 자들도 예수님을 따라가기만 하면 아버지의 아내가 될 수 있습니다. 그래서 롯의 두 딸과 같이 예수님과 믿는 자들이 자매가 됩니다.

3) 믿는 자들이 그리스도의 모친이 됩니다

믿는 자들이 아버지의 아내가 되면 아버지의 생명을 받아서 아들을 낳아야 합니다. 물론 여기서 아들을 낳는다는 것은 남자와 여자가 결혼해서 육체의 결합을 통해 아들을 낳는 것이 아닙니다. 믿는 자들이 아버지의 생명을 받아서 생명을 다시 내어놓는 것은 믿는 자의 몸을 통해서 이루어집니다. 믿는 자들이 그리스도의 모친이 된다는 것은 믿는 자 안에 들어오신 그리스도가 믿는 자의 몸에까지 사시는 것을 말합니다. 믿는 자의 몸을 통해서 그리스도가 나타나시면 나타나신 그리스도가 믿는 자의 아들이 되는 것입니다. 이것은 실존(實存)하는 아들을 내어놓는 것이 아니라 몸에 나타나는 생명으로서 아들(그리스도)이 나타나는 것입니다.

> "10 우리가 항상 예수 죽인 것을 몸에 짊어짐은 **예수의 생명도 우리 몸에 나타나게** 하려 함이라 11 우리 산 자가 항상 예수를 위하여 죽음에 넘기움은 **예수의 생명이 또한 우리 죽을 육체에 나타나게** 하려 함이니라"(고후4:10-11)

예수의 생명이 믿는 자의 몸에 나타나고 죽을 육체에 나타나는 것이 바로 믿는 자들이 그리스도의 모친이 되는 것입니다. 예수의 생명이 곧 그리스도입니다. 여자가 잉태하여 때가 차면 생명을 내어놓듯이 믿는 자 속에 들어오신 그리스도가 때가 차면 몸에 나타나야 합니다. 시간이 지나도 그리스도가 믿는 자의 몸에 나타나지 않는다면 그것은 그리스도가 믿는 자 안에 계시지 않기 때문입니다. 물론 시간은 사람마다 다를 수 있습니다. 그러나 더디게 나타나는 일은 있어도 나타나지 않는 일을 있을 수 없습니다. 생명은 살아 역사(役事)하는 것이기 때문입니다.

> "**하나님의 말씀은 살았고 운동력이 있어** 좌우에 날선 어떤 검보다도 예리하여 혼과 영과 및 관절과 골수를 찔러 쪼개기까지 하며 또 **마음의 생각과 뜻을 감찰하나니**" (히4:12)

믿는 자 속에 하나님의 말씀이 살아 역사(役事)하신다면 어떻게 아무 일도 일어나지 않고 변화되지 않을 수 있겠습니까? 구원받기 전에는 죄인이었던 자들이 구원받은 후에는 생명 되신 그리스도로 말미암아 의인이 됩니다. 전에는 어두움이었던 자들이 이제는 빛의 자녀가 됩니다.

> "8 너희가 **전에는 어두움이더니 이제는 주 안에서 빛이라** 빛의 자녀들처럼 행하라 9 빛의 열매는 모든 착함과 의로움과 진실함에 있느니라" (엡5:8-9)

변화되지 않는 믿음은 참믿음이 아닙니다. 행함이 없는 믿음은 죽은 믿음이라고 했습니다.

"자녀들아 우리가 **말과 혀로만 사랑하지 말고 오직 행함과 진실함으로 하자**" (요일3:18)

믿는 자들이 행함과 진실함으로 사랑할 때 그리스도가 사시는 것이요, 그리스도가 사시면 이 사람이 하나님 아버지의 아내가 되어서 그리스도를 낳은 사람입니다.

5

그리스도는
아브라함과 그 자손의 자손이 되십니다

하나님의 약속은 아브라함과 그 자손에게 말씀하신 것으로 아브라함에게 하신 모든 약속이 믿는 자들에게도 똑같이 이루어져야 합니다. 아브라함을 모든 믿는 자들의 조상으로 세우셨습니다.

"**13 아브라함이나 그 후손에게 세상의 후사가 되리라고 하신 언약은** 율법으로 말미암은 것이 아니요 오직 믿음의 의로 말미암은 것이니라 14 만일 율법에 속한 자들이 후사이면 믿음은 헛것이 되고 약속은 폐하여졌느니라 15 율법은 진노를 이루게 하나니 율법이 없는 곳에는 범함도 없느니라 16 그러므로 후사가 되는 이것이 은혜에 속하기 위하여 믿음으로 되나니 이는 그 약속을 그 모든 후손에게 굳게 하려 하심이라 율법에 속한 자에게 뿐 아니라 아브라함의 믿음에 속한 자에게도니 **아브라함은 하나님 앞에서 우리 모든 사람의 조상이라** 17 기록된 바 내가 너를 많은 민족의 조상으로 세웠다 하심과 같으니 그의 믿은 바 하나님은 죽은 자를 살리시며 없는 것을 있는 것같이 부르시는 이시니라 18 아브라함이 바랄 수 없는 중에 바라고 믿었으니 이는 네 후손이 이 같으리라 하신 말씀대로 많은 민족의 조상이 되게 하려 하심을 인함이라 19 그가 백 세나 되어 자기 몸의 죽은 것 같음과 사라의 태의 죽은 것 같음을 알고도 믿음이 약하여지지 아니하고 20 믿음이 없어 하나님의 약속을 의심치 않고 믿음에 견고하여져서 하나님께 영광을 돌리며 21 약속하신 그것을 또한 능히 이루실 줄을 확신하였으니 22 그러므로 이것을 저에게 의로 여기셨느니라 23 **저에게 의로 여기셨다 기록된 것은 아브라함만 위한 것이 아니요 24 의로 여기심을 받을 우리도 위함이니** 곧 예수 우리 주를 죽은 자 가운데서 살리신 이를 믿는 자니라" (롬4:13-24)

아브라함은 유대인뿐만 아니라 모든 믿는 자의 조상이라고 하나님이 말씀하셨습니다. 그래서 아브라함에게 하신 언약은 모든 믿는 자들에게도 똑같이 이루어지는 하나님의 약속이고 말씀입니다.

"5 너희에게 성령을 주시고 너희 가운데서 능력을 행하시는 이의 일이 율법의 행위에서냐 듣고 믿음에서냐 6 아브라함이 하나님을 믿으매 이것을 그에게 의로 정하셨다 함과 같으니라 7 그런즉 **믿음으로 말미암은 자들은 아브라함의 아들인 줄 알지어다** 8 또 하나님이 이방을 믿음으로 말미암아 의로 정하실 것을 성경이 미리 알고 먼저 아브라함에게 복음을 전하되 모든 이방이 너를 인하여 복을 받으리라 하였으니 9 그러므로 **믿음으로 말미암은 자는 믿음이 있는 아브라함과 함께 복을 받느니라**" (갈3:5-9)

믿음으로 말미암은 자들은 아브라함의 아들이라고 했고 믿음이 있는 아브라함과 함께 복을 받는다고 했습니다.

"이 약속들은 아브라함과 그 자손에게 말씀하신 것인데 여럿을 가리켜 그 자손들이라 하지 아니하시고 **오직 하나를 가리켜 네 자손이라 하셨으니 곧 그리스도라"** (갈3:16)

하나님이 아브라함과 그 자손에게 말씀하신 약속이 있는데 "여럿을 가리켜 그 자손들이라 하지 아니하시고 오직 하나를 가리켜 네 자손이라 하셨으니 곧 그리스도"라고 했습니다. 그리스도가 아브라함의 자손이요, 또 믿는 자들의 자손이 되신다고 말씀하셨습니다. 그리스도가 믿는 자들의 자손이 되는 것을 알 수 있도록 하나님의 비밀이 예수님의 족보에 숨겨져 있습니다.

"1 아브라함과 다윗의 자손 예수 그리스도의 세계(世系)라 2 ①아브라함이 ②이삭을 낳고 이삭은 ③야곱을 낳고 야곱은 유다와 그의 형제를 낳고 3 ④**유다는 다말에서** 베레스와 세라를 낳고 ⑤베레스는 헤스론을 낳고 ⑥헤스론은 람을 낳고 4 ⑦람은 아미나답을 낳고 ⑧아미나답은 나손을 낳고 ⑨나손은 살몬을 낳고 5 ⑩**살몬은 라합에게서** 보아스를 낳고 ⑪**보아스는 룻에게서** 오벳을 낳고 ⑫오벳은 이새를 낳고 6 ⑬이새는 다윗 왕을 낳으니라 ⑭**다윗은 우리야의 아내에게서** 솔로몬을 낳고 7 ①솔로몬은 르호보암을 낳고 ②르호보암은 아비야를 낳고 ③아비야는 아사를 낳고 8 ④아사는 여호사밧을 낳고 ⑤여호사밧은 요람을 낳고 ⑥요람은 웃시야를 낳고 9 ⑦웃시야는 요담을 낳고 ⑧요담은 아하스를 낳고 ⑨아하스는 히스기야를 낳고 10 ⑩히스기야는 므낫세를 낳고 ⑪므낫세는 아몬을 낳고 ⑫아몬은 요시야를 낳고 11 바벨론으로 이거할 때에 ⑬요시야는 ⑭여고냐와 그의 형제를 낳으니라 12 바벨론으로 이거한 후에 여고냐는 스알디엘을 낳고 ①스알디엘은 스룹바벨을 낳고 13 ②스룹바벨은 아비훗을 낳고 ③아비훗은 엘리아김을 낳고 ④엘리아김은 아소르를 낳고 14 ⑤아소르는 사독을 낳고 ⑥사독은 아킴을 낳고 ⑦아킴은 엘리웃을 낳고 15 ⑧엘리웃은 엘르아살을 낳고 ⑨엘르아살은 맛단을 낳고 ⑩맛단은 야곱을 낳고 16 ⑪야곱은 마리아의 남편 ⑫**요셉을 낳았으니 마리아에게서 그리스도라 칭하는 ⑬예수가 나시니라 17 그런즉 모든 대 수가 아브라함부터 다윗까지 열네 대요 다윗부터 바벨론으로 이거할 때까지 열네 대요 바벨론으로 이거한 후부터 그리스도까지 열네 대러라**" (마1:1-17)

예수님의 족보를 살펴보면 "아브라함부터 다윗까지 열네 대요, 다윗부터 바벨론으로 이거할 때까지 열네 대요, 바벨론으로 이거한 후부터 그리스도까지 열네 대"라고 했는데 실제 기록된 대수를 확인해 보면 42대가 아니라 41대로 기록되어 있는 것을 볼 수 있습니다. 그렇다면 실수로 한 대가 빠져서 그랬을까요? 아니면 하나님의 비밀이 거기 숨겨져 있을까요? 성경은 오류가 없는 정확무오(正確無誤)한 하나님의 말씀입니다. 절대로 실수가 있을 수 없습니다. 먼저, 아브라함부터 다윗까지 열네 대입니다. ①**아브라함** ②**이삭** ③**야곱** ④**유다** ⑤**베레스** ⑥**헤스론** ⑦**람** ⑧**아미나답** ⑨**나손** ⑩**살몬** ⑪**보아스** ⑫**오벳** ⑬**이새** ⑭**다윗** 다음은 다윗부터 바벨론으로 이거할 때까지 열네 대입니다. ①**솔로몬** ②**르호보암** ③**아비야** ④**아사** ⑤**여호사밧** ⑥**요람** ⑦**웃시야** ⑧**요담** ⑨**아하스** ⑩**히스기야** ⑪**므낫세** ⑫**아몬** ⑬**요시야** ⑭

여고냐 마지막은 바벨론으로 이거한 후부터 그리스도까지 열네 대라고 했습니다. ①스알디엘 ②스룹바벨 ③아비훗 ④엘리아김 ⑤아소르 ⑥사독 ⑦아킴 ⑧엘리웃 ⑨엘르아살 ⑩맛단 ⑪야곱 ⑫요셉 ⑬예수 **(그리스도)** 바벨론으로 이거한 후부터 그리스도까지 열네 대라고 했는데 열세 대가 기록되어 있습니다. 이것은 그리스도 앞에 믿는 자들이 들어감으로 열네 대가 완성이 되어서 그리스도가 아브라함과 그 자손의 자손이 된다는 말씀을 이루시는 비밀이 숨겨져 있습니다. 그리고 또 한 가지 비밀이 숨겨져 있는데 예수님의 족보에 들어가는 다섯 여자에 대한 비밀입니다. 다말, 라합, 룻, 우리야의 아내였던 밧세바, 그리고 마리아입니다. 다섯 여자가 예수님의 족보에 들어가 있는 것도 하나님의 비밀이 숨겨져 있습니다. 어떻게 하다 보니 우연히 그렇게 된 것이 아닙니다. 여기에는 그리스도와 교회에 대한 비밀이 숨겨져 있습니다. 다말은 시아버지와 동침해서 자식을 낳았고 라합은 여리고 성(城)의 기생이었고 룻은 과부 된 이방 여자였고 밧세바는 남편이 있는 여자였고 마리아에게도 정혼한 남자가 있었습니다. 이 다섯 여자의 공통점은 원래 남편에게서 아들을 낳은 것이 아니라 새로운 남편에게서 생명을 받아 아들을 낳은 것입니다. 그래서 마리아의 남편은 요셉이 아니라 하나님 아버지이십니다. 마리아가 하나님의 아들 예수 그리스도를 낳았으므로 하나님 아버지의 아내가 되는 것이 당연합니다. 마리아와 같이 믿는 자들도 하나님 아버지의 생명을 받아서 그리스도를 낳아야 합니다. 믿는 자들이 어떻게 그리스도를 낳을 수 있습니까? 아내가 남편에게서 생명을 받아 내놓는 것처럼 믿는 자들이 하나님 아버지의 생명을 받아 몸을 통해서 내놓는 것입니다.

"7 **우리가 이 보배를 질그릇에 가졌으니** 이는 능력의 심히 큰 것이 하나님께 있고 우리에게 있지 아니함을 알게 하려 함이라 8 우리가 사방으로 우겨쌈을 당하여도 싸이지 아니하며 답답한 일을 당하여도 낙심하지 아니하며 9 핍박을 받아도 버린 바 되지 아니하며 거꾸러뜨림을 당하여도 망하지 아니하고 10 우리가 항상 예수 죽인 것을 몸에 짊어짐은 **예수의 생명도 우리 몸에 나타나게 하려 함이라** 11 우리 산 자가 항상 예수를 위하여 죽음에 넘기움은 **예수의 생명이 또한 우리 죽을 육체에 나타나게 하려 함이니라**" (고후4:7-11)

믿는 자들은 보배(그리스도)를 질그릇에 가진 자들입니다. 그래서 보배이신 그리스도를 나타내야 하는데 믿는 자의 육체가 살아 있을 때 믿는 자의 몸에 또한 죽을 육체에 예수의 생명(그리스도)이 나타나게 한다고 했습니다. 그리스도가 믿는 자들이 아버지께 받는 생명입니다. 이 생명이 몸에 나타나고 죽을 육체에 나타나는 것이 그리스도를 낳는 것입니다.

"21 **처녀 이스라엘아** 너를 위하여 길표를 세우며 너를 위하여 표목을 만들고 대로 곧 네가 전에 가던 길에 착념하라 돌아오라 네 성읍들로 돌아오라 22 **패역한 딸아** 네가 어느 때까지 방황하겠느냐 여호와가 새 일을 세상에 창조하였나니 곧 여자가 남자를 안으리라" (렘31:21-22)

여호와께서 세상에 새 일을 창조하셨는데 여자가 남자를 안는 것이라고 했습니다. 처녀 이스라엘을 위하여 길표와 표목을 만들어 그들로 돌아오게 하시는데 원래 그들은 패역한 딸이었다고 말씀하고 있습니다. 정리하자면 패역한 딸들이 돌아올 수 있도록 여호와께서 길표와 표목을 만들고 그들이 돌아오면 처녀 이스라엘이 되고 남편 되시는 여호와께서 그들에게 장가드신다는 말씀입니다.

"나 여호와가 말하노라 **배역한 자식들아 돌아오라 나는 너희 남편임이니라** 내가 너희를 성읍에서 하나와 족속 중에서 둘을 택하여 시온으로 데려오겠고" (렘3:14)

배역한 자식들에게 돌아오라고 말씀하시고 그들에게 내가 너희 남편이라고 말씀하신 것과 같은 뜻입니다. 그리스도와 교회의 비밀은 다음 장에서 더 자세히 다루도록 하겠습니다.

제 5장

만세와 만대로부터 옴으로 감춰왔던 비밀

1

하나님의 비밀

성경은 비밀이 기록된 책입니다. 모든 사람이 다 알고 있고 또 알 수 있다면 그것은 비밀이라고 할 수 없을 것입니다. 성경은 비밀이 기록된 책이기 때문에 사람이 성경을 읽는다고 해서 비밀을 깨달아 알 수는 없습니다. 사도 바울이 계시로 비밀을 깨달아 안 것처럼 하나님께서 열어주시지 않으면 그 누구도 비밀을 깨달아 알 수가 없습니다.

"1 이러하므로 그리스도 예수의 일로 너희 이방을 위하여 갇힌 자 된 나 바울은… 2 너희를 위하여 **내게 주신 하나님의 그 은혜의 경륜을** 너희가 들었을 터이라 3 곧 **계시로 내게 비밀을 알게 하신 것은** 내가 이미 대강 기록함과 같으니 4 **이것을 읽으면 그리스도의 비밀을 내가 깨달은 것을 너희가 알 수 있으리라**" (엡3:1-4)

하나님께서 바울에게 하나님의 은혜의 경륜의 비밀을 주셨는데 그 비밀을 계시로 알게 하셨고 또한 바울이 기록한 것을 읽는 자들도 그리스도의 비밀을 깨달아 알 수 있다고 했습니다.

"11 형제들아 내가 너희에게 알게 하노니 내가 전한 복음이 사람의 뜻을 따라 된 것이 아니라 12 이는 내가 사람에게서 받은 것도 아니요 배운 것도 아니요 **오직 예수 그리스도의 계시로 말미암은 것이라**"(갈1:11-12)

사도 바울이 전한 복음은 사람에게서 받은 것도 아니고 배운 것도 아니요, 사람의 뜻을 따라 된 것도 아니요, 오직 예수 그리스도의 계시로 말미암은 것이라고 했습니다. 모든 사람에게 계시로 비밀을 알게 하시는 것이 아니기 때문에 계시를 받지 않은 자들이 비밀을 깨달아 알 수 있는 길은 계시로 비밀을 깨달은 자들이 전하는 복음을 듣는 것입니다. 바울의 때에는 바울이 전하는 복음을 듣는 자들이 구원을 받을 수 있었습니다.

"1 내가 너희와 라오디게아에 있는 자들과 무릇 내 육신의 얼굴을 보지 못한 자들을 위하여 어떻게 힘쓰는 것을 너희가 알기를 원하노니 2 이는 저희로 마음에 위안을 받고 사랑 안에서 연합하여 원만한 이해의 모든 부요에 이르러 **하나님의 비밀인 그리스도를 깨닫게 하려 함이라** 3 **그 안에는 지혜와 지식의 모든 보화가 감추어 있느니라**"(골2:1-3)

하나님의 비밀인 그리스도를 깨닫는 자들이 구원을 받을 수 있습니다. 왜 그리스도가 하나님의 비밀입니까? 하나님께서 그리스도를 믿는 자들에게 주심으로 믿는 자들이 생명을 얻어서 하나님의 아들이 될 수 있기 때문입니다. 그런데 비밀을 깨닫지 못하여 예수님이 십자가에 죽은 이유가 죄를 사해주시기 위함이라는 것만 말하고 전하므로 생명을 받지 못하고 교회만 다니다가 지옥 불에 들어가는 자들이 너무나 많습니다. 예수님이 십자가에서 죽은 이유는 죄 사함이 아니라 믿는 자 안에 들어오시기 위함입니다. 물론 죄 사함이 없다는 말은 아닙니다. 죄 사함도 반드시 있어야 합니다. 그러나 죄 사함이 목적은 아닙니다. 목적을 이루기 위한 과정입니다. 죄 사함의 목적은 그리스도가 믿는 자 안에 들어오시기 위함입니다. 거룩하신 하나님 아버지의 생명이신 그리스도께서 믿는 자 안에 들어오시려면 믿는 자 속에 더러운 죄가 없어야 합니다. 그래서 먼저 죄를 깨끗하게 하는 일을 하시고 믿는 자 안으로 오시는 것입니다. 그리스도가 믿는 자 안으로 들어오셔야 하나님 아버지의 뜻이 이루어집니다. 아버지의 뜻은 아들을 보고 믿는 자마다 영생을 얻고 믿는 자들이 하나님의 아들들이 되는 것입니다. 아버지께서 아들들을 얻기 위해서 주시는 생명이 바로 그리스도입니다. 그래서 믿는 자 속에는 믿음의 증거로 그리스도가 반드시 계셔야 합니다.

> "17 **믿음으로 말미암아 그리스도께서 너희 마음에 계시게 하옵시고** 너희가 사랑 가운데서 뿌리가 박히고 터가 굳어져서 18 능히 모든 성도와 함께 지식에 넘치는 그리스도의 사랑을 알아 19 그 넓이와 길이와 높이와 깊이가 어떠함을 깨달아 **하나님의 모든 충만하신 것으로 너희에게 충만하게 하시기를 구하노라**" (엡3:17-19)

구원의 시작은 그리스도가 믿는 자의 마음에 계시는 것입니다. 믿는 자의 마음에 계시는 그리스도로 말미암아 최종적으로는 하나님의 모든 충만하신 것으로 충만하게 되는 것입니다.

"13 예수께서 가이사랴 빌립보 지방에 이르러 제자들에게 물어 가라사대 사람들이 인자를 누구라 하느냐 14 가로되 더러는 세례 요한, 더러는 엘리야, 어떤 이는 예레미야나 선지자 중의 하나라 하나이다 15 가라사대 너희는 나를 누구라 하느냐 16 시몬 베드로가 대답하여 가로되 **주는 그리스도시요 살아 계신 하나님의 아들이시니이다** 17 예수께서 대답하여 가라사대 바요나 시몬아 네가 복이 있도다 이를 네게 알게 한 이는 혈육이 아니요 하늘에 계신 내 아버지시니라 18 또 내가 네게 이르노니 너는 베드로라 내가 이 반석 위에 내 교회를 세우리니 음부의 권세가 이기지 못하리라 19 내가 천국 열쇠를 네게 주리니 네가 땅에서 무엇이든지 매면 하늘에서도 매일 것이요 네가 땅에서 무엇이든지 풀면 하늘에서도 풀리리라 하시고 20 이에 **제자들을 경계하사 자기가 그리스도인 것을 아무에게도 이르지 말라** 하시니라" (마16:13-20)

예수님이 제자들에게 "사람들이 인자를 누구라 하느냐"라고 물으셨을 때 베드로가 "주는 그리스도시요, 살아 계신 하나님의 아들"이라고 대답했는데 예수님께서 베드로에게 반석(베드로)이라는 이름을 주시고 또 그 반석 위에 교회를 세우신다고 말씀하시고 천국 열쇠도 주신다고 했습니다. 그러면서 "내가 그리스도인 것을 아무에게도 이르지 말라"라고 하셨습니다. 왜 예수님이 그리스도이신 것을 아무에게도 말하지 말라고 하셨을까요? 그 이유는 예수님이 그리스도이신 것이 때가 될 때까지는 비밀이었기 때문입니다. 예수님이 죽은 자 가운데서 살아나시기 전까지는 예수님이 그리스도이신 것이 비밀이었습니다. 이 비밀을 깨달아 알 수 있는 사람은 그리스도가 하나님의 비밀이요, 그 안에는 모든 지혜와 지식의 보화가 감춰져 있다는 말씀을 아는 자들입니다.

> "44 **천국은 마치 밭에 감추인 보화와 같으니** 사람이 이를 발견한 후 숨겨 두고 기뻐하여 돌아가서 **자기의 소유를 다 팔아 그 밭을 샀느니라** 45 또 **천국은 마치 좋은 진주를 구하는 장사와 같으니** 46 극히 값진 진주 하나를 만나매 가서 **자기의 소유를 다 팔아 그 진주를 샀느니라**" (마 13:44-46)

예수님이 천국 비유를 말씀하실 때 밭에 감춰진 보화를 발견한 사람과 좋은 진주를 구하는 장사와 같다고 하셨는데 밭에 감춰진 보화나 좋은 진주를 얻는 방법은 자기의 소유를 다 팔아 그것을 사는 것이라고 하셨습니다. 자기 소유를 다 팔아 보화가 감춰진 밭을 사고 좋은 진주를 사는 것이 천국인데 예수님이 말씀하신 천국은 죽어서 가는 장소를 말씀하신 것이 아니라 믿는 자 안에 이루어지는 천국을 말씀하신 것입니다.

> "1 그 때에 세례 요한이 이르러 유대 광야에서 전파하여 가로되 2 **회개하라 천국이 가까왔느니라** 하였으니" (마3:1-2)
> "이 때부터 예수께서 비로소 전파하여 가라사대 회개하라 천국이 가까왔느니라 하시더라" (마4:17)

세례 요한이 주의 길을 예비하는 자로서 예수님 앞에 와서 "천국이 가까왔느니라"라고 전파하였는데 세례 요한이 잡히고 나자 예수님께서 세례 요한이 전파하던 대로 "천국이 가까왔느니라"라고 전파하셨습니다. 예수님이 말씀하신 천국은 과연 어디에 있으며 또 어디에서 이루어지는 것일까요?

"20 바리새인들이 하나님의 나라가 어느 때에 임하나이까 묻거늘 예수께서 대답하여 가라사대 하나님의 나라는 볼 수 있게 임하는 것이 아니요 21 또 여기 있다 저기 있다고도 못하리니 **하나님의 나라는 너희 안에 있느니라**" (눅17:20-21)

하나님의 나라가 어느 때에 임하는 것인가를 묻는 바리새인들에게 예수님께서 "하나님의 나라(천국)는 볼 수 있게 임하는 것이 아니요 또 여기 있다 저기 있다고도 못하리니 하나님의 나라(천국)는 너희 안에 있느니라"라고 말씀하셨는데 이 말씀은 바리새인들 속에 하나님의 나라(천국)가 있다는 것을 말씀하신 것이 아니라 사람 속에 하나님의 나라(천국)가 이루어진다는 것을 바리새인들에게 하신 말씀을 통해서 믿는 자들에게 말씀하신 것입니다. 예수님이 속에 있는 자는 천국이 이루어진 것이고 속에 없는 자는 천국이 없는 것입니다.

"10 제자들이 예수께 나아와 가로되 어찌하여 저희에게 비유로 말씀하시나이까 11 대답하여 가라사대 **천국의 비밀을 아는 것이 너희에게는 허락되었으나 저희에게는 아니 되었나니** 12 무릇 있는 자는 받아 넉넉하게 되되 무릇 없는 자는 그 있는 것도 빼앗기리라 13 그러므로 내가 저희에게 비유로 말하기는 저희가 보아도 보지 못하며 들어도 듣지 못하며 깨닫지 못함이니라"(마13:10-13)

"10 예수께서 홀로 계실 때에 함께한 사람들이 열두 제자로 더불어 그 비유들을 묻자오니 11 이르시되 **하나님 나라의 비밀을 너희에게는 주었으나 외인에게는 모든 것을 비유로 하나니** 12 이는 저희로 보기는 보아도 알지 못하며 듣기는 들어도 깨닫지 못하게 하여 돌이켜 죄 사함을 얻지 못하게 하려 함이니라 하시고"(막4:10-12)

"9 제자들이 이 비유의 뜻을 물으니 10 가라사대 **하나님 나라의 비밀을 아는 것이 너희에게는 허락되었으나 다른 사람에게는 비유로 하나니** 이는 저희로 보아도 보지 못하고 들어도 깨닫지 못하게 하려 함이니라"(눅8:9-10)

마태복음에는 천국의 비밀이라고 말씀하셨고 마가복음과 누가복음에는 하나님 나라의 비밀이라고 말씀하셨습니다. 이로 보건대 천국의 비밀과 하나님 나라의 비밀은 같습니다. 마찬가지로 천국과 하나님의 나라도 같습니다. 결국 천국의 비밀이 바로 그리스도입니다. 그리스도가 안에 있는 자들은 천국이 이루어진 것이고 안에 없는 자들은 천국이 없는 것입니다.

2

그리스도의 비밀

만세와 만대로부터 감춰져 왔던 비밀이 있는데 이제는 이 비밀이 하나님의 성도들에게 나타났다고 말씀하셨습니다.

"25 내가 교회 일군 된 것은 하나님이 너희를 위하여 내게 주신 경륜을 따라 하나님의 말씀을 이루려 함이니라 26 **이 비밀은 만세와 만대로부터 옴으로 감취었던 것인데 이제는 그의 성도들에게 나타났고** 27 하나님이 그들로 하여금 이 비밀의 영광이 이방인 가운데 어떻게 풍성한 것을 알게 하려 하심이라 **이 비밀은 너희 안에 계신 그리스도시니 곧 영광의 소망이니라**" (골1:25-27)

하나님의 성도들에게 나타난 비밀은 바로 그리스도가 믿는 자 안에 계시는 것입니다. 이 비밀이 만세와 만대로부터 감춰져 왔던 비밀이라고 했는데 이 비밀이 영원한 때 전부터 하나님 안에 감춰져 있던 비밀이라는 뜻입니다. 영원한 때 전부터 하나님 속에 계시던 그리스도께서 바로 만세와 만대로부터 하나님 속에 감춰져 있던 비밀입니다. 곧 하나님의 경륜(經綸)을 이루시기 위한 비밀이 감춰져 있다가 하나님께서 사도 바울에게 계시로 비밀을 알게 하셨고 하나님의 말씀을 이루려고 사도 바울이 교회의 일꾼이 되어서 하나님의 경륜(經綸)의 비밀을 전하는 것입니다. 사도 바울이 전하는 복음의 핵심이 바로 믿는 자 안에 그리스도가 계시는 것입니다. 그리스도가 믿는 자 안에 들어오시는 과정을 잘 설명해서 전하는 것이 복음의 핵심입니다. 왜냐하면 그리스도가 믿는 자 안에 들어오셔야 하나님의 뜻이 이루어지기 때문입니다. 하나님의 비밀이 그리스도입니다. 그리스도의 비밀이 믿는 자 안에 계신 그리스도입니다. 그리스도가 믿는 자 안에 들어오실 수 있는 유일한 방법은 믿음입니다. 믿음이 있어야 그리스도께서 믿는 자 안에 들어오신다고 했습니다. 그렇다면 하나님이 우리에게 요구하시는 믿음은 무엇입니까?

◆ 하나님의 아들이 되는 믿음의 5대 원칙

1. 하나님은 사람의 형체로 계신다.
2. 하나님은 한 분이시다.
3. 일위일체로 계신 하나님께서 하나님의 한 본질 곧 생명을 분배하시기 위해 삼위로 일하신다. 그러므로 예수님은 여호와 하나님 아버지 전체가 다 하늘에서 이 땅에 내려오시어 마리아의 배 속에서 사람이 되신 하나님의 아들이시다.
4. 이 사람이신 예수님이 십자가에서 죽으실 때 나도 함께 죽었다고 믿어야 한다.
5. 이상에서 언급한 하나님을 시인하고 믿으므로 그리스도가 두 번째 오셔서 내 안에 들어와 사시므로 내 안에 사시는 예수 그리스도로 말미암아 나는 주 예수가 되었다.

성경대로 하나님을 알고 믿어야 합니다. 많은 기독교인들이 성경대로 하나님을 믿지 않고 사람의 생각대로 또는 사람이 전하여 준 말을 듣고 성경에 없는 하나님을 믿으므로 생명을 얻지 못하고 영원히 불과 유황으로 타는 못에 들어가게 됩니다.

1) 하나님은 영체로서 사람의 형체를 하고 계시는 분으로 믿어야 합니다

하나님이 형상이 없다고 믿는 자들은 성경에 없는 하나님을 믿는 것입니다. 성경에 없는 하나님을 믿으면 구원을 받을 수가 없습니다.

> **"하나님이 가라사대 우리의 형상을 따라 우리의 모양대로 우리가 사람을 만들고** 그로 바다의 고기와 공중의 새와 육축과 온 땅과 땅에 기는 모든 것을 다스리게 하자 하시고" (창1:26)

사람을 하나님의 형상을 따라 모양대로 만들었다고 말씀하고 있습니다. 모든 살아 있는 존재가 고유의 형상이 있지만 사람은 고유의 형상이 없습니다. 사람은 하나님의 형상을 따라 지음을 받았기 때문입니다.

> "1 **여호와께서 마므레 상수리 수풀 근처에서 아브라함에게 나타나시니라** 오정 즈음에 그가 장막문에 앉았다가 2 눈을 들어 본즉 **사람 셋이 맞은편에 섰는지라** 그가 그들을 보자 곧 장막문에서 달려나가 영접하며

몸을 땅에 굽혀 3 가로되 내 주여 내가 주께 은혜를 입었사오면 원컨대 종을 떠나 지나가지 마옵시고 4 물을 조금 가져오게 하사 당신들의 발을 씻으시고 나무 아래서 쉬소서" (창18:1-4)

여호와 하나님이 천사 둘과 함께 아브라함에게 나타나셨는데 사람으로 나타나셨습니다. 하나님의 형상이 없다면 어떻게 아브라함에게 나타나시고 또 아브라함이 여호와 하나님을 봤겠습니까? 하나님은 사람의 형상을 하고 계십니다.

"26 그 머리 위에 있는 **궁창 위에 보좌의 형상이 있는데** 그 모양이 남보석 같고 **그 보좌의 형상 위에 한 형상이 있어 사람의 모양 같더라** 27 내가 본즉 그 허리 이상의 모양은 단 쇠 같아서 그 속과 주위가 불 같고 그 허리 이하의 모양도 불 같아서 사면으로 광채가 나며 28 그 사면 광채의 모양은 비 오는 날 구름에 있는 무지개 같으니 **이는 여호와의 영광의 형상의 모양이라** 내가 보고 곧 엎드리어 그 말씀하시는 자의 음성을 들으니라" (겔1:26-28)

에스겔이 보좌에 앉으신 여호와 하나님을 보았습니다. 보좌의 형상이 있고 그 보좌 위에 사람의 형상이 있는데 그 형상이 여호와의 영광의 형상의 모양이라고 했습니다.

"**9 내가 보았는데 왕좌가 놓이고 옛적부터 항상 계신 이가 좌정하셨는데** 그 옷은 희기가 눈 같고 그 머리털은 깨끗한 양의 털 같고 그 보좌는 불꽃이요 그 바퀴는 붙는 불이며 10 불이 강처럼 흘러 그 앞에서 나오며 그에게 수종하는 자는 천천이요 그 앞에 시위한 자는 만만이며 심판을 베푸는데 책들이 펴 놓였더라"(단7:9-10)

다니엘이 왕좌에 앉아 계시는 여호와 하나님을 보았습니다. 하나님의 형상을 아브라함과 에스겔과 다니엘이 보았다고 성경에 기록하고 있습니다. 하나님은 영체로서 사람의 형상을 하고 계시는 분입니다. 오늘날 많은 기독교인들이 하나님의 형상이 없다고 믿게 된 이유는 칼빈의 영향을 받았기 때문입니다.

"성경이 마치 **하나님께 입과 귀와 눈과 손과 발이 있는 것처럼 자주 묘사한다는 사실을 근거로 형체를 지닌 하나님을 꿈꾸는 오류를 범하는데**, 이들의 그릇된 사고도 쉽게 반박할 수 있다. 유모가 어린 아기들을 대할 때 흔히 하는 것처럼 하나님께서도 우리에게 말씀하실 때에 그렇게 우리에게 맞추어서 말씀하신다는 것을 이해하지 못할 만큼 그렇게 지능이 모자라는 사람이 어디 있겠는가? 그러므로 그런 형식의 말씀들은 우리의 연약한 역량에 맞추어서 하나님에 관한 지식들을 전달하는 것이므로, 하나님이 과연 어떤 분이신가를 명확하게 표현해 주는 것이 아닌 것이다. **우리에게 맞추시기 위해서 그렇게 높이 계신 하나님께서 무한히 낮게 내려오셔서 말씀하신 것이다**"(존 칼빈,『기독교강요(상권)』)[10]

칼빈은 성경에 하나님께 입과 귀와 눈과 손과 발이 있는 것처럼 묘사한 것은 "우리에게 맞추시기 위해서 그렇게 높이 계신(형상이 없는) 하나님께서 무한히 낮게(형상이 있는 것처럼) 내려오셔서 말씀하신 것

---

10 존 칼빈(원광연 역), *기독교강요-상권*(서울: CH북스, 2003), 146

이다"라고 했습니다. 이 얼마나 무지하고 무식한 주장인지 모르겠습니다. 이러한 주장을 하는 것은 하나님의 경륜(經綸)을 전혀 모르기 때문입니다. 하나님의 경륜(經綸)의 핵심(核心)이 생명분배(生命分配)라는 것을 안다면 절대로 할 수 없는 주장입니다. 살아 있는 모든 만물을 보면 형상이 없는 것은 단 하나도 존재하지 않습니다. 아무리 작은 미생물이라 할지라도 각자 고유의 형상이 있습니다. 생명이 형상 안에 있기 때문입니다. 하나님이 살아 계시는 분이라면 반드시 형상이 있어야 합니다.

> **"아버지께서 자기 속에 생명이 있음같이** 아들에게도 생명을 주어 그 속에 있게 하셨고" (요5:26)

하나님 아버지의 생명이 아버지 속에 있다고 말씀하고 있습니다. 생명이 속에 있다면 형상이 있다는 뜻입니다. 형상이 없는 하나님이 속이 있을 수가 없습니다. 그래서 하나님을 믿을 때 반드시 영체로서 사람의 형체를 하고 계시는 하나님을 믿어야 합니다.

2) 하나님은 한 분이라고 믿어야 합니다

하나님은 한 분이십니다. 구약이나 신약이나 하나님은 한 분이라고 말씀하고 있습니다.

"4 이스라엘아 들으라 우리 하나님 여호와는 오직 하나인 여호와시니 5

너는 마음을 다하고 성품을 다하고 힘을 다하여 네 하나님 여호와를 사랑하라" (신6:4-5)

"5 주도 하나이요 믿음도 하나이요 세례도 하나이요 6 하나님도 하나이시니 곧 만유의 아버지시라 만유 위에 계시고 만유를 통일하시고 만유 가운데 계시도다" (엡4:5-6)

구약의 한 분 하나님은 여호와이십니다. 여호와 하나님이 한 아들을 낳으셨는데 그 아들이 예수 그리스도입니다. 여호와 하나님이 예수 그리스도를 낳으시고 아버지 하나님이 되셨습니다. 아버지가 낳으신 예수님은 여호와 하나님이 직접 오셔서 육신을 입고 사람이 되신 분입니다. 그래서 예수님 안에는 영체로서 사람의 형체를 하고 계시는 아버지가 계십니다. 그러므로 예수님과 아버지는 하나입니다.

"18 그(예수 그리스도)는 몸인 교회의 머리라 그가 근본이요 죽은 자들 가운데서 먼저 나신 자니 이는 친히 만물의 으뜸이 되려 하심이요 19 **아버지께서는 모든 충만으로 예수 안에 거하게 하시고** 20 그의 십자가의 피로 화평을 이루사 만물 곧 땅에 있는 것들이나 하늘에 있는 것들을 그로 말미암아 자기와 화목케 되기를 기뻐하심이라" (골1:18-20)

"**나와 아버지는 하나이니라** 하신대" (요10:30)

아버지 하나님과 아들 예수님이 함께 계시므로 하나님이 두 분으로 따로 계신 것이 아니라 하나로 함께 계십니다.

"**나를 보내신 이가 나와 함께 하시도다** 내가 항상 그의 기뻐하시는 일을

행하므로 나를 혼자 두지 아니하셨느니라"(요8:29)

"31 예수께서 대답하시되 이제는 너희가 믿느냐 32 보라 너희가 다 각각 제 곳으로 흩어지고 나를 혼자 둘 때가 오나니 벌써 왔도다 그러나 **내가 혼자 있는 것이 아니라 아버지께서 나와 함께 계시느니라**"(요 16:31-32)

제자들이 예수님을 버리고 다 각각 제 곳으로 흩어질 때가 와도 예수님이 혼자 계시는 것이 아니라 아버지께서 예수님과 함께 계신다고 말씀하셨습니다. 아버지가 예수님 안에 계시므로 예수님을 본 자는 아버지를 본 것이라고 말씀하셨습니다.

"44 예수께서 외쳐 가라사대 **나를 믿는 자는 나를 믿는 것이 아니요 나를 보내신 이를 믿는 것이며** 45 **나를 보는 자는 나를 보내신 이를 보는 것**이니라"(요12:44-45)

"7 너희가 나를 알았더면 내 아버지도 알았으리로다 이제부터는 너희가 그를 알았고 또 보았느니라 8 빌립이 가로되 주여 아버지를 우리에게 보여 주옵소서 그리하면 족하겠나이다 9 예수께서 가라사대 빌립아 내가 이렇게 오래 너희와 함께 있으되 네가 나를 알지 못하느냐 나를 본 자는 아버지를 보았거늘 어찌하여 아버지를 보이라 하느냐 10 나는 아버지 안에 있고 아버지는 내 안에 계신 것을 네가 믿지 아니하느냐 내가 너희에게 이르는 말이 스스로 하는 것이 아니라 **아버지께서 내 안에 계셔 그의 일을 하시는 것이라** 11 내가 아버지 안에 있고 아버지께서 내 안에 계심을 믿으라 그렇지 못하겠거든 행하는 그 일을 인하여 나를 믿으라"(요14:7-11)

예수님 안에 아버지가 계시므로 하나이셨는데 예수님이 십자가에 달리신 후에는 예수님이 아버지 안으로 가셔서 하나가 됩니다. 십자가 이후에 예수님이 아버지 오른쪽으로 가시는 것이 아니라 아버지 안으로 가시는 것을 분명하게 말씀하셨습니다.

> "내가 아버지께로 나와서 세상에 왔고 **다시 세상을 떠나 아버지께로 가노라** 하시니"(요16:28)
>
> "그날에는 **내가 아버지 안에, 너희가 내 안에, 내가 너희 안에** 있는 것을 너희가 알리라"(요14:20)

예수님이 반드시 아버지 안으로 가셔야 하는 이유는 믿는 자 안으로 오셔야 하기 때문입니다. 예수님은 십자가에서 자기의 몸과 육체를 버리시고 영혼이 아버지 안으로 다시 돌아가셨습니다. 아버지 안으로 가신 예수님의 영혼(그리스도)이 아버지 안에서 많은 열매를 맺으므로 아버지 안에는 많은 아들들을 얻을 수 있는 씨가 생겼습니다. 그 씨가 믿는 자들 안으로 들어오시면 믿는 자들이 하나님 아버지의 생명을 받은 하나님의 친아들들이 되는 것입니다. 그리고 아버지 안으로 가신 초림(初臨) 예수님의 영혼은 영원히 아버지 안에 계십니다. 그래서 지금도 예수님과 아버지는 하나이시고 영원히 하나님은 한 분이십니다.

3) 예수님이 십자가에서 죽으실 때 나도 함께 죽었다고 믿어야 합니다

예수님이 십자가에서 죽은 것은 세상 모든 죄를 위한 것이었습니다. 예수님은 믿는 자들의 죄만 아니라 세상 모든 죄를 위한 화목제물(和睦祭物)이 되셨습니다.

> "1 나의 자녀들아 내가 이것을 너희에게 씀은 너희로 죄를 범치 않게 하려 함이라 만일 누가 죄를 범하면 아버지 앞에서 우리에게 대언자가 있으니 곧 의로우신 예수 그리스도시라 2 저는 **우리 죄를 위한 화목제물이니 우리만 위할 뿐 아니요 온 세상의 죄를 위하심이라**" (요일2:1-2)

예수님이 세상 모든 죄를 위한 제물이 되셔서 죄를 담당하셨으므로 십자가 이후에는 세상에 죄가 없어야 할 텐데 여전히 세상은 죄악으로 가득 차 있는 것이 실상(實相)입니다. 예수님이 십자가에서 흘리신 보혈(寶血)로 말미암은 대속(代贖)의 은혜가 믿는 자들에게 실제로 적용되어서 죄 사함을 받으려면 믿음이 필요합니다. 그런데 오늘날 이 믿음이 잘못 전해지고 변질(變質)되어서 예수님을 믿는다고 하면서 교회를 다니는 사람들이 구원을 받지 못하게 되어버렸습니다. 성경은 예수님이 십자가에서 죽을 때 나도 함께 죽었다고 믿는 자가 구원을 받을 수 있다고 말씀하는데 변질(變質)된 믿음을 가진 자들은 예수님이 십자가에서 내 죄를 담당하고 죽었다고 믿으면 죄 사함을 받는다고 전하고 믿으라고 합니다.

"3 무릇 그리스도 예수와 합하여 세례를 받은 우리는 **그의 죽으심과 합하여 세례받은 줄을 알지 못하느뇨** 4 그러므로 우리가 그의 죽으심과 합하여 세례를 받음으로 **그와 함께 장사되었나니** 이는 아버지의 영광으로 말미암아 그리스도를 죽은 자 가운데서 살리심과 같이 **우리로 또한 새 생명 가운데서 행하게 하려 함이니라**" (롬6:3-4)

"**내가 그리스도와 함께 십자가에 못 박혔나니 그런즉 이제는 내가 산 것이 아니요 오직 내 안에 그리스도께서 사신 것이라** 이제 내가 육체 가운데 사는 것은 나를 사랑하사 나를 위하여 자기 몸을 버리신 하나님의 아들을 믿는 믿음 안에서 사는 것이라" (갈2:20)

믿음으로 우리는 그리스도와 함께 죽어야 합니다. 그리스도와 함께 죽은 자만 그리스도와 함께 살 수 있기 때문입니다. 믿음으로 그리스도와 함께 장사(葬事)된 자들이 새 생명 가운데 행할 수 있다고 했습니다.

"6 우리가 알거니와 우리 옛 사람이 예수와 함께 십자가에 못 박힌 것은 죄의 몸이 멸하여 다시는 우리가 죄에게 종 노릇 하지 아니하려 함이니 7 이는 **죽은 자가 죄에서 벗어나 의롭다 하심을 얻었음이라** 8 만일 우리가 그리스도와 함께 죽었으면 또한 그와 함께 살 줄을 믿노니** 9 이는 그리스도께서 죽은 자 가운데서 사셨으매 다시 죽지 아니하시고 사망이 다시 그를 주장하지 못할 줄을 앎이로라" (롬6:6-9)

그리스도와 함께 죽은 자가 죄에서 벗어나 '의롭다' 하심을 얻고 그리스도와 함께 죽은 자가 또한 그리스도와 함께 산다고 했습니다. 그래서 믿음은 그리스도께서 죽을 때 나도 함께 죽었다고 믿는 것입니다. 한 사람 예수 그리스도께서 죽음으로 모든 사람이 죽었다고 했습니다. 하나님 편에서는 예수 그리스도께서 죽으심으로 모든 사람이 죽은 것입니다.

"14 그리스도의 사랑이 우리를 강권하시는도다 우리가 생각건대 **한 사람이 모든 사람을 대신하여 죽었은즉 모든 사람이 죽은 것이라** 15 저가 모든 사람을 대신하여 죽으심은 **산 자들로 하여금 다시는 저희 자신을 위하여 살지 않고 오직 저희를 대신하여 죽었다가 다시 사신 자를 위하여 살게 하려 함이니라**" (고후5:14-15)

그리스도와 함께 죽는 것이 구원이 아니라 함께 사는 것이 구원입니다. 그런데 함께 죽지 않으면 함께 살 수도 없습니다. 다시 말해서 죽은 자가 생명을 얻는 것이 구원입니다. 모든 사람이 죽었는데 모든 사람이 사는 것은 아닙니다. 반드시 그리스도와 함께 죽은 자만 함께 살 수 있습니다. 죽었다가 다시 살아나신 분은 그리스도 한 분밖에 없습니다. 믿는 자들이 다시 살 수 있는 유일한 방법은 그리스도와 함께 죽고 함께 사는 것입니다. 그래서 믿음은 그리스도께서 죽었을 때 나도 함께 죽었다고 믿는 것입니다. 이 믿음을 가진 자들만 다시 살 수 있습니다.

3

그리스도와 교회의 비밀

성경의 가장 큰 비밀은 그리스도와 교회의 비밀입니다.

"26 이는 곧 물로 씻어 말씀으로 깨끗하게 하사 거룩하게 하시고 27 자기 앞에 영광스러운 교회로 세우사 티나 주름잡힌 것이나 이런 것들이 없이 거룩하고 흠이 없게 하려 하심이니라 28 이와 같이 남편들도 자기 아내 사랑하기를 제 몸같이 할지니 자기 아내를 사랑하는 자는 자기를 사랑하는 것이라 29 누구든지 언제든지 제 육체를 미워하지 않고 오직 양육하여 보호하기를 그리스도께서 교회를 보양함과 같이 하나니 30 우리는 그 몸의 지체임이니라 31 이러므로 사람이 부모를 떠나 그 아내와 합하여 그 둘이 한 육체가 될지니 32 **이 비밀이 크도다 내가 그리스도와 교회에 대하여 말하노라**" (엡5:26-32)

사도 바울이 남편과 아내의 관계를 통해서 그리스도와 교회의 관계를 설명하고 있습니다. 그러면서 창세기 2장에 하나님께서 아담의 배필을 만들어 주시는 사건을 예로 들어 말씀을 기록하고 있습니다.

"18 여호와 하나님이 가라사대 사람의 독처하는 것이 좋지 못하니 내가 그를 위하여 돕는 배필을 지으리라 하시니라 19 여호와 하나님이 흙으로 각종 들짐승과 공중의 각종 새를 지으시고 아담이 어떻게 이름을 짓나 보시려고 그것들을 그에게로 이끌어 이르시니 **아담이 각 생물을 일컫는 바가 곧 그 이름이라** 20 아담이 모든 육축과 공중의 새와 들의 모든 짐승에게 이름을 주니라 아담이 돕는 배필이 없으므로 21 여호와 하나님이 아담을 깊이 잠들게 하시니 잠들매 그가 그 갈빗대 하나를 취하고 살로 대신 채우시고 22 여호와 하나님이 아담에게서 취하신 그 갈빗대로 여자를 만드시고 그를 아담에게로 이끌어 오시니 23 아담이 가로되 이는 **내 뼈 중의 뼈요 살 중의 살이라** 이것을 남자에게서 취하였은즉 여자라 칭하리라 하니라 24 **이러므로 남자가 부모를 떠나 그 아내와 연합하여 둘이 한 몸을 이룰지로다**" (창2:18-24)

여호와 하나님이 아담을 돕는 배필을 지으리라 말씀하시고 바로 배필을 지어주신 것이 아니라 흙으로 각종 들짐승과 공중의 각종 새를 지으시고 아담이 어떻게 이름을 짓나 보시려고 그것들을 아담에게로 이끌어 오셨습니다. 왜 하나님께서는 흙으로 각종 들짐승과 공중의 각종 새를 지으시고 그것들을 아담에게로 이끌어 오셔서 아담이 일컫는 바가 그 이름이 되게 하셨을까요? 여기에 숨겨져 있는 비밀은 무엇일까요? 앞에서도 다뤘듯이 성경에 나오는 짐승이나 곤충이나 새들이나 식물들에 대한 말씀은 사람들의 믿음의 상태를 나타내는 것으로 사용되고 있습니다. 특히 창세기 2장에 기록된 창조의 사역은 창세기 1장과 배치(背馳)되는 부분이 있습니다.

"20 하나님이 가라사대 **물들은 생물로 번성케 하라 땅 위 하늘의 궁창에는 새가 날으라** 하시고 21 하나님이 **큰 물고기와 물에서 번성하여 움직이는 모든 생물을 그 종류대로, 날개 있는 모든 새를 그 종류대로 창조하시니** 하나님의 보시기에 좋았더라 22 하나님이 그들에게 복을 주어 가라사대 생육하고 번성하여 여러 바다 물에 충만하라 새들도 땅에 번성하라 하시니라 23 저녁이 되며 아침이 되니 **이는 다섯째 날이니라**"
(창1:20-23)

"24 하나님이 가라사대 땅은 생물을 그 종류대로 내되 육축과 기는 것과 땅의 짐승을 종류대로 내라 하시고 (그대로 되니라) 25 **하나님이 땅의 짐승을 그 종류대로, 육축을 그 종류대로, 땅에 기는 모든 것을 그 종류대로 만드시니** 하니님의 보시기에 좋았더라 26 하나님이 가라사대 **우리의 형상을 따라 우리의 모양대로 우리가 사람을 만들고 그로 바다의 고기와 공중의 새와 육축과 온 땅과 땅에 기는 모든 것을 다스리게 하자** 하시고 27 하나님이 자기 형상 곧 하나님의 형상대로 사람을 창조하시되 남자와 여자를 창조하시고 28 하나님이 그들에게 복을 주시며 그들에게 이르시되 생육하고 번성하여 땅에 충만하라, 땅을 정복하라, 바다의 고기와 공중의 새와 땅에 움직이는 모든 생물을 다스리라 하시니라 29 하나님이 가라사대 내가 온 지면의 씨 맺는 모든 채소와 씨 가진 열매 맺는 모든 나무를 너희에게 주노니 너희 식물이 되리라 30 또 땅의 모든 짐승과 공중의 모든 새와 생명이 있어 땅에 기는 모든 것에게는 내가 모든 푸른 풀을 식물로 주노라 하시니 그대로 되니라 31 하나님이 그 지으신 모든 것을 보시니 보시기에 심히 좋았더라 저녁이 되며 아침이

되니 **이는 여섯째 날이니라**" (창1:24-31)

  창세기 1장에는 물고기와 공중의 새가 다섯째 날에 창조되었고 땅의 짐승들과 사람이 여섯째 날에 창조되었다고 말씀하고 있습니다. 그런데 창세기 2장에는 사람을 먼저 지으시고 각종 들짐승과 공중의 각종 새를 지으셨다고 말씀하고 있습니다. 이것을 창세기 1장의 순서대로 보면 성경의 오류라고 생각할 수 있지만 하나님은 절대로 그런 실수를 하시는 분이 아닙니다. 여기에는 하나님의 경륜의 비밀이 숨겨져 있습니다. 창세기 2장에서 말씀하고 있는 각종 들짐승과 공중의 각종 새는 사람을 말하는 것인데 그 생명의 상태가 짐승과 같은 자들을 비유로 말씀한 것입니다. 하나님께서 아담의 배필을 지으리라 말씀하시고 흙으로 각종 들짐승과 공중의 각종 새를 지어서 아담에게로 이끌어 왔지만 거기서 아담이 배필을 찾을 수가 없었습니다. 만약 사람에게 짐승과 결혼해서 살라고 한다면 그렇게 할 사람이 있겠습니까? 한 사람도 그렇게 할 사람이 없을 것입니다. 아담의 배필은 오직 아담에게서 나온 여자만 아담의 배필이 될 수 있습니다. 아담이 각 생물을 일컫는 것이 그 이름이 되었다고 했습니다. 아담이 자기에게서 나온 여자를 보고 "내 뼈 중의 뼈요 살 중의 살이라"라고 했습니다. 이것이 아담에게서 나온 여자의 이름입니다. 하나님의 경륜의 비밀을 모르는 사람들은 '하와'가 여자의 이름이라고 하는데 '하와'라는 이름은 선악과를 따 먹고 죄를 범한 후에 얻게 되는 여자의 이름입니다. 물론 '하와'라는 이름에도 비밀이 숨겨져 있습니다. '하와'라는 이름의 뜻이 생명인데 이것은 아담이 죄를 범하였으므로 오히려 생명을 얻을 수 있게 되었다는 뜻입니다. 우리가 죄인이 되었으므로 예수 그리스도께서 세상에 오셔서 우리를 구원하시는 것을 뜻하는 것입니다. 아담에게서 나온 여자의 이름이 "내 뼈 중의 뼈요, 살 중의 살이라"고 한 것은 그리스도에게서 나온 교회가 그리스도의 뼈 중의 뼈요, 살 중의 살이라는 것을 보여주는 예표(豫表)입니다. 아담이 여자를 보고 내 뼈 중의 뼈요, 살 중의 살이라고 한 것처럼 믿는 자들도 그리스도에게서 나와야 그리스도의 뼈 중의 뼈요, 살 중의 살이 된다는 것을 말씀하는 것입니다.

"이러므로 **남자가 부모를 떠나 그 아내와 연합하여** 둘이 한 몸을 이룰지로다"(창2:24)

"이러므로 **사람이 부모를 떠나 그 아내와 합하여** 그 둘이 한 육체가 될지니"(엡5:31)

창세기 2장 24절 말씀과 에베소서 5장 31절 말씀이 같습니다. 여기서 중요하게 보아야 할 부분이 남자가 부모를 떠난다는 것입니다. 세상에서 남녀의 결혼은 보통 여자가 부모를 떠나 남편에게로 가는 것인데 그리스도와 교회의 결혼은 그리스도가 하나님께로 나와서 믿는 자 안으로 들어오시는 것입니다.

"21 처녀 이스라엘아 너를 위하여 길표를 세우며 너를 위하여 표목을 만들고 대로 곧 네가 전에 가던 길에 착념하라 돌아오라 네 성읍들로 돌아오라 22 패역한 딸아 네가 어느 때까지 방황하겠느냐 여호와가 **새 일을 세상에 창조하였나니 곧 여자가 남자를 안으리라**"(렘31:21-22)

여호와께서 세상에 새 일을 창조하셨는데 여자가 남자를 안는 것이라고 했습니다. 이것도 그리스도와 교회에 대하여 말씀하신 것입니다. 여자는 교회를 말씀하는 것이고 남자는 그리스도를 말씀하는 것입니다. 하나님의 비밀과 그리스도의 비밀을 말씀할 때는 바울이 큰 비밀이라고 하지 않았는데 그리스도와 교회의 비밀을 말씀할 때는 큰 비밀이라고 했습니다. 그리스도와 교회의 비밀이 성경의 가장 큰 비밀인 이유는 그리스도와 교회를 통하여 하나님의 뜻이 이루어지기 때문입니다. 하나님 아버지의 뜻은 믿는 자마다 영생을 얻는(요6:40) 것이라고 했습니다. 예수 그리스도로 말미암아 믿는 자들이 하나님 아버지의 생명을 얻어서 하나님의 친아들들이 되는 것입니다. 건물을 지어놓고 십자가를 세우고 사람들이 모여서 예배를 드린다고 해서 교회가 되는 것이 아닙니다. 교회는 하나님의 피로 사신 것이라고 했습니다.

> "너희는 자기를 위하여 또는 온 양 떼를 위하여 삼가라 성령이 저들 가운데 너희로 감독자를 삼고 **하나님이 자기 피로 사신 교회**를 치게 하셨느니라" (행20:28)

피는 곧 생명입니다. 예수 그리스도의 피를 먹고 마신 자들이 모인 곳이 교회입니다. 누가 예수 그리스도의 피를 먹고 마신 자들입니까? 바로 예수 그리스도가 안에 계신 자들입니다. 예수 그리스도께서 자기 안에 계신 것을 스스로 알아서 자기의 믿음을 확증한 사람들입니다. 예수 그리스도로 말미암아 하나님의 생명을 받고 하나님의 친아들들이 모인 곳이 교회입니다.

4

일곱째 천사가 나팔을 불 때 이루어지는 하나님의 비밀

하나님의 비밀이 이루어질 때가 성경에 기록되어 있는데 일곱째 천사가 나팔을 불게 될 때 하나님의 비밀이 복음과 같이 이루어진다고 했습니다.

"5 내가 본 바 바다와 땅을 밟고 섰는 천사가 하늘을 향하여 오른손을 들고 6 세세토록 살아 계신 자 곧 하늘과 그 가운데 있는 물건이며 땅과 그 가운데 있는 물건이며 바다와 그 가운데 있는 물건을 창조하신 이를 가리켜 맹세하여 가로되 지체하지 아니하리니 7 **일곱째 천사가 소리내는 날 그 나팔을 불게 될 때에 하나님의 비밀이 그 종 선지자들에게 전하신 복음과 같이 이루리라**"(계10:5-7)

"일곱째 천사가 나팔을 불매 하늘에 큰 음성들이 나서 가로되 **세상 나라가 우리 주와 그 그리스도의 나라가 되어 그가 세세토록 왕 노릇 하시리로다** 하니"(계11:15)

일곱째 천사가 나팔을 불게 될 때 하나님의 비밀이 그 종 선지자들에게 전하신 복음과 같이 이루어진다고 했는데 일곱째 천사가 나팔을 불 때 이루어지는 일은 세상 나라가 우리 주와 그 그리스도의 나라가 되어 그가 세세토록 왕 노릇 하시는 일입니다. 세상 나라가 우리 주와 그 그리스도의 나라가 되는 일이 앞장에 기록된 하나님의 비밀과 그리스도의 비밀, 그리고 그리스도와 교회의 비밀과는 상관이 없는 일처럼 보이지만 말씀을 연결하여 짝을 맞춰보면 이 모든 일이 믿는 자를 구원하시는 일인 것을 알 수 있습니다.

1) 사람이 나라입니다

먼저 성경이 말씀하고 있는 나라, 특히 요한계시록에서 다루고 있는 나라는 지구에 존재하는 나라를 말씀하는 것이 아니라 사람을 말씀하는 것입니다.

"4 요한은 아시아에 있는 일곱 교회에 편지하노니 이제도 계시고 전에도 계시고 장차 오실 이와 그 보좌 앞에 일곱 영과 5 또 충성된 증인으로 죽은 자들 가운데서 먼저 나시고 땅의 임금들의 머리가 되신 예수 그리스도로 말미암아 은혜와 평강이 너희에게 있기를 원하노라 **우리를 사랑하사 그의 피로 우리 죄에서 우리를 해방하시고 6 그 아버지 하나님을 위하여 우리를 나라와 제사장으로 삼으신** 그에게 영광과 능력이 세세토록 있기를 원하노라 아멘" (계1:4-6)

"9 새 노래를 노래하여 가로되 책을 가지시고 그 인봉을 떼기에 합당하시도다 일찍 죽임을 당하사 **각 족속과 방언과 백성과 나라 가운데서 사람들을 피로 사서 하나님께 드리시고 10 저희로 우리 하나님 앞에서 나라와 제사장을 삼으셨으니 저희가 땅에서 왕 노릇 하리로다** 하더라" (계 5:9-10)

예수 그리스도의 피로 우리를 해방하시고 아버지 하나님을 위하여 우리를 나라와 제사장으로 삼으셨다고 말씀하고 있습니다. 또한 하나님 앞에서 나라와 제사장이 된 자들이 땅에서 왕 노릇 한다고 말씀하고 있습니다. 구원받은 사람이 나라가 되고 제사장이 된다고 말씀하고 있습니다. 어떻게 사람이 나라가 될 수 있습니까? 하나님이 사람 속에 들어오셔서 그 사람 속에 하나님의 나라가 이루어지면 그 사람이 하나님의 나라가 된 사람입니다.

"20 바리새인들이 하나님의 나라가 어느 때에 임하나이까 묻거늘 예수께서 대답하여 가라사대 하나님의 나라는 볼 수 있게 임하는 것이 아니요 21 또 여기 있다 저기 있다고도 못하리니 **하나님의 나라는 너희 안에 있느니라**" (눅17:20-21)

사람 속에 하나님의 나라가 이루어지는 것인데 왜 계시록 11장 15절에는 세상 나라가 우리 주와 그 그리스도의 나라가 된다고 말씀하셨을까요? 하나님의 나라도 사람을 말하는 것이고 세상 나라도 사람을 말하는 것인데 세상에 속한 사람을 세상 나라로 말씀하셨고 하나님께 속한 사람을 하나님의 나라로 말씀하신 것입니다. 이것은 구원받지 못했을 때는 세상에 속한 자들이 구원받은 후에는 하나님께 속한 자가 된다는 말씀입니다.

> "9 오직 **너희는 택하신 족속이요 왕 같은 제사장들이요 거룩한 나라요 그의 소유된 백성이니** 이는 너희를 어두운 데서 불러 내어 그의 기이한 빛에 들어가게 하신 자의 아름다운 덕을 선전하게 하려 하심이라 10 너희가 전에는 백성이 아니더니 이제는 하나님의 백성이요 전에는 긍휼을 얻지 못하였더니 이제는 긍휼을 얻은 자니라 11 사랑하는 자들아 나그네와 행인 같은 너희를 권하노니 영혼을 거스려 싸우는 육체의 정욕을 제어하라" (벧전2:9-11)

택하심을 받고 구원받은 자들이 왕 같은 제사장들이요, 거룩한 나라요, 그의 소유된 백성이라고 했습니다. 구원받은 사람이 제사장이 되고 거룩한 나라가 되고 하나님 나라의 백성도 되는 것입니다.

> "22 성 안에 성전을 내가 보지 못하였으니 이는 주 하나님 곧 전능하신 이와 및 어린 양이 그 성전이심이라 23 그 성은 해나 달의 비췸이 쓸데 없으니 이는 하나님의 영광이 비취고 어린 양이 그 등이 되심이라 24 **만국이 그 빛 가운데로 다니고 땅의 왕들이 자기 영광을 가지고 그리로 들어오리라** 25 성문들을 낮에 도무지 닫지 아니하리니 거기는 밤이 없음이라 26 **사람들이 만국의 영광과 존귀를 가지고 그리로 들어오겠고** 27 무엇이든지 속된 것이나 가증한 일 또는 거짓말하는 자는 결코 그리로 들어오지 못하되 **오직 어린 양의 생명책에 기록된 자들뿐이라**" (계 21:22-27)

하늘에서 하나님께로부터 내려오는 거룩한 성 새 예루살렘에 들어가는 것이 만국(萬國)이라고 했습니다. 그 성에서 빛 가운데로 다니는 것이 만국(萬國)이고 땅의 왕들이 자기 영광을 가지고 그리로 들어온다고 했는데 사람들이 만국(萬國)의 영광과 존귀를 가지고 그리로 들어간다고 했습니다. 이 사람들이 바로 어린 양의 생명책에 기록된 사람들입니다. 만국(萬國)의 사전적인 의미는 모든 나라입니다. 그러나 계시록에 기록된 만국(萬國)은 사람을 말하는 것입니다.

"1 이 일 후에 다른 천사가 하늘에서 내려오는 것을 보니 큰 권세를 가졌는데 그의 영광으로 땅이 환하여지더라 2 힘센 음성으로 외쳐 가로되 **무너졌도다 무너졌도다 큰 성 바벨론이여** 귀신의 처소와 각종 더러운 영의 모이는 곳과 각종 더럽고 가증한 새의 모이는 곳이 되었도다 3 그 **음행의 진노의 포도주를 인하여 만국이 무너졌으며 또 땅의 왕들이 그로 더불어 음행하였으며 땅의 상고들도 그 사치의 세력을 인하여 치부하였도다** 하더라" (계18:1-3)

"1 또 일곱 대접을 가진 일곱 천사 중 하나가 와서 내게 말하여 가로되 이리 오라 **많은 물 위에 앉은 큰 음녀의 받을 심판을 네게 보이리라 2 땅의 임금들도 그로 더불어 음행하였고 땅에 거하는 자들도 그 음행의 포도주에 취하였다** 하고 3 곧 성령으로 나를 데리고 광야로 가니라 내가 보니 여자가 붉은 빛 짐승을 탔는데 그 짐승의 몸에 참람된 이름들이 가득하고 일곱 머리와 열 뿔이 있으며 4 그 여자는 자주 빛과 붉은 빛 옷을 입고 금과 보석과 진주로 꾸미고 손에 금잔을 가졌는데 가증한 물건과 그의 음행의 더러운 것들이 가득하더라 5 **그 이마에 이름이 기록되었으니 비밀이라, 큰 바벨론이라, 땅의 음녀들과 가증한 것들의 어미라** 하였더라 6 또 내가 보매 **이 여자가 성도들의 피와 예수의 증인들의 피에 취한지라** 내가 그 여자를 보고 기이히 여기고 크게 기이히 여기니 7 천사가 가로되 왜 기이히 여기느냐 내가 여자와 그의 탄 바 일곱 머리와 열 뿔 가진 짐승의 비밀을 네게 이르리라"(계17:1-7)

거룩한 성 새 예루살렘에 들어가는 만국(萬國)과 땅의 왕들이 있는가 하면 큰 성 바벨론과 함께 무너져 버리는 만국(萬國)이 있고 음녀와 함께 멸망하는 땅의 왕들과 땅에 거하는 자들이 있습니다. 여기서 큰 성 바벨론은 거룩한 성 예루살렘과 대비(對比)되는 것으로서 하나님 나라의 일을 방해하고 성도들을 핍박하며 교회 안에 있는 자들을 넘어지게 하는 것들에 대한 예표(豫表)로 기록되어 있습니다. 실제 바벨론은 남유다 왕국의 역사와 밀접한 관련이 있습니다.

◆ **바벨론 [Babylon]**

'신(神)의 문'이란 뜻의 아카드어 '바빌루'의 음사(音辭). '혼란'이란 뜻. 갈대아의 수도(마 1:11; 계 14:18), 바그다드 남쪽 50km 지점 유브라데 강변에 위치한 성읍. 훗날에는 이 성읍을 중심으로 건설된 바벨론 제국을 가리킨다. 한편, 성경에서 바벨론은 '강 저쪽'(수 24:2-3), '해변 광야'(사 21:1, 9), '딸 갈대아, 여러 왕국의 여주인'(사 47:5), '세삭'(렘 25:12, 26), '므라다임의 땅'(렘 50:21), '온 세계의 망치'(렘 50:23), '온 세계를 멸하는 멸망의 산'(렘 51:25), '갈대아 땅'(겔 12:13), '시날 땅'(단 1:2; 슥 5:11) 등으로 묘사되고 있다.
남유다 왕국을 멸망시킨 바벨론은 묵시문학에서 하나님의 나라와 백성을 대적하는 로마 제국, 세상 나라, 멸망당할 사탄 및 사탄의 왕국, 우상 숭배와 배교(背敎) 등으로 상징된다(벧전 5:13; 계 14:8; 17:5; 18:2, 10).

[출처 : 라이프성경사전]

솔로몬이 건축했던 성전을 무너뜨리고 훼파해 버린 나라가 바벨론이었고 그 시대의 바벨론 왕이 느부갓네살이었습니다.

"**1 여호야김 시대에 바벨론 왕 느부갓네살이 올라오매 여호야김이 삼년을 섬기다가 돌이켜 저를 배반하였더니** 2 여호와께서 그 종 선지자들로 하신 말씀과 같이 갈대아의 부대와 아람의 부대와 모압의 부대와 암몬 자손의 부대를 여호야김에게로 보내어 유다를 쳐 멸하려 하시니 3 **이 일이 유다에 임함은 곧 여호와의 명하신 바로 저희를 자기 앞에서 물리치고자 하심이니** 이는 므낫세의 지은 모든 죄로 인함이며 4 또 저가 무죄한 자의 피를 흘려 그 피로 예루살렘에 가득하게 하였음이라 **여호와께서 사하시기를 즐겨하지 아니하시니라**" (왕하24:1-4)

유다 왕 여호야김 시대에 바벨론 왕 느부갓네살이 유다를 침공하였는데 이는 여호와께서 유다를 멸하시기로 작정하시고 사하시기를 즐겨하지 아니하셨다고 했습니다.

"8 여호야긴이 위에 나아갈 때에 나이 십팔 세라 예루살렘에서 석 달을 치리하니라 그 모친의 이름은 느후스다라 예루살렘 엘라단의 딸이더라 9 **여호야긴이 그 부친의 모든 행위를 본받아 여호와 보시기에 악을 행하였더라** 10 그 때에 바벨론 왕 느부갓네살의 신복들이 예루살렘에 올라와서 그 성을 에워싸니라 11 그 신복들이 에워쌀 때에 바벨론 왕 느부갓네살도 그 성에 이르니 12 유다 왕 여호야긴이 그 모친과 신복과 방백들과 내시들과 함께 바벨론 왕에게 나아가매 왕이 잡으니 때는 바벨론 왕 팔년이라 13 저가 **여호와의 전의 모든 보물과 왕궁 보물을 집어내고**

또 이스라엘 왕 솔로몬이 만든 것 곧 여호와의 전의 금기명을 다 훼파하였으니 여호와의 말씀과 같이 되었더라 14 저가 또 예루살렘의 모든 백성과 모든 방백과 모든 용사 합 일만 명과 모든 공장과 대장장이를 사로잡아 가매 빈천한 자 외에는 그 땅에 남은 자가 없었더라 15 저가 여호야긴을 바벨론으로 사로잡아 가고 왕의 모친과 왕의 아내들과 내시와 나라에 권세 있는 자도 예루살렘에서 바벨론으로 사로잡아 가고 16 또 용사 칠천과 공장과 대장장이 일천 곧 다 강장하여 싸움에 능한 자들을 바벨론으로 사로잡아 가고 17 **바벨론 왕이 또 여호야긴의 아자비 맛다니야로 대신하여 왕을 삼고 그 이름을 고쳐 시드기야라 하였더라**"(왕하 24:8-17)

유다 왕 여호야김의 아들 여호야긴이 위에 있을 때에 바벨론 왕 느부갓네살이 예루살렘에 올라와서 그 성을 에워싸고 성전의 모든 보물과 왕궁 보물을 집어내고 솔로몬이 만든 성전의 금기명을 다 훼파하였다고 했습니다.

"**1 시드기야 구년 시월 십일에 바벨론 왕 느부갓네살이 그 모든 군대를 거느리고 예루살렘을 치러 올라와서 진을 치고 사면으로 토성을 쌓으매** 2 성이 시드기야 왕 십일년까지 에워싸였더니 3 그 사월 구일에 성중에 기근이 심하여 그 땅 백성의 양식이 진하였고 4 갈대아 사람이 그 성읍을 에워쌌으므로 성벽에 구멍을 뚫은지라 모든 군사가 밤중에 두 성벽 사이 왕의 동산 곁문 길로 도망하여 아라바 길로 가더니 5 갈대아 군사가 왕을 쫓아가서 여리고 평지에 미치매 왕의 모든 군사가 저를 떠나 흩어진지라 6 갈대아 군사가 왕을 잡아 립나 바벨론 왕에게로 끌고 가매 저에게 신문하고 7 시드기야의 아들들을 저의 목전에서 죽이고 시드기야의 두 눈을 빼고 사슬로 결박하여 바벨론으로 끌어갔더라 8 **바벨론 왕 느부갓네살의 십구년 오월 칠일에 바벨론 왕의 신하 시위대 장관 느부사라단이 예루살렘에 이르러** 9 **여호와의 전과 왕궁을 사르고 예루살렘의 모든 집을 귀인의 집까지 불살랐으며** 10 시위대 장관을 좇는 갈대아 온 군대가 예루살렘 사면 성벽을 헐었으며 11 성중에 남아 있는 백성과 바벨론 왕에게 항복한 자와 무리의 남은 자는 시위대 장관 느부사라단이 다 사로잡아 가고 12 빈천한 국민을 그 땅에 남겨 두어 포도원을 다스리는 자와 농부가 되게 하였더라 13 **갈대아 사람이 또 여호와의 전의 두 놋기둥과 받침들과 여호와의 전의 놋바다를 깨뜨려 그 놋을 바벨론으로 가져가고** 14 또 가마들과 부삽들과 불집게들과 숟가락들과 섬길 때에 쓰는 모든 놋그릇을 다 가져갔으며 15 **시위대 장관이 또 불 옮기는 그릇들과 주발들 곧 금물의 금과 은물의 은을 가져갔으며** 16 **또 솔로몬이 여호와의 전을 위하여 만든 두 기둥과 한 바다와 받침들을 취하였는데 이 모든 기구의 놋 중수를 헤아릴 수 없었으니** 17 그 한 기둥은 고가 십팔 규빗이요 그 꼭대기에 놋머리가 있어 고가 삼 규빗이요 그 머리에 둘린 그물과 석류가 다 놋이라 다른 기둥의 장식과 그물도 이와 같았더라" (왕하25:1-17)

유다 왕 시드기야 때에 다시 바벨론이 유다를 침략하여 여호와의 전과 왕궁을 사르고 예루살렘의 모든 집과 귀인의 집들까지 불살랐으며 남아 있던 여호와의 전의 두 놋기둥과 받침들과 놋바다를 깨뜨려 그 놋을 바벨론으로 가져가고 또 가마들과 부삽들과 불집게들과 숟가락들과 섬길 때에 쓰는 모든 놋그릇을 다 가져갔으며 또 불 옮기는 그릇들과 주발들 곧 금물의 금과 은물의 은을 가져갔으며 솔로몬이 여호와의 전을 위하여 만든 두 기둥과 한 바다와 받침들도 취하였다고 했습니다. 이로써 유다는 바벨론에 의해 멸망(滅亡)했는데 이때 성전에 있던 모든 것이 바벨론에 의해 탈취(奪取)당하였고 남아 있는 것이 하나도 없게 되어버렸습니다. 역사적으로 바벨론은 하나님이 택하신 백성들이 세운 나라 유다를 망하게 하였고 성전을 다 무너뜨리고 성전에 속한 모든 것을 다 탈취(奪取)해 갔던 나라였습니다. 지금 이 시대에 바벨론은 사람 속에 지어지는 성전을 무너뜨리고 하나님의 나라를 무너지게 만드는 모든 것을 의미하는 것입니다. 계시록에 기록된 모든 말씀은 사람을 통해서 사람 안에서 이루어지는 것입니다. 이것을 모르는 자들은 여전히 하나님의 말씀이 인간의 역사를 통해서 이루어질 것을 기다리고 있는데 이는 하나님의 비밀을 모르기 때문입니다.

2) 믿는 자들이 신령한 제사를 하나님께 드릴 거룩한 제사장입니다

구약에는 제사장의 직분을 맡아 행할 수 있는 자들이 정해져 있었습니다. 레위 지파 중에서 아론과 아론의 아들들만이 제사장이 될 수 있었습니다.

> "성소에서 섬기기 위한 정교한 옷 곧 **제사 직분을 행할 때에 입는 제사장 아론의 거룩한 옷과 그 아들들의 옷이라**" (출39:41)

지금은 짐승의 피를 흘려 드리는 구약의 제사는 폐하여졌으나 제사 자체를 폐한 것이 아니기 때문에 여전히 제사는 드려야 합니다. 지금 이 시대에 드리는 제사는 바로 믿는 자의 몸을 드리는 산 제사입니다. 왜 산 제사입니까? 피를 흘려 드리는 제사가 아니라 믿는 자의 육체가 살아 있을 때 그 몸을 드리는 제사이기 때문입니다. 하나님께 드려지는 제물은 점이 없고 흠이 없어야 합니다. 점과 흠은 죄를 말하는 것입니다. 그래서 믿는 자의 몸이 죄가 없는 상태로 하나님께 드려지는 것이 바로 거룩한 산 제사이며 영적 예배입니다.

"그러므로 형제들아 내가 하나님의 모든 자비하심으로 너희를 권하노니 **너희 몸을 하나님이 기뻐하시는 거룩한 산 제사로 드리라 이는 너희의 드릴 영적 예배니라**" (롬12:1)

죄가 없는 믿는 자의 몸을 제물로 드리는 산 제사가 있으므로 제사 예식을 행하는 거룩한 제사장도 있어야 하고 또 제사를 드리는 장소인 성전도 있어야 합니다. 구약의 제사는 반드시 성막(성전)에서 드리게 되어 있으므로 지금도 성전이 꼭 있어야 합니다. 하나님께 제사를 드리기 위해서는 성전과 제사장과 제물이 반드시 필요합니다. 이 셋 중에 한 가지라도 부족하거나 없으면 제사를 드릴 수가 없습니다. 죄가 없는 믿는 자의 몸이 제물이므로 믿는 자들이 그리스도의 몸의 상태가 되면 비로소 제물이 될 수 있습니다.

"하나님의 성전과 우상이 어찌 일치가 되리요 **우리는 살아 계신 하나님의 성전이라** 이와 같이 하나님께서 가라사대 내가 저희 가운데 거하며

두루 행하여 나는 저희 하나님이 되고 저희는 나의 백성이 되리라 하셨느니라"(고후6:16)

"16 **너희가 하나님의 성전인 것과 하나님의 성령이 너희 안에 거하시는 것을** 알지 못하느뇨 17 누구든지 하나님의 성전을 더럽히면 하나님이 그 사람을 멸하시리라 **하나님의 성전은 거룩하니 너희도 그러하니라**"(고전3:16-17)

"19 **너희 몸은 너희가 하나님께로부터 받은 바 너희 가운데 계신 성령의 전인 줄을 알지 못하느냐** 너희는 너희의 것이 아니라 20 값으로 산 것이 되었으니 그런즉 **너희 몸으로 하나님께 영광을 돌리라**"(고전6:19-20)

믿는 자가 살아 계신 하나님의 성전이라고 했습니다. 또 믿는 자의 몸이 성령의 전이라고 했습니다. 믿는 자의 몸으로 하나님께 영광을 돌리라고 했습니다. 믿는 자의 몸이 제물이면서 성전도 된다고 말씀하고 있습니다. 그러면 제물과 성전이 믿는 자들인데 제사장은 누가 해야 하겠습니까?

"5 또 충성된 증인으로 죽은 자들 가운데서 먼저 나시고 땅의 임금들의 머리가 되신 예수 그리스도로 말미암아 은혜와 평강이 너희에게 있기를 원하노라 **우리를 사랑하사 그의 피로 우리 죄에서 우리를 해방하시고 6 그 아버지 하나님을 위하여 우리를 나라와 제사장으로 삼으신** 그에게 영광과 능력이 세세토록 있기를 원하노라 아멘"(계1:5-6)

"4 사람에게는 버린 바가 되었으나 하나님께는 택하심을 입은 보배로운 산 돌이신 예수에게 나아와 5 너희도 산 돌같이 신령한 집으로 세워지고 예수 그리스도로 말미암아 **하나님이 기쁘게 받으실 신령한 제사를 드릴 거룩한 제사장이 될지니라**" (벧전2:4-5)

예수 그리스도의 피로 산 자들을 아버지 하나님을 위하여 제사장으로 삼으신다고 했습니다. 하나님이 기쁘시게 받으실 신령한 제사를 드릴 거룩한 제사장이 되라고 했습니다. 제물도 믿는 자들이고 성전도 믿는 자들이고 제사장도 믿는 자들입니다. 모든 말씀이 믿는 자 안에서 이루어진다는 것을 말씀하고 있습니다. 믿는 자들이 신령한 제사를 하나님께 드릴 거룩한 제사장입니다.

5

봉함된 말씀이 열려야
하나님의 친아들들이 나옵니다

성경에는 봉함된 말씀이 있는데 이 말씀이 열리는 때가 바로 하나님의 친아들들이 나오는 때입니다.

"1 그 때에 네 민족을 호위하는 대군 미가엘이 일어날 것이요 또 환난이 있으리니 이는 개국 이래로 그 때까지 없던 환난일 것이며 그 때에 네 백성 중 무릇 **책에 기록된 모든 자가 구원을 얻을 것이라** 2 땅의 티끌 가운데서 **자는 자 중에 많이 깨어 영생을 얻는 자도 있겠고** 수욕을 받아서 무궁히 부끄러움을 입을 자도 있을 것이며 3 **지혜 있는 자는 궁창의 빛과 같이 빛날 것이요** 많은 사람을 옳은 데로 돌아오게 한 자는 **별과 같이 영원토록 비취리라** 4 다니엘아 **마지막 때까지 이 말을 간수하고 이 글을 봉함하라** 많은 사람이 빨리 왕래하며 지식이 더하리라" (단12:1-4)

사람들이 구원을 받고 영생을 얻고 궁창(穹蒼)의 빛과 같이 빛나고 별과 같이 영원토록 비취는 자가 되는 말씀이 봉함되어 있었습니다.

그런데 이 말씀이 마지막 때에 열린다고 말씀하고 있습니다. 이 마지막 때는 사람들이 빨리 왕래하고 지식이 더하는 때라고 했습니다. 말씀이 마지막 때에 열린다고 하니까 지구의 종말을 마지막 때라고 하는 사람들이 많이 있습니다. 그러나 성경이 말씀하고 있는 마지막 때는 지구의 종말을 말하는 것이 아닙니다.

"18 아이들아 **이것이 마지막 때라** 적그리스도가 이르겠다 함을 너희가 들은 것과 같이 지금도 **많은 적그리스도가 일어났으니 이러므로 우리가 마지막 때인 줄 아노라** 19 저희가 우리에게서 나갔으나 우리에게 속하지 아니하였나니 만일 우리에게 속하였더면 우리와 함께 거하였으려니와 저희가 나간 것은 다 우리에게 속하지 아니함을 나타내려 함이니라"
(요일2:18-19)

사도 요한이 마지막 때에 대하여 기록하였는데 마지막 때는 지구의 종말이 아니고 많은 적그리스도가 일어난 때라고 했습니다. 사도 요한의 때가 마지막 때라고 말씀하고 있습니다. 사도 요한의 때에 그리스도를 대적하는 자들이 많이 일어났는데 그들이 처음에는 복음을 전하는 사도들과 함께한 자들이었으나 복음을 반대하고 나가서 오히려 그리스도를 대적하는 자들이 되었고 그런 자들이 많이 일어났으므로 마지막 때라고 말씀했습니다.

"24 그리스도께서는 참 것의 그림자인 손으로 만든 성소에 들어가지 아니하시고 오직 참 하늘에 들어가사 이제 우리를 위하여 하나님 앞에 나타나시고 25 대제사장이 해마다 다른 것의 피로써 성소에 들어가는 것같이 자주 자기를 드리려고 아니하실지니 26 그리하면 그가 세상을 창조할 때부터 자주 고난을 받았어야 할 것이로되 **이제 자기를 단번에 제사로 드려 죄를 없게 하시려고 세상 끝에 나타나셨느니라** 27 한 번 죽는 것은 사람에게 정하신 것이요 그 후에는 심판이 있으리니 28 이와 같이 그리스도도 많은 사람의 죄를 담당하시려고 단번에 드리신 바 되셨고 **구원에 이르게 하기 위하여 죄와 상관 없이 자기를 바라는 자들에게 두 번째 나타나시리라**"(히9:24-28)

초림(初臨) 예수님은 자기를 단번에 제사로 드려 죄를 없게 하시려고 세상 끝에 나타나셨다고 했습니다. 예수님이 십자가에 달려 돌아가신 때를 세상 끝이라고 했는데 세상 끝이 지구의 종말이 아니라는 것을 알 수 있습니다.

"1 옛적에 선지자들로 여러 부분과 여러 모양으로 우리 조상들에게 말씀하신 하나님이 2 **이 모든 날 마지막에 아들로 우리에게 말씀하셨으니** 이 아들을 만유의 후사로 세우시고 또 저로 말미암아 모든 세계를 지으셨느니라"(히1:1-2)

하나님이 "이 모든 날 마지막에 아들로 우리에게 말씀하실 것"이라고 하지 않고 "이 모든 날 마지막에 아들로 우리에게 말씀하셨으니"라고 했습니다. 모든 날 마지막이 종말이라면 다음은 없어야 하는데 "마지막에 아들로 말씀하셨다"라고 이미 지나버린 과거형으로 말씀하셨습니다. 성경에서 말씀하는 마지막은 종말이 아닙니다. 하나님의 말씀을 대적하는 자들이 많이 일어나는 때, 참된 교회가 하나도 없을 때, 하나님의 말씀을 받고 생명을 받은 자들이 하나도 없을 때를 마지막 때라고 말씀한 것입니다. 이 마지막 때에 봉함된 말씀이 열린다는 것은 믿는 자들이 하나님 아버지의 생명을 받아서 친아들들이 되고 사람이 하나님의 아들로서 하나님이 되고 믿는 자들이 주 예수님으로 말미암아 주 예수들이 되는 복음이 나오게 된다는 것입니다. 마지막 때는 사람들이 빨리 왕래하고 지식이 더하는 때라고 했는데 왜 지금 이 시대가 봉함된 말씀이 열리는 마지막 때인지 말씀을 통해서 알 수 있습니다.

"12 내가 보니 여섯째 인을 떼실 때에 큰 지진이 나며 **해가 총담같이 검어지고 온 달이 피같이 되며** 13 **하늘의 별들이 무화과나무가 대풍에 흔들려 선과실이 떨어지는 것같이 땅에 떨어지며** 14 하늘은 종이 축이 말리는 것같이 떠나가고 각 산과 섬이 제 자리에서 옮기우매"(계6:12-14)

여섯째 인을 떼실 때에 나타나는 징조를 말씀하고 있는데 해가 총담같이 검어지고 온 달이 피같이 되며 하늘의 별들이 무화과나무가 대풍에 흔들려 선과실이 떨어지는 것같이 땅에 떨어진다고 했습니다. 계시록이 기록되었던 시대에는 지금과 같이 지식과 학문이 발달하지 않아서 실제로 이런 일들이 일어나는 것으로 믿을 수밖에 없었을 것입니다. 그러나 우주에 관한 지식이 조금만 있다면 이런 일들이 우주쇼(개기일식이나 블러드문 현상)라고 하고 또 어떤 일들은 (특히 별들이 땅에 떨어지는) 실제 일어날 수 없고 만약 일어난다면 그날로 지구는 멸망한다는 것을 알고 있습니다. 우주를 연구하는 과학자들의 주장에 따르면 지름이 약 10km 정도 되는 혜성이 지구와 충돌한다면 그

날로 지구는 멸망할 것이라고 합니다. 그래서 지구와 충돌할 가능성이 있는 혜성을 찾고 있고 또 혜성의 진로를 변경할 수 있는 방법들을 연구하고 있다고 합니다. 우주에 있는 별들이 대부분 지구보다 훨씬 크고 또 너무 멀리 떨어져 있어서 그 별들이 한꺼번에 지구로 떨어지는 일은 절대로 있을 수 없으며 또 있다고 해도 그날로 지구는 멸망하는데 별들이 떨어진 다음에 그 후의 말씀이 성경에 있는 것이 무슨 의미가 있겠습니까? 이미 지구가 멸망해서 하나님의 말씀을 보고 들을 수 있는 사람들은 하나도 남아 있지 않을 것인데 말입니다. 그래서 성경에 기록된 해와 달과 별은 하나님과 교회와 믿는 자들의 신앙에 대하여 말씀하는 것입니다.

"**여호와 하나님은 해요 방패시라** 여호와께서 은혜와 영화를 주시며 정직히 행하는 자에게 좋은 것을 아끼지 아니하실 것임이니이다"(시 84:11)

"78 이는 우리 하나님의 긍휼을 인함이라 이로써 **돋는 해가 위로부터 우리에게 임하여** 79 어두움과 죽음의 그늘에 앉은 자에게 비취고 우리 발을 평강의 길로 인도하시리로다 하니라"(눅1:78-79)

"1 만군의 여호와가 이르노라 보라 극렬한 풀무불 같은 날이 이르리니 교만한 자와 악을 행하는 자는 다 초개 같을 것이라 그 이르는 날이 그들을 살라 그 뿌리와 가지를 남기지 아니할 것이로되 2 **내 이름을 경외하는 너희에게는 의로운 해가 떠올라서 치료하는 광선을 발하리니** 너희가 나가서 외양간에서 나온 송아지같이 뛰리라"(말4:1-2)

여호와 하나님이 해라고 했습니다. 예수 그리스도가 위로부터 돋는 해라고 했습니다. 여호와의 이름을 경외하는 자들에게는 의로운 해가 떠오른다고 했는데 이 해는 믿는 자 안에서 떠오르는 해이신 그리스도를 말씀하는 것입니다.

"1 하늘에 큰 이적이 보이니 **해를 입은 한 여자가 있는데 그 발 아래는 달이 있고 그 머리에는 열두 별의 면류관을 썼더라** 2 이 여자가 아이를 배어 해산하게 되매 아파서 애써 부르짖더라"(계12:1-2)

해를 입은 한 여자가 있는데 그 발 아래는 달이 있고 그 머리에는 열두 별의 면류관을 썼다고 했습니다. 여자가 해를 입었다는 것은 사람이 하나님을 입었다는 뜻입니다. 믿는 자들이 예수 그리스도로 옷 입었다고 하신 말씀과 같은 뜻입니다. 해를 입은 한 여자의 발 아래 달이 있다는 것은 이 시대에 하나님과 하나기 된 한 사람이 나와서 교리를 내놓는데 사람이 하나님이 되고 믿는 자들이 주 예수들이 되는 교리를 내놓고 교회를 세워서 그 교회를 통해서 하나님의 친아들들이 나오는 것을 말씀하는 것입니다. 그리고 그 머리에 열두 별의 면류관을 썼다는 것은 믿는 자들이 예수님과 같이 이기는 자가 되어서 새벽 별을 받고 생명의 면류관을 쓰는 일이 해를 입은 한 여자를 통해서 이루어지는 것을 말씀하고 있습니다.

"10 네가 장차 받을 고난을 두려워 말라 볼지어다 마귀가 장차 너희 가운데서 몇 사람을 옥에 던져 시험을 받게 하리니 너희가 십 일 동안 환난을 받으리라 네가 죽도록 충성하라 그리하면 **내가 생명의 면류관을 네게 주리라** 11 귀 있는 자는 성령이 교회들에게 하시는 말씀을 들을지

어다 **이기는 자는 둘째 사망의 해를 받지 아니하리라**" (계2:10-11)

"26 **이기는 자와 끝까지 내 일을 지키는 그에게 만국을 다스리는 권세를 주리니** 27 **그가 철장을 가지고 저희를 다스려** 질그릇 깨뜨리는 것과 같이 하리라 나도 내 아버지께 받은 것이 그러하니라 28 **내가 또 그에게 새벽 별을 주리라** 29 귀 있는 자는 성령이 교회들에게 하시는 말씀을 들을지어다" (계2:26-29)

해를 입은 한 여자에게서 나온 교리로 모든 믿는 자들이 해를 입은 한 여자와 같이 해(그리스도)를 입게 하고 하나님들이 되어서 하나님의 친아들들이 되게 하고 생명의 면류관을 쓰게 한다는 말씀입니다.

"3 하늘에 또 다른 이적이 보이니 보라 한 큰 붉은 용이 있어 머리가 일곱이요 뿔이 열이라 그 여러 머리에 일곱 면류관이 있는데 4 그 꼬리가 하늘 별 삼분의 일을 끌어다가 땅에 던지더라 용이 해산하려는 여자 앞에서 그가 해산하면 그 아이를 삼키고자 하더니 5 **여자가 아들을 낳으니 이는 장차 철장으로 만국을 다스릴 남자라 그 아이를 하나님 앞과 그 보좌 앞으로 올려가더라** 6 그 여자가 광야로 도망하매 거기서 일천이백육십 일 동안 저를 양육하기 위하여 하나님의 예비하신 곳이 있더라" (계12:3-6)

해를 입은 한 여자가 아들을 낳는다고 했는데 이 아들은 사람이 하나님이 되는 교리를 말씀하는 것입니다. 이 교리 안에서 믿는 자들이 이기는 자들이 되어서 철장으로 만국을 다스리는 자들이 되는 것입니다.

"7 내가 영을 전하노라 여호와께서 내게 이르시되 **너는 내 아들이라 오늘날 내가 너를 낳았도다** 8 내게 구하라 내가 열방을 유업으로 주리니 네 소유가 땅 끝까지 이르리로다 9 **네가 철장으로 저희를 깨뜨림이여 질그릇같이 부수리라** 하시도다" (시2:7-9)

철장으로 만국을 다스리는 권세는 하나님이 생명을 주셔서 낳으신 친아들들에게 주시는 권세입니다. 그러므로 하나님의 생명을 받은 친아들들만 이기는 자가 될 수 있고 하나님의 나라를 유업으로 얻을 수 있습니다. 사람들이 구원을 받고 영생을 얻고 궁창(穹蒼)의 빛과 같이 빛나고 별과 같이 영원토록 비취는 자가 되는 말씀이 봉함되어 있었습니다. 다니엘이 기록한 봉함된 말씀이 열리는 때가 바로 지금입니다. 지금 이 시대에 사람이 하나님이 되는 말씀이 나왔고 믿는 자들이 하나님의 친아들들이 되는 말씀이 나왔습니다. 그래서 지금이 마지막 때이고 봉함된 말씀이 열리는 때입니다.

제 6장

첫 것을 폐하시고 둘째 것을 세우시는 하나님의 뜻

1

첫 것을 폐하고 둘째 것을 세우는 것이 하나님의 뜻입니다

예수님이 십자가에 못 박히신 이유는 첫 것을 폐하고 둘째 것을 세우기 위함입니다.

> "9 그 후에 말씀하시기를 보시옵소서 **내가 하나님의 뜻을 행하러 왔나이다** 하셨으니 **그 첫 것을 폐하심은 둘째 것을 세우려 하심이니라** 10 이 뜻을 좇아 예수 그리스도의 몸을 단번에 드리심으로 말미암아 우리가 거룩함을 얻었노라" (히10:9-10)

예수님이 하나님의 뜻을 행하려고 오셨는데 첫 것을 폐하시고 둘째 것을 세우려고 오셨다고 했습니다. 예수님이 십자가에서 죽으실 때 예수님의 육체가 폐해졌는데 이것은 모든 첫 사람 아담을 폐하시는 것이고 그리스도가 살아나실 때 믿는 사람들을 그리스도 예수로 세우시는 것입니다. 예수님이 전 인류를 위하여 십자가에 못 박히심으로 하나님 편에서는 모든 사람이 죽었습니다. 이것이 첫 것을 폐하시는 것입니다. 그리고 믿는 자들 속에 그리스도가 들어가셔서 다시 사심으로 둘째 것이 세워지는데 이때 둘째 것이 세워진 사람들이 산 자들이 되고 하나님의 아들들이 되는 것입니다.

"14 그리스도의 사랑이 우리를 강권하시는도다 우리가 생각건대 **한 사람이 모든 사람을 대신하여 죽었은즉 모든 사람이 죽은 것이라** 15 저가 모든 사람을 대신하여 죽으심은 **산 자들로 하여금 다시는 저희 자신을 위하여 살지 않고 오직 저희를 대신하여 죽었다가 다시 사신 자를 위하여 살게 하려 함이니라**" (고후5:14-15)

한 사람 예수 그리스도께서 죽었을 때 믿음과 상관없이 모든 사람이 죽은 것이고 예수 그리스도의 죽음이 내 죽음이라고 믿고 그리스도와 함께 죽는 자들은 산자가 되는 것입니다. 성경에는 첫 것을 폐하시고 둘째 것을 세우시는 예표(豫表)가 많이 있습니다.

1) 가인과 아벨

아담이 두 아들 가인과 아벨을 낳았는데 큰아들 가인은 농사하는 자이고 작은아들 아벨은 양치는 자였습니다.

"1 아담이 그 아내 하와와 동침하매 하와가 잉태하여 가인을 낳고 이르되 내가 여호와로 말미암아 득남하였다 하니라 2 그가 또 가인의 아우 아벨을 낳았는데 아벨은 양 치는 자이었고 가인은 농사하는 자이었더라

3 세월이 지난 후에 **가인은 땅의 소산으로 제물을 삼아 여호와께 드렸고 4 아벨은 자기도 양의 첫 새끼와 그 기름으로 드렸더니 여호와께서 아벨과 그 제물은 열납하셨으나 5 가인과 그 제물은 열납하지 아니하신지라** 가인이 심히 분하여 안색이 변하니 6 여호와께서 가인에게 이르시되 네가 분하여 함은 어찜이며 안색이 변함은 어찜이뇨 7 네가 선을 행하면 어찌 낯을 들지 못하겠느냐 선을 행치 아니하면 죄가 문에 엎드리느니라 죄의 소원은 네게 있으나 너는 죄를 다스릴지니라 8 가인이 그 아우 아벨에게 고하니라 그 후 그들이 들에 있을 때에 가인이 그 아우 아벨을 쳐죽이니라" (창4:1-8)

가인은 농사꾼이었으므로 땅의 소산으로 제물을 삼아 여호와께 드렸고 아벨은 양치기이었으므로 양의 첫 새끼와 그 기름으로 여호와께 드렸는데 여호와께서 아벨의 제물은 열납(悅納) 하셨으나 가인의 제물은 열납(悅納) 하지 않으셨습니다. 가인이 죄인이라서 가인의 제물을 받지 않으신다거나 아벨이 의인이라서 아벨의 제물을 받으신다는 말씀이 없습니다. 여기서 주목(注目)해야 할 것은 가인이 드린 땅의 소산은 육신에 속한 것을 의미하고 아벨이 드린 양의 첫 새끼와 기름은 예수 그리스도와 그 생명을 의미하는 것입니다. 그래서 가인의 제사는 받지 않으셨으나 아벨의 제사는 받으신 것입니다. 이것은 첫 것을 폐하시고 둘째 것을 세우시는 하나님의 뜻을 예표(豫表) 하는 것입니다.

2) 이스마엘과 이삭

아브라함이 사라에게서 100세에 낳은 아들 이삭이 아브라함의 후사(後嗣)가 되었는데 이미 아브라함에게는 그 아내의 여종인 애굽 사람 하갈에게서 낳은 아들 이스마엘이 있었으나 이스마엘은 아브라함의 후사(後嗣)가 되지 못했습니다.

"21 내게 말하라 율법 아래 있고자 하는 자들아 율법을 듣지 못하였느냐 22 기록된 바 아브라함이 두 아들이 있으니 하나는 계집종에게서, 하나는 자유하는 여자에게서 났다 하였으나 23 계집종에게서는 육체를 따라 났고 자유하는 여자에게서는 약속으로 말미암았느니라 24 이것은 비유니 이 여자들은 두 언약이라 하나는 시내 산으로부터 종을 낳은 자니 곧 하가라 25 이 하가는 아라비아에 있는 시내 산으로 지금 있는 예루살렘과 같은 데니 저가 그 자녀들로 더불어 종 노릇 하고 26 오직 위에 있는 예루살렘은 자유자니 곧 우리 어머니라 27 기록된 바 잉태치 못한 자여 즐거워하라 구로치 못한 자여 소리질러 외치라 이는 홀로 사는 자의 자녀가 남편 있는 자의 자녀보다 많음이라 하였으니 28 **형제들아 너희는 이삭과 같이 약속의 자녀라** 29 그러나 그 때에 **육체를 따라 난 자가 성령을 따라 난 자를 핍박한 것같이** 이제도 그러하도다 30 그러나 **성경이 무엇을 말하느뇨 계집종과 그 아들을 내어쫓으라 계집종의 아들이 자유하는 여자의 아들로 더불어 유업을 얻지 못하리라** 하였느니라 31 그런즉 형제들아 우리는 계집종의 자녀가 아니요 자유하는 여자의 자녀니라" (갈4:21-31)

이스마엘은 육체를 따라 난 자라고 했고 이삭은 성령을 따라 난 자라고 했습니다. 여기서 이스마엘은 첫 사람 아담에 대한 예표이고 이삭은 둘째 사람 예수 그리스도에 대한 예표입니다. 또한 이스마엘은 예수님과 함께 십자가에 못 박혀 죽어야 할 옛사람에 대한 예표이고 이삭은 그리스도와 함께 새 생명으로 사는 새 사람에 대한 예표입니다. 이스마엘이 장자였으나 후사(後嗣)가 되지 못한 이유는 육체를 따라 난 자였고 종에게서 난 자였기 때문입니다. 이스마엘은 하나님이 주신 것이 아니라 아브라함이 자기의 뜻과 의지대로, 자기의 힘과 생명으로 낳은 자식이었기 때문에 유업을 이을 아들이 되지 못한 것입니다. 그러나 이삭은 아브라함에게 모든 소망이 끊어졌을 때, 곧 나에게는 후사(後嗣)가 없을 것이라고 아브라함이 낙심하고 있을 때 하나님이 찾아오셔서 후사(後嗣)를 주신다고 약속하셨고 약속하신 대로 하나님이 주신 아들이었고 또 전적으로 하나님의 능력과 역사(役事)하심으로 낳은 아들이었습니다. 사도 바울이 "형제들아 너희는 이삭과 같이 약속의 자녀라"라고 한 것은 믿는 자들이 육체를 따라 난 자가 아니라 성령을 따라 난 자가 되어서 하나님의 나라를 유업으로 얻을 후사가 되어야 함을 말씀한 것입니다.

"6 너희가 아들인 고로 **하나님이 그 아들의 영을 우리 마음 가운데 보내사 아바 아버지라 부르게 하셨느니라** 7 그러므로 네가 이 후로는 종이 아니요 아들이니 **아들이면 하나님으로 말미암아 유업을 이을 자니라**"
(갈4:6-7)

"16 **성령이 친히 우리 영으로 더불어 우리가 하나님의 자녀인 것을 증거하시나니** 17 자녀이면 또한 후사 곧 하나님의 후사요 그리스도와 함

께 한 후사니 우리가 그와 함께 영광을 받기 위하여 고난도 함께 받아야 될 것이니라"(롬8:16-17)

믿는 자들이 하나님의 아들이면 하나님으로 말미암아 유업을 이을 자들이 되고 또 하나님의 후사(後嗣)요, 그리스도와 함께한 후사(後嗣)가 된다고 했습니다. 믿는 자 안에서 첫 것인 옛사람이 그리스도와 함께 십자가에서 죽음으로 폐해지고 둘째 것인 새 사람이 그리스도와 함께 다시 삶으로 세워지는 것입니다. 종에게서 난 이스마엘과 자유하는 여자에게서 난 이삭은 또한 옛 언약과 새 언약에 대한 비유로서 첫 것인 옛 언약이 폐해져야 둘째 것인 새 언약이 세워질 수 있다는 것을 말씀하는 것이기도 합니다.

3) 에서와 야곱

이삭의 쌍둥이 아들 에서와 야곱의 사건에도 첫 것을 폐하시고 둘째 것을 세우시는 하나님의 뜻이 들어 있습니다.

"21 이삭이 그 아내가 잉태하지 못하므로 그를 위하여 여호와께 간구하매 여호와께서 그 간구를 들으셨으므로 그 아내 리브가가 잉태하였더니 22 아이들이 그의 태 속에서 서로 싸우는지라 그가 가로되 이같으면 내가 어찌할꼬 하고 가서 여호와께 묻자온대 23 여호와께서 그에게 이르시되 **두 국민이 네 태중에 있구나 두 민족이 네 복중에서부터 나누이리라 이 족속이 저 족속보다 강하겠고 큰 자는 어린 자를 섬기리라** 하셨더라 24 그 해산 기한이 찬즉 태에 쌍둥이가 있었는데 25 **먼저 나온 자는 붉고 전신이 갖옷 같아서 이름을 에서라 하였고 26 후에 나온 아우는 손으로 에서의 발꿈치를 잡았으므로 그 이름을 야곱이라** 하였으며 리브가가 그들을 낳을 때에 이삭이 육십 세이었더라 27 그 아이들이 장성하매 에서는 익숙한 사냥군인고로 들사람이 되고 야곱은 종용한 사람인고로 장막에 거하니 28 이삭은 에서의 사냥한 고기를 좋아하므로 그를 사랑하고 리브가는 야곱을 사랑하였더라 29 야곱이 죽을 쑤었더니 에서가 들에서부터 돌아와서 심히 곤비하여 30 야곱에게 이르되 내가 곤비하니 그 붉은 것을 나로 먹게 하라 한지라 그러므로 에서의 별명은 에돔이더라 31 야곱이 가로되 **형의 장자의 명분을 오늘날 내게 팔라** 32 에서가 가로되 내가 죽게 되었으니 이 장자의 명분이 내게 무엇이 유익하리요 33 야곱이 가로되 오늘 내게 맹세하라 **에서가 맹세하고 장자의 명분을 야곱에게 판지라** 34 야곱이 떡과 팥죽을 에서에게 주매 에서가 먹으며 마시고 일어나서 갔으니 **에서가 장자의 명분을 경홀히 여김이었더라**" (창25:21-34)

에서가 장자의 명분을 경홀(輕忽)히 여김으로 팥죽 한 그릇에 장자의 명분을 야곱에게 팔아버렸는데 이 일로 인하여 에서는 장자의 축복을 받지 못하게 되었고 야곱이 장자의 축복을 받게 되었습니다. 이 또한 첫 것을 폐하시고 둘째 것을 세우시는 하나님의 뜻이 들어 있는 사건으로 에서는 폐해져야 할 옛사람에 대한 예표이고 야곱은 세워져야 할 새 사람에 대한 예표입니다.

4) 세라와 베레스

유다가 며느리 다말에게서 낳은 아들도 쌍둥이였는데 이것도 하나님의 뜻을 이루시기 위해서 하나님께서 일하심을 나타내는 예표(豫表)로써 기록된 것입니다.

> "27 임산하여 보니 쌍태라 28 해산할 때에 손이 나오는지라 산파가 가로되 **이는 먼저 나온 자라** 하고 홍사를 가져 그 손에 매었더니 29 그 손을 도로 들이며 그 형제가 나오는지라 산파가 가로되 **네가 어찌하여 터치고 나오느냐** 한 고로 그 이름을 베레스라 불렀고 30 그 형제 곧 손에 홍사 있는 자가 뒤에 나오니 그 이름을 세라라 불렀더라"(창38:27-30)

다말이 해산할 때에 손이 나왔는데 산파가 "이는 먼저 나온 자라"라고 하면서 그 손에 홍사를 매었는데 그 손이 도로 들어가고 그 형제가 나왔는데 "네가 어찌하여 터치고 나오느냐"라고 한 연고로 그 이름을 베레스라 하였고 손에 홍사 있는 자가 뒤에 나오니 그 이름을 세라라 불렀다고 했습니다. 마태복음 1장에 나오는 예수님의 족보에 손이 먼저 나온 세라가 아니라 터치고 나온 베레스가 들어갑니다. 베레스가 예수님의 족보에 들어가게 된 이유는 첫 것을 폐하시고 둘째 것을 세우시는 하나님의 뜻을 믿는 자들이 깨달아 알게 하시려고 예표(豫表)로 기록된 사건입니다.

5) 므낫세와 에브라임

요셉의 두 아들 므낫세와 에브라임이 야곱의 축복을 받는 사건에서도 첫 것을 폐하시고 둘째 것을 세우시는 하나님의 뜻이 숨겨져 있습니다.

"8 이스라엘이 요셉의 아들들을 보고 가로되 이들은 누구냐 9 요셉이 그 아비에게 고하되 이는 하나님이 여기서 내게 주신 아들들이니이다 아비가 가로되 그들을 이끌어 내 앞으로 나아오라 내가 그들에게 축복하리라 10 **이스라엘의 눈이 나이로 인하여 어두워서 보지 못하더라** 요셉이 두 아들을 이끌어 아비 앞으로 나아가니 이스라엘이 그들에게 입맞추고 그들을 안고 11 요셉에게 이르되 내가 네 얼굴을 보리라고는 뜻하지 못하였더니 하나님이 내게 네 소생까지 보이셨도다 12 요셉이 아비 무릎 사이에서 두 아들을 물리고 땅에 엎드려 절하고 13 **우수로는 에브라임을 이스라엘의 좌수를 향하게 하고 좌수로는 므낫세를 이스라엘의 우수를 향하게 하고 이끌어 그에게 가까이 나아가매** 14 **이스라엘이 우수를 펴서 차자 에브라임의 머리에 얹고 좌수를 펴서 므낫세의 머리에 얹으니 므낫세는 장자라도 팔을 어긋맞겨 얹었더라** 15 그가 요셉을 위하여 축복하여 가로되 내 조부 아브라함과 아버지 이삭의 섬기던 하나님, 나의 남으로부터 지금까지 나를 기르신 하나님, 16 나를 모든 환난에서 건지신 사자께서 이 아이에게 복을 주시오며 이들로 내 이름과 내 조부 아브라함과 아버지 이삭의 이름으로 칭하게 하시오며 이들로 세상에서 번식되게 하시기를 원하나이다 17 요셉이 그 아비가 우수를 에브라임의 머리에 얹은 것을 보고 기뻐 아니하여 아비의 손을 들어 에브라임의 머리에서 므낫세의 머리로 옮기고자 하여 18 그 아비에게 이르되 아버지여 그리 마옵소서 이는 장자니 우수를 그 머리에 얹으소서 19 아비가 허락지 아니하여 가로되 나도 안다 내 아들아 나도 안다 그도 한 족속이 되며 그도 크게 되려니와 그 아우가 그보다 큰 자가 되고 그 자손이 여러 민족을 이루리라 하고 20 그 날에 그들에게 축복하여 가로되 이스라엘 족속이 너로 축복하기를 하나님이 너로 에브라임 같고 므낫세 같게 하시리라 하리라 하여 에브라임을 므낫세보다 앞세웠더라"

(창48:8-20)

야곱이 요셉의 아들들을 보고 요셉에게 "그들을 이끌어 내 앞으로 나아오라 내가 그들에게 축복하리라"라고 하자 요셉이 두 아들을 이끌어 야곱 앞으로 나아가서 우수로는 에브라임을 야곱(이스라엘)의 좌수를 향하게 하고 좌수로는 므낫세를 야곱(이스라엘)의 우수를 향하게 하고 이끌어 야곱에게 가까이 나아갔는데 야곱이 우수를 펴서 차자 에브라임의 머리에 얹고 좌수를 펴서 장자 므낫세의 머리에 얹었습니다. 므낫세가 장자였지만 나이로 인하여 눈이 어두워서 잘 보지 못하던 야곱이 팔을 어긋나게 얹어서 장자의 축복을 에브라임에게 한 것입니다. 이를 보던 요셉이 그 아비가 우수를 에브라임의 머리에 얹은 것을 보고 기뻐 아니하여 아비의 손을 들어 에브라임의 머리에서 므낫세의 머리로 옮기고자 하여 야곱에게 이르되 "아버지여 그리 마옵소서 이는 장자니 우수를 그 머리에 얹으소서"라고 했는데 야곱이 허락지 않고 "나도 안다. 내 아들아 나도 안다. 그도 한 족속이 되며 그도 크게 되려니와 그 아우가 그보다 큰 자가 되고 그 자손이 여러 민족을 이루리라"라고 축복하여 가로되 "이스라엘 족속이 너로 축복하기를 하나님이 너로 에브라임 같고 므낫세 같게 하시리라"라고 하여 에브라임을 므낫세보다 앞에 세웠습니다. 야곱의 눈이 잘 보이지 않는 상태였지만 하나님께서 야곱에게 차자인 에브라임을 축복하게 하셨으므로 야곱이 손을 어긋나게 얹어서 차자인 에브라임을 위하여 장자의 축복을 빌었는데 이것 또한 첫 것을 폐하시고 둘째 것을 세우시는 하나님의 뜻을 알 수 있도록 예표(豫表)로 기록하신 것입니다.

6) 사울과 다윗

이스라엘 백성들이 사무엘에게 자기들을 다스릴 왕을 요구하자 사무엘이 여호와께 기도하였는데 여호와께서 사무엘에게 "백성이 네게 한 말을 다 들으라 그들이 너를 버림이 아니요 나를 버려 자기들의 왕이 되지 못하게 함이니라"라고 말씀하셨습니다. 이스라엘의 왕이신 만군(萬君)의 여호와를 백성들이 섬기기를 싫어하여 열방과 같이 사람을 왕으로 세워달라고 요구하면서 사무엘이 "너희가 그 종이 될 것이라 그 날에 너희가 너희 택한 왕을 인하여 부르짖되 그 날에 여호와께서 너희에게 응답지 아니하시리라"라고 한 말씀도 듣지 않으므로 백성들의 요구대로 여호와께서 사무엘에게 왕을 세우라고(삼상8:4-22) 말씀하셨습니다.

> "17 사무엘이 백성을 미스바로 불러 여호와 앞에 모으고 18 이스라엘 자손에게 이르되 이스라엘 하나님 여호와께서 이같이 말씀하시기를 내가 이스라엘을 애굽에서 인도하여 내고 너희를 애굽인의 손과 너희를

압제하는 모든 나라의 손에서 건져내었느니라 하셨거늘 19 **너희가 너희를 모든 재난과 고통 중에서 친히 구원하여 내신 너희 하나님을 오늘날 버리고 이르기를 우리 위에 왕을 세우라 하도다** 그런즉 이제 너희 지파대로 천 명씩 여호와 앞에 나아오라 하고 20 사무엘이 이에 이스라엘 모든 지파를 가까이 오게 하였더니 베냐민 지파가 뽑혔고 21 베냐민 지파를 그 가족대로 가까이 오게 하였더니 마드리의 가족이 뽑혔고 그 중에서 기스의 아들 사울이 뽑혔으나 그를 찾아도 만나지 못한지라 22 그러므로 그들이 또 여호와께 묻되 그 사람이 여기 왔나이까 여호와께서 대답하시되 그가 행구 사이에 숨었느니라 23 그들이 달려가서 거기서 데려오매 그가 백성 중에 서니 다른 사람보다 어깨 위나 더 크더라 24 사무엘이 모든 백성에게 이르되 **너희는 여호와의 택하신 자를 보느냐 모든 백성 중에 짝할 이가 없느니라 하니 모든 백성이 왕의 만세를 외쳐 부르니라**"(삼상10:17-24)

"14 사무엘이 백성에게 이르되 오라 우리가 길갈로 가서 나라를 새롭게 하자 15 모든 백성이 길갈로 가서 거기서 여호와 앞에 사울로 왕을 삼고 거기서 여호와 앞에 화목제를 드리고 사울과 이스라엘 모든 사람이 거기서 크게 기뻐하니라"(삼상11:14-15)

사무엘이 백성들을 모으고 각 지파에서 일천 명씩 여호와 앞에 나오게 하였는데 베냐민 지파가 뽑혔고 베냐민 지파 중에서 마드리의 가족이 뽑혔고 그중에서 기스의 아들 사울이 뽑혀서 사무엘과 모든 백성들이 길갈로 가서 사울을 왕으로 삼았습니다.

"1 사무엘이 사울에게 이르되 여호와께서 나를 보내어 왕에게 기름을 부어 그 백성 이스라엘 위에 왕을 삼으셨은즉 이제 왕은 여호와의 말씀을 들으소서 2 만군의 여호와께서 이같이 말씀하시기를 아말렉이 이스라엘에게 행한 일 곧 애굽에서 나올 때에 길에서 대적한 일을 내가 추억하노니 3 **지금 가서 아말렉을 쳐서 그들의 모든 소유를 남기지 말고 진멸하되 남녀와 소아와 젖 먹는 아이와 우양과 약대와 나귀를 죽이라** 하셨나이다"(삼상15:1-3)

"7 사울이 하윌라에서부터 애굽 앞 술에 이르기까지 아말렉 사람을 치고 8 아말렉 사람의 왕 아각을 사로잡고 칼날로 그 모든 백성을 진멸하였으되 9 **사울과 백성이 아각과 그 양과 소의 가장 좋은 것 또는 기름진 것과 어린 양과 모든 좋은 것을 남기고 진멸키를 즐겨 아니하고 가치 없고 낮은 것은 진멸하니라**"(삼상15:7-9)

여호와께서 사무엘을 사울에게 보내어 아말렉이 이스라엘에게 행한 일 곧 애굽에서 나올 때에 길에서 대적한 일을 내가 추억하노니 지금 가서 아말렉을 쳐서 그들의 모든 소유를 남기지 말고 진멸하되 남녀와 소아와 젖 먹는 아이와 우양과 약대와 나귀를 죽이라고 명하셨고 사울이 그 명을 좇아 아말렉 사람을 치고 아말렉 사람의 왕 아각을 사로잡고 칼날로 그 모든 백성을 진멸하였으나 사울과 백성이 아말렉의 왕 아각과 그 양과 소의 가장 좋은 것 또는 기름진 것과 어린 양과 모든 좋은 것을 남기고 가치 없고 낮은 것만 진멸하였습니다.

"17 사무엘이 가로되 왕이 스스로 작게 여길 그 때에 이스라엘 지파의 머리가 되지 아니하셨나이까 여호와께서 왕에게 기름을 부어 이스라엘 왕을 삼으시고 18 또 왕을 길로 보내시며 이르시기를 가서 죄인 아말렉 사람을 진멸하되 다 없어지기까지 치라 하셨거늘 19 어찌하여 왕이 여호와의 목소리를 청종치 아니하고 탈취하기에만 급하여 여호와의 악하게 여기시는 것을 행하였나이까 20 사울이 사무엘에게 이르되 나는 실로 여호와의 목소리를 청종하여 여호와께서 보내신 길로 가서 아말렉 왕 아각을 끌어왔고 아말렉 사람을 진멸하였으나 21 다만 백성이 그 마땅히 멸할 것 중에서 가장 좋은 것으로 길갈에서 당신의 하나님 여호와께 제사하려고 양과 소를 취하였나이다 22 **사무엘이 가로되 여호와께서 번제와 다른 제사를 그 목소리 순종하는 것을 좋아하심같이 좋아하시겠나이까 순종이 제사보다 낫고 듣는 것이 수양의 기름보다 나으니 23 이는 거역하는 것은 사술의 죄와 같고 완고한 것은 사신 우상에게 절하는 죄와 같음이라** 왕이 여호와의 말씀을 버렸으므로 여호와께서도 왕을 버려 왕이 되지 못하게 하셨나이다" (삼상15:17-23)

사울이 여호와의 명령을 순종하지 않고 자기의 좋은 대로 행하여 여호와의 말씀을 거역하고 말씀을 버렸으므로 여호와께서 사울을 버리셨습니다.

"1 여호와께서 사무엘에게 이르시되 내가 이미 사울을 버려 이스라엘 왕이 되지 못하게 하였거늘 네가 그를 위하여 언제까지 슬퍼하겠느냐 너는 기름을 뿔에 채워 가지고 가라 내가 너를 베들레헴 사람 이새에게로 보내리니 이는 내가 그 아들 중에서 한 왕을 예선하였음이니라 2 사무엘이 가로되 내가 어찌 갈 수 있으리이까 사울이 들으면 나를 죽이리이다 여호와께서 가라사대 너는 암송아지를 끌고 가서 말하기를 내가 여호와께 제사를 드리러 왔다 하고 3 이새를 제사에 청하라 내가 너의 행할 일을 가르치리니 내가 네게 알게 하는 자에게 나를 위하여 기름을 부을지니라 4 사무엘이 여호와의 말씀대로 행하여 베들레헴에 이르매 성읍 장로들이 떨며 그를 영접하여 가로되 평강을 위하여 오시나이까 5 가로되 평강을 위함이니라 내가 여호와께 제사하러 왔으니 스스로 성결케 하고 와서 나와 함께 제사하자 하고 이새와 그 아들들을 성결케 하고 제사에 청하니라 6 그들이 오매 사무엘이 엘리압을 보고 마음에 이르기를 여호와의 기름 부으실 자가 과연 그 앞에 있도다 하였더니 7 여호와께서 사무엘에게 이르시되 그 용모와 신장을 보지 말라 내가 이미 그를 버렸노라 **나의 보는 것은 사람과 같지 아니하니 사람은 외모를 보거니와 나 여호와는 중심을 보느니라** 8 이새가 아비나답을 불러 사무엘의 앞을 지나게 하매 사무엘이 가로되 이도 여호와께서 택하지 아니하셨느니라 9 이새가 삼마로 지나게 하매 사무엘이 가로되 이도 여호와께서 택하지 아니하셨느니라 10 이새가 그 아들 일곱으로 다 사무엘 앞을 지나게 하나 사무엘이 이새에게 이르되 여호와께서 이들을 택하지 아니하셨느니라 하고 11 또 이새에게 이르되 네 아들들이 다 여기 있느냐 이새가 가로되 아직 말째가 남았는데 그가 양을 지키나이다 사무엘이 이새에게 이르되 보내어 그를 데려오라 그가 여기 오기까지는 우리가 식사 자리에 앉지 아니하겠노라 12 이에 보내어 그를 데려오매 그의 빛이 붉고 눈이 빼어나고 얼굴이 아름답더라 **여호와께서 가라사대 이가 그니 일어나 기름을 부으라 13 사무엘이 기름 뿔을 취하여 그 형제 중에서 그에게 부었더니 이 날 이후로 다윗이 여호와의 신에게 크게 감동되니라** 사무엘이 떠나서 라마로 가니라"(삼상16:1-13)

여호와께서 사무엘을 베들레헴 사람 이새에게로 보내셔서 그 아들

중 하나를 왕으로 세우시려고 기름을 부으셨는데 그가 바로 다윗입니다. 사울이 여호와의 말씀을 불순종하므로 버림을 당하고 다시 왕을 세우셨는데 이 모든 과정을 자세히 살펴보면 하나님께서 무엇을 싫어하시고 무엇을 기뻐하시는가를 알 수 있습니다. 사무엘이 사울에게 왜 여호와의 말씀을 청종하지 아니하였느냐고 물었을 때 사울이 변명하여 "나는 실로 여호와의 목소리를 청종하여 여호와께서 보내신 길로 가서 아말렉 왕 아각을 끌어왔고 아말렉 사람을 진멸하였으나 다만 백성이 그 마땅히 멸할 것 중에서 가장 좋은 것으로 길갈에서 당신의 하나님 여호와께 제사하려고 양과 소를 취하였나이다"라고 했는데 실상은 사울이 여호와께 제사를 드리려는 목적이 아니라 자기의 이름을 높이기 위한 목적이 있었습니다. 사울이 갈멜에 자기를 위하여 기념비를 세웠는데(삼상15:12) 이는 자기의 이름을 높이려고 한 일이었습니다. 아말렉과의 전쟁을 여호와께서 명하신 일을 순종하는 것이 아닌 자기의 이름을 높이는 수단으로 만든 것입니다. 사무엘이 사울에게 순종이 제사보다 낫다고 한 말씀은 믿는 자들에게 하나님의 일을 핑계 삼아 자기의 의를 세우지 말고 하나님의 의를 세우고 하나님의 말씀에 순종해야 하는 것을 말씀한 것입니다.

"1 형제들아 내 마음에 원하는 바와 하나님께 구하는 바는 이스라엘을 위함이니 곧 저희로 구원을 얻게 함이라 2 내가 증거하노니 저희가 하나님께 열심이 있으나 지식을 좇은 것이 아니라 3 **하나님의 의를 모르고 자기 의를 세우려고 힘써 하나님의 의를 복종치 아니하였느니라** 4 그리스도는 모든 믿는 자에게 의를 이루기 위하여 율법의 마침이 되시니라"(롬10:1-4)

사울이 하나님의 이름을 높이는 것이 아니라 자기의 이름을 높이려고 한 것은 구원받은 사람이 하나님의 의를 세우는 것이 아니라 자기의 의를 세우려고 하나님의 의를 복종하지 않는다는 말씀을 사울을 통해서 보여주신 것입니다. 하나님이 세우신 왕은 이기는 자와 다스리는 자에 대한 예표입니다. 왕이 된 자들이 가장 조심해야 할 것은 자기를 높이고자 하는 교만한 마음입니다. 하나님의 도우심으로 된 일도 자기가 잘나서 자기의 힘으로 된 것으로 착각하고 자기를 높이려는 마음이 있어서 하나님께 버림을 당하는 것입니다. 버림을 당했다고 해서 구원을 받지 못했다는 것을 말하는 것은 아닙니다. 땅의 왕들이 자기 영광을 가지고 거룩한 성 새 예루살렘에 들어간다고 했는데(계21:24-27) 거기에 들어가지 못한다는 것입니다. 사울은 왕이 되었어도 불순종하므로 버림을 당하는 자들에 대한 예표이고 다윗은 이기는 자가 되어서 자기 영광을 가지고 거룩한 성 새 예루살렘에 들어가는 믿는 자들에 대한 예표입니다.

"7 빌라델비아 교회의 사자에게 편지하기를 거룩하고 진실하사 **다윗의 열쇠를 가지신 이 곧 열면 닫을 사람이 없고 닫으면 열 사람이 없는 그 이가** 가라사대 8 볼지어다 내가 네 앞에 열린 문을 두었으되 능히 닫을 사람이 없으리라 내가 네 행위를 아노니 네가 적은 능력을 가지고도 내 말을 지키며 내 이름을 배반치 아니하였도다"(계3:7-8)

"18 또 내가 네게 이르노니 너는 베드로라 내가 이 반석 위에 내 교회를 세우리니 음부의 권세가 이기지 못하리라 19 내가 **천국 열쇠를 네게 주리니 네가 땅에서 무엇이든지 매면 하늘에서도 매일 것이요 네가 땅에서 무엇이든지 풀면 하늘에서도 풀리리라** 하시고"(마16:18-19)

빌라델비아 교회에 편지하신 분이 다윗의 열쇠를 가지신 분, 곧 열면 닫을 사람이 없고 닫으면 열 사람이 없는 분이라고 했는데 다윗의 열쇠는 천국 문을 여는 열쇠입니다. 예수님이 베드로에게 천국 열쇠를 주신다고 했는데 천국 열쇠와 다윗의 열쇠는 같습니다. 땅에서 무엇이든지 매면 하늘에서도 매이고 땅에서 무엇이든지 풀면 하늘에서도 풀린다는 말씀은 믿는 자들이 땅에서 하나님의 말씀에 순종해서 행하는 모든 것이 하늘에서도 그대로 이루어진다는 것입니다.

"1 내가 보매 보좌에 앉으신 이의 오른손에 책이 있으니 안팎으로 썼고 일곱 인으로 봉하였더라 2 또 보매 힘있는 천사가 큰 음성으로 외치기를 누가 책을 펴며 그 인을 떼기에 합당하냐 하니 3 하늘 위에나 땅 위에나 땅 아래에 능히 책을 펴거나 보거나 할 이가 없더라 4 이 책을 펴거나 보거나 하기에 합당한 자가 보이지 않기로 내가 크게 울었더니 5 장로 중에 하나가 내게 말하되 **울지 말라 유대 지파의 사자 다윗의 뿌리가 이기었으니 이 책과 그 일곱 인을 떼시리라** 하더라" (계5:1-5)

예수님은 다윗의 뿌리가 되셔서 이기신 분이십니다. 다윗의 자손은 곧 이기는 자라는 뜻입니다. 십자가에 달려 죽으신 예수님은 다윗의 자손이 아닙니다. 그분은 다윗의 뿌리입니다. 믿는 자들이 다윗의 자손입니다. 예수님이 다윗의 뿌리로서 이기신 분이시므로 믿는 자들은 다윗의 자손으로서 이기는 자가 되어야 합니다.

"아브라함과 다윗의 자손 예수 그리스도의 세계(世系)라" (마1:1)

하나님의 경륜과 하나님의 비밀을 모르는 자들은 2,000년 전에 이 땅에 오신 예수님이 아브라함과 다윗의 자손이라고 합니다. 이렇게 믿는 자들은 한 사람도 구원받을 수 없습니다. 믿는 내가 아브라함과 다윗의 자손으로서 예수가 되어야 합니다. 성경에 아브라함과 다윗의 자손이 있는데 동정녀 마리아에게 나신 예수님은 아브라함의 자손도 다윗의 자손도 아니라고 예수님이 친히 말씀하셨습니다.

"56 너희 조상 아브라함은 나의 때 볼 것을 즐거워하다가 보고 기뻐하였느니라 57 유대인들이 가로되 네가 아직 오십도 못되었는데 아브라함을 보았느냐 58 **예수께서 가라사대 진실로 진실로 너희에게 이르노니 아브라함이 나기 전부터 내가 있느니라** 하시니 59 저희가 돌을 들어 치려 하거늘 예수께서 숨어 성전에서 나가시니라"(요8:56-59)

"41 바리새인들이 모였을 때에 예수께서 그들에게 물으시되 42 너희는 그리스도에 대하여 어떻게 생각하느냐 뉘 자손이냐 대답하되 다윗의 자손이니이다 43 가라사대 그러면 다윗이 성령에 감동하여 어찌 그리스도를 주라 칭하여 말하되 44 주께서 내 주께 이르시되 내가 네 원수를 네 발 아래 둘 때까지 내 우편에 앉았으라 하셨도다 하였느냐 45 **다윗이 그리스도를 주라 칭하였은즉 어찌 그의 자손이 되겠느냐** 하시니 46 한 말도 능히 대답하는 자가 없고 그 날부터 감히 그에게 묻는 자도 없더라"(마22:41-46)

예수님이 유대인들에게 "아브라함이 나기 전부터 내가 있느니라"라고 말씀하셨고 바리새인들에게 "다윗이 그리스도를 주라 칭하였은즉 어찌 그의 자손이 되겠느냐"라고 말씀하셨습니다. 예수님은 아브라함의 자손도 아니고 다윗의 자손도 아닙니다. 그러면 누가 아브라함과 다윗의 자손 예수 그리스도가 되겠습니까? 바로 믿는 자들이 믿음으로 말미암아 아브라함의 아들이 되고(갈3:7) 이기는 자가 되어서 다윗의 자손이 되는 것입니다. 하나님의 말씀은 반드시 이루어집니다. 믿는 자들을 통해서 하나님의 말씀이 이루어지고 실재(實在)가 되는 것이 신앙생활입니다. 예수 믿고 죽어서 천국에 간다고 하는 것은 믿음도 아니고 실재(實在)도 될 수 없습니다. 지금 믿는 나를 통해서 하나님의 모든 말씀이 이루어지는 것이 천국의 실재(實在)이고 믿음의 실재(實在)입니다.

7) 십계명이 새겨진 첫 번째 돌판(증거판)과 두 번째 돌판(증거판)

모세가 여호와의 명으로 시내산에 올라 사십 일 사십 야를 지내면서 여호와 하나님이 친히 율법과 계명을 새겨주신 두 돌판을 받아서 내려왔습니다.

"12 여호와께서 모세에게 이르시되 너는 산에 올라 내게로 와서 거기 있으라 너로 그들을 가르치려고 **내가 율법과 계명을 친히 기록한 돌판을 네게 주리라** 13 모세가 그 종자 여호수아와 함께 일어나 하나님의 산으로 올라가며 14 장로들에게 이르되 너희는 여기서 우리가 너희에게로 돌아오기까지 기다리라 아론과 훌이 너희와 함께 하리니 무릇 일이 있는 자는 그들에게로 나아갈지니라 하고 15 모세가 산에 오르매 구름이 산을 가리며 16 여호와의 영광이 시내 산 위에 머무르고 구름이 육일 동안 산을 가리더니 제 칠 일에 여호와께서 구름 가운데서 모세를 부르시니라 17 산 위의 여호와의 영광이 이스라엘 자손의 눈에 맹렬한 불 같이 보였고 18 **모세는 구름 속으로 들어가서 산 위에 올랐으며 사십 일 사십 야를 산에 있으니라**"(출24:12-18)

"여호와께서 시내 산 위에서 모세에게 이르시기를 마치신 때에 **증거판 둘을 모세에게 주시니 이는 돌판이요 하나님이 친히 쓰신 것이더라**"(출 31:18)

증거의 두 돌판은 모세가 준비한 것이 아니라 하나님이 친히 준비하시고 친히 새겨주신 것입니다. 하나님이 친히 새겨주신 첫 번째 돌판은 초림(初臨) 예수님에 대한 예표입니다.

"1 백성이 모세가 산에서 내려옴이 더딤을 보고 모여 아론에게 이르러 가로되 **일어나라 우리를 인도할 신을 우리를 위하여 만들라** 이 모세 곧 우리를 애굽 땅에서 인도하여 낸 사람은 어찌 되었는지 알지 못함이니라 2 아론이 그들에게 이르되 **너희 아내와 자녀의 귀의 금고리를 빼어 내게로 가져오라** 3 모든 백성이 **그 귀에서 금고리를 빼어** 아론에게로 가져오매 4 아론이 그들의 손에서 **그 고리를 받아 부어서 각도로 새겨 송아지 형상을 만드니** 그들이 말하되 **이스라엘아 이는 너희를 애굽 땅에서 인도하여 낸 너희 신이로다** 하는지라 5 아론이 보고 그 앞에 단을 쌓고 이에 공포하여 가로되 내일은 여호와의 절일이니라 하니 6 이튿날에 그들이 일찌기 일어나 번제를 드리며 화목제를 드리고 앉아서 먹고 마시며 일어나서 뛰놀더라"(출32:1-6)

모세가 산에서 더디 내려오므로 백성이 아론에게 "우리를 인도할 신을 우리를 위하여 만들라"라고 하자 아론이 백성에게 너희 아내와 자녀의 귀의 금고리를 빼어 내게로 가져오라고 해서 그 금고리를 부어서 각도로 새겨 송아지 형상을 만든 것을 본 그들이 "이스라엘아 이는 너희를 애굽 땅에서 인도하여 낸 너희 신이로다"라고 했습니다. 이스라엘을 애굽에서 인도하여 내신 분은 여호와이신데 지존자(至尊者)이시고 자존자(自存者)이신 여호와를 금으로 부어 각도로 새겨 송아지 형상을 만들어서 섬기려고 하는 것이 우상을 섬기는 일이고 저주받는 일입니다. 지금도 많은 기독교인들이 깨닫지 못하고 알지 못해서 세상 복을 구하는 기복신앙(祈福信仰) 안에서 여전히 하나님을 이스라엘 백성이 송아지 우상을 섬기는 것처럼 섬기는 자들이 있습니다. 하고 많은 형상 중에 왜 하필 송아지 우상을 만들어서 섬기려고 했을까요? 가축 중에서 제일 값어치가 높고 쓰임새가 많은 것이 소입니다. 소는 가죽과 뼈와 살과 기름과 내장과 뿔과 심지어 똥까지도 버리지 않고 사용하는데 이는 하나님도 우리에게 필요한 모든 것을 원하는 대로 주시기를 바라는 것을 의미합니다. 그래서 송아지 형상을 이스라엘 백성들의 아내와 자녀들의 금귀고리로 만든 것입니다. 많은 장신구가 있는데 금귀고리를 녹여 부어서 우상을 만든 것은 우리의 말이 여호와 하나님께 들리는 대로 하나님이 응답하시기를 바라는 것을 뜻하는 것입니다. 특히 송아지 형상을 만들었다는 것은 사람이 다루기 쉬운 상태를 의미하는 것입니다. 성체가 된 소의 무게는 800kg에 달하는데 이런 소를 사람이 쉽게 다루기 위해서 송아지 때 그 코에 코뚜레를 하여 줄을 매어 두면 송아지는 코의 통증 때문에 그 줄 만큼만 움직이게 되어 있습니다. 성체가 된 이후에도 코뚜레를 한 소는 사람이 줄을 잡으면 그 줄에 의해 끌려오게 되어 있고 힘이 없는 어린아이가 줄을 잡아도 그 줄을 따라 움직이게 되어 있습니다. 하나님을 자기 마음대로 소처럼 부리려고 하는 믿음이 바로 금귀고리로 송아지 형상을 부어 만들고 그 송아지가 여호와라고 하면서 섬기는 잘못된 기복신앙(祈福信仰)입니다.

"7 여호와께서 모세에게 이르시되 너는 내려가라 네가 애굽 땅에서 인도하여 낸 네 백성이 부패하였도다 8 그들이 **내가 그들에게 명한 길을 속히 떠나 자기를 위하여 송아지를 부어 만들고 그것을 숭배하며 그것에게 희생을 드리며 말하기를 이스라엘아 이는 너희를 애굽 땅에서 인도하여 낸 너희 신이라 하였도다** 9 여호와께서 또 모세에게 이르시되 내가 이 백성을 보니 목이 곧은 백성이로다 10 그런즉 나대로 하게 하라 내가 그들에게 진노하여 그들을 진멸하고 너로 큰 나라가 되게 하리라 11 모세가 그 하나님 여호와께 구하여 가로되 여호와여 어찌하여 그 큰 권능과 강한 손으로 애굽 땅에서 인도하여 내신 주의 백성에게 진노하시나이까 12 어찌하여 애굽 사람으로 이르기를 여호와가 화를 내려 그 백성을 산에서 죽이고 지면에서 진멸하려고 인도하여 내었다 하게 하려 하시나이까 주의 맹렬한 노를 그치시고 뜻을 돌이키사 주의 백성에게 이 화를 내리지 마옵소서 13 주의 종 아브라함과 이삭과 이스라엘을 기억하소서 주께서 주를 가리켜 그들에게 맹세하여 이르시기를 내가 너희 자손을 하늘의 별처럼 많게 하고 나의 허락한 이 온 땅을 너희의 자손에게 주어 영영한 기업이 되게 하리라 하셨나이다 14 여호와께서 뜻을 돌이키사 말씀하신 화를 그 백성에게 내리지 아니하시니라 15 **모세가 돌이켜 산에서 내려오는데 증거의 두 판이 그 손에 있고 그 판의 양면 이**

편 저편에 글자가 있으니 16 그 판은 하나님이 만드신 것이요 글자는 하나님이 쓰셔서 판에 새기신 것이더라** 17 여호수아가 백성의 떠듦을 듣고 모세에게 말하되 진중에서 싸우는 소리가 나나이다 18 모세가 가로되 이는 승전가도 아니요 패하여 부르짖는 소리도 아니라 나의 듣기에는 노래하는 소리로다 하고 19 **진에 가까이 이르러 송아지와 그 춤추는 것을 보고 대노하여 손에서 그 판들을 산 아래로 던져 깨뜨리니라** 20 모세가 그들의 만든 송아지를 가져 불살라 부수어 가루를 만들어 물에 뿌려 이스라엘 자손에게 마시우니라"(출32:7-20)

모세가 진에 가까이 이르러 백성들이 송아지 우상 앞에서 그 춤추는 것을 보고 대노(代奴)하여 손에서 그 판들을 산 아래로 던져 깨뜨려 버리고 그들의 만든 송아지를 가져 불살라 부수어 가루를 만들어 물에 뿌려 이스라엘 자손에게 마시게 하였습니다.

"25 모세가 본즉 백성이 방자하니 이는 아론이 그들로 방자하게 하여 원수에게 조롱거리가 되게 하였음이라 26 이에 모세가 진문에 서서 가로되 **누구든지 여호와의 편에 있는 자는 내게로 나아오라 하매 레위 자손이 다 모여 그에게로 오는지라** 27 모세가 그들에게 이르되 이스라엘의 하나님 여호와께서 이같이 말씀하시기를 너희는 각각 허리에 칼을 차고 진 이 문에서 저 문까지 왕래하며 각 사람이 그 형제를, 각 사람이 그 친구를, 각 사람이 그 이웃을 도륙하라 하셨느니라 28 레위 자손이 모세의 말대로 행하매 이날에 백성 중에 삼 천명 가량이 죽인 바 된지라 29 모세가 이르되 **각 사람이 그 아들과 그 형제를 쳤으니 오늘날 여호와께 헌신하게 되었느니라 그가 오늘날 너희에게 복을 내리시리라**"(출

32:25-29)

　모세가 진문에 서서 여호와의 편에 있는 자는 내게로 나아오라고 했는데 레위 자손이 다 모여 모세에게로 왔고 모세가 그들에게 "이스라엘의 하나님 여호와께서 너희는 각각 허리에 칼을 차고 진 이 문에서 저 문까지 왕래하며 각 사람이 그 형제를, 각 사람이 그 친구를, 각 사람이 그 이웃을 도륙하라 하셨느니라"라고 하자 레위 자손이 모세의 말대로 행하였고 백성 중에 삼천 명가량이 죽게 되었습니다. 모세가 "각 사람이 그 아들과 그 형제를 쳤으니 오늘날 여호와께 헌신하게 되었느니라 그가 오늘날 너희에게 복을 내리시리라"라고 했는데 사람의 생각으로는 "형제가 형제를 죽이고 아들과 이웃을 죽였는데 어떻게 하나님이 복을 내리신다고 할 수 있는가?"라고 할 수 있습니다. 구약의 모든 사건은 예표와 모형으로 기록된 것으로서 실재는 믿는 자들을 통해서 이루어져야 합니다. 이 사건이 가진 의미는 믿는 자 속에 있는 송아지 우상을 섬기고자 하는 잘못된 믿음이 레위 지파 곧 하나님께 속한 속 사람에 의해서 완전하게 멸해지는 것을 말합니다. 레위 지파는 이스라엘 12지파에서 여호와 하나님이 구별하여 성전 일을 맡아 하게 하신 자들입니다.

　"1 만군의 여호와가 이르노라 보라 내가 내 사자를 보내리니 그가 내 앞에서 길을 예비할 것이요 또 너희의 구하는 바 주가 홀연히 그 전에 임하리니 곧 너희의 사모하는 바 언약의 사자가 임할 것이라 2 그의 임하는 날을 누가 능히 당하며 그의 나타나는 때에 누가 능히 서리요 **그는 금을 연단하는 자의 불과 표백하는 자의 잿물과 같을 것이라 3 그가 은**

을 연단하여 깨끗케 하는 자같이 앉아서 레위 자손을 깨끗케 하되 금, 은같이 그들을 연단하리니 그들이 의로운 제물을 나 여호와께 드릴 것이라" (말3:1-3)

여호와께서 레위 자손을 금, 은같이 연단(鍊鍛)하시므로 그들이 의로운 제물을 여호와께 드리게 된다고 했습니다. 레위 자손은 하나님께 속한 자들의 예표입니다. 믿는 사람 한 사람 안에 육신에 속한 겉 사람이 있고 하나님께 속한 속 사람이 있는데 레위 자손은 하나님께 속한 속 사람의 예표입니다. 하나님께 속한 속 사람으로 곧 레위 자손으로, 육신에 속하여 하나님의 말씀에 순종하지 않는 겉 사람, 곧 우상을 섬기는 형제를 처리함으로 하나님께 헌신하게 되고 복을 받게 되는 것입니다.

"1 여호와께서 모세에게 이르시되 **너는 돌판 둘을 처음 것과 같이 깎아 만들라 네가 깨뜨린 바 처음 판에 있던 말을 내가 그 판에 쓰리니** 2 아침 전에 예비하고 아침에 시내 산에 올라와 산꼭대기에서 내게 보이되 3 아무도 너와 함께 오르지 말며 온 산에 인적을 금하고 양과 소도 산 앞에서 먹지 못하게 하라" (출34:1-3)

"1 그 때에 여호와께서 내게 이르시기를 **너는 처음과 같은 두 돌판을 다듬어 가지고 산에 올라 내게로 나아오고 또 나무궤 하나를 만들라** 2 네가 깨뜨린 처음 판에 쓴 말을 내가 그 판에 쓰리니 너는 그것을 그 궤에 넣으라** 하시기로 3 내가 싯딤나무로 궤를 만들고 처음 것과 같은 돌판 둘을 다듬어 손에 들고 산에 오르매 4 여호와께서 그 총회 날에 산 위 불 가운데서 너희에게 이르신 십계명을 처음과 같이 그 판에 쓰시고 그

것을 내게 주시기로 5 내가 돌이켜 산에서 내려와서 여호와께서 내게 명하신 대로 그 판을 내가 만든 궤에 넣었더니 지금까지 있느니라"(신 10:1-5)

여호와께서 모세에게 "너는 처음과 같은 두 돌판을 다듬어 가지고 산에 올라 내게로 나아오고 또 나무궤 하나를 만들라 네가 깨뜨린 처음 판에 쓴 말을 내가 그 판에 쓰리니 너는 그것을 그 궤에 넣으라"라고 하셨습니다. 모세가 여호와의 명을 좇아 싯딤나무로 궤를 만들고 처음 것과 같은 돌판 둘을 다듬어 손에 들고 산에 올랐더니 여호와께서 십계명을 처음과 같이 그 판에 쓰시고 그것을 모세에게 주셨고 모세가 산에서 내려와서 여호와께서 명하신 대로 그 판을 궤에 넣었습니다. 깨져버린 첫 번째 돌판은 초림 예수님을 가리킨다고 했습니다. 그렇다면 두 번째 돌판은 재림 그리스도를 가리키는 것입니다. 첫 번째 돌판과 두 번째 돌판의 가장 큰 차이점은 첫 번째는 하나님이 친히 다듬어 만드셨다는 것이고 두 번째는 모세에게 직접 다듬어 가지고 오라고 하신 것입니다. 깨져버린 첫 번째 돌판은 예수 그리스도의 십자가의 죽음을 의미합니다. 두 번째 돌판은 믿는 자 안으로 두 번째 오시는 그리스도를 의미합니다. 그래서 두 번째 돌판을 가지고 올 때는 나무 궤를 같이 가져오라고 말씀하시고 나무 궤에 두 번째 돌판을 넣으라고 하셨는데 이 나무 궤는 싯딤나무로 만든 것으로 사람을 의미합니다. 그리스도가 사람의 마음에 새겨지는 하나님의 법으로 믿는 자 속에 두 번째 들어오시는 것을 말씀하는 것입니다. 이것이 바로 새 언약이 이루어지는 것입니다.

"33 나 여호와가 말하노라 그러나 **그 날 후에 내가 이스라엘 집에 세울 언약은 이러하니 곧 내가 나의 법을 그들의 속에 두며 그 마음에 기록하여 나는 그들의 하나님이 되고 그들은 내 백성이 될 것이라** 34 그들이 다시는 각기 이웃과 형제를 가리켜 이르기를 너는 여호와를 알라 하지 아니하리니 이는 작은 자로부터 큰 자까지 다 나를 앎이니라 내가 그들의 죄악을 사하고 다시는 그 죄를 기억지 아니하리라 여호와의 말이니라"(렘31:33-34)

하나님께서 하나님의 법을 사람의 속에 두고 마음에 기록하는 것이 새 언약입니다. 새 언약은 살아 계신 하나님의 영으로 믿는 자들의 육의 심비(心碑)에 하나님의 법이 새겨지는 것입니다.

"2 너희가 우리의 편지라 우리 마음에 썼고 뭇 사람이 알고 읽는 바라 3 너희는 우리로 말미암아 나타난 그리스도의 편지니 **이는 먹으로 쓴 것이 아니요 오직 살아 계신 하나님의 영으로 한 것이며 또 돌비에 쓴 것이 아니요 오직 육의 심비에 한 것이라**"(고후3:2-3)

사도 바울이 믿는 자들이 그리스도의 편지라고 했는데 이 편지는 "오직 살아 계신 하나님의 영으로 한 것이며 또 돌비에 쓴 것이 아니요 오직 육의 심비에 한 것이라"라고 했습니다. 여기서 돌비는 십계명이 새겨진 돌판을 말하는 것이고 이것에 대비(對比)해서 하나님의 법이 사람 속에 새겨지는 것을 육의 심비(心碑)라고 한 것입니다.

"1 그러므로 이제 그리스도 예수 안에 있는 자에게는 결코 정죄함이 없나니 2 이는 **그리스도 예수 안에 있는 생명의 성령의 법이 죄와 사망의 법에서 너를 해방하였음이라**" (롬8:1-2)

새 언약이 이루어진 사람의 죄악을 하나님이 다 사하시고 다시는 그 죄를 기억하지 않겠다고 말씀하셨습니다. 이 새 언약이 실제가 되는 사람은 그리스도 예수 안에 있는 사람입니다. 그리스도 예수 안에 있는 자에게는 결코 정죄함이 없다고 했습니다. 그리스도 예수 안에 있는 생명의 성령의 법이 죄와 사망의 법에서 믿는 자를 해방하였기 때문입니다. 초림(初臨) 예수님을 믿고 그리스도가 아직 오시지 않았다고 믿는 자들은 구원을 받을 수 없습니다. 그들 속에 새 언약이 이루어질 수 없기 때문입니다. 그리스도가 믿는 자들 속으로 두 번째 오셔서 믿는 자 안에 계시는 자들이 새 언약이 이루어진 자들이고 구원 받은 하나님의 친아들들입니다. 첫 번째 돌판과 두 번째 돌판은 초림(初臨) 예수님과 재림(再臨) 그리스도를 나타내는 예표로 기록된 말씀입니다.

8) 므리바의 반석

이스라엘 백성들이 광야에서 마실 물이 없으므로 여호와를 시험한 일이 있었습니다.

"1 이스라엘 자손의 온 회중이 여호와의 명령대로 신 광야에서 떠나 그 노정대로 행하여 르비딤에 장막을 쳤으나 백성이 마실 물이 없는지라 2

백성이 모세와 다투어 가로되 우리에게 물을 주어 마시게 하라 모세가 그들에게 이르되 너희가 어찌하여 나와 다투느냐 너희가 어찌하여 여호와를 시험하느냐 3 거기서 백성이 물에 갈하매 그들이 모세를 대하여 원망하여 가로되 당신이 어찌하여 우리를 애굽에서 인도하여 내어서 우리와 우리 자녀와 우리 생축으로 목말라 죽게 하느냐 4 모세가 여호와께 부르짖어 가로되 내가 이 백성에게 어떻게 하리이까 그들이 얼마 아니면 내게 돌질 하겠나이다 5 여호와께서 모세에게 이르시되 백성 앞을 지나가서 이스라엘 장로들을 데리고 하수를 치던 네 지팡이를 손에 잡고 가라 6 내가 거기서 호렙 산 반석 위에 너를 대하여 서리니 너는 반석을 치라 그것에서 물이 나리니 백성이 마시리라 모세가 이스라엘 장로들의 목전에서 그대로 행하니라 7 그가 그 곳 이름을 **맛사라 또는 므리바라 불렀으니 이는 이스라엘 자손이 다투었음이요 또는 그들이 여호와를 시험하여 이르기를 여호와께서 우리 중에 계신가 아닌가 하였음이더라**"(출17:1-7)

이스라엘 백성들이 모세를 원망하여 "어찌하여 우리를 애굽에서 인도하여 내어서 우리와 우리 자녀와 우리 생축(牲畜)으로 목말라 죽게 하느냐"라고 했는데 모세가 여호와께 부르짖었더니 여호와께서 모세에게 "이스라엘 장로들을 데리고 하수를 치던 네 지팡이를 손에 잡고 가라 내가 거기서 호렙산 반석 위에 너를 대하여 서리니 너는 반석을 치라 그것에서 물이 나리니 백성이 마시리라"라고 말씀하셨고 모세가 이스라엘 장로들의 목전에서 그대로 행하였다고 했습니다.

"1 정월에 이스라엘 자손 곧 온 회중이 신 광야에 이르러서 백성이 가데

스에 거하더니 미리암이 거기서 죽으매 거기 장사하니라 2 **회중이 물이 없으므로 모여서 모세와 아론을 공박하니라** 3 백성이 모세와 다투어 말하여 가로되 우리 형제들이 여호와 앞에서 죽을 때에 우리도 죽었더면 좋을 뻔하였도다 4 너희가 어찌하여 여호와의 총회를 이 광야로 인도하여 올려서 우리와 우리 짐승으로 다 여기서 죽게 하느냐 5 너희가 어찌하여 우리를 애굽에서 나오게 하여 이 악한 곳으로 인도하였느냐 이 곳에는 파종할 곳이 없고 무화과도 없고 포도도 없고 석류도 없고 마실 물도 없도다 6 모세와 아론이 총회 앞을 떠나 회막문에 이르러 엎드리매 여호와의 영광이 그들에게 나타나며 7 **여호와께서 모세에게 일러 가라사대** 8 **지팡이를 가지고 네 형 아론과 함께 회중을 모으고 그들의 목전에서 너희는 반석에게 명하여 물을 내라 하라** 네가 그 반석으로 물을 내게 하여 회중과 그들의 짐승에게 마시울지니라 9 모세가 그 명대로 여호와의 앞에서 지팡이를 취하니라 10 모세와 아론이 총회를 그 반석 앞에 모으고 **모세가 그들에게 이르되 패역한 너희여 들으라 우리가 너희를 위하여 이 반석에서 물을 내랴** 하고 11 **그 손을 들어 그 지팡이로 반석을 두 번 치매 물이 많이 솟아 나오므로** 회중과 그들의 짐승이 마시니라 12 여호와께서 모세와 아론에게 이르시되 너희가 나를 믿지 아니하고 이스라엘 자손의 목전에 나의 거룩함을 나타내지 아니한 고로 너희는 이 총회를 내가 그들에게 준 땅으로 인도하여 들이지 못하리라 하시니라 13 이스라엘 자손이 여호와와 다투었으므로 이를 므리바 물이라 하니라 여호와께서 그들 중에서 그 거룩함을 나타내셨더라" (민20:1-13)

이스라엘 백성들이 르비딤에 장막을 치고 거할 때에 물이 없어 모세를 원망하고 여호와를 시험했을 때는 반석을 쳐서 물을 내라고 하셨는데(출17:1-7) 가데스에 거할 때에도 물이 없어 백성들이 모세와 다투고 여호와와 다투었는데 이때는 반석을 명하여 물을 내라고 했습니다. 똑같이 반석에서 물이 나와 백성들이 마셨고 여호와께서 백성 중에 그 거룩함을 나타내셨다고 했습니다. 처음 반석은 쳐서 물을 내라고 하셨고 두 번째 반석은 명하여 물을 내라고 하셨는데 여기에 하나님의 비밀이 숨겨져 있습니다.

"1 형제들아 너희가 알지 못하기를 내가 원치 아니하노니 우리 조상들이 다 구름 아래 있고 바다 가운데로 지나며 2 모세에게 속하여 다 구름과 바다에서 세례를 받고 3 다 같은 신령한 식물을 먹으며 4 **다 같은 신령한 음료를 마셨으니 이는 저희를 따르는 신령한 반석으로부터 마셨으매 그 반석은 곧 그리스도시라**"(고전10:1-4)

이 반석도 돌판과 마찬가지로 예수 그리스도에 대한 예표입니다. 처음 반석은 초림 예수님을 의미하고 두 번째 반석은 재림 그리스도를 의미합니다. 그런데 돌판의 예표와 반석의 예표에는 차이점이 있습니다. 십계명의 돌판의 예표는 모세가 여호와의 명령대로 행하여 말씀에 순종했었지만 반석에서 물이 나게 할 때는 첫 번째 반석에서는 여호와의 명령대로 반석을 쳐서 물을 내었으나 두 번째 반석에서는 명하여 물을 내라고 하신 명령을 순종하지 않고 반석을 두 번 쳐서 물을 내었다고 했습니다. 이 불순종의 결과로 모세는 가나안땅에 들어가지 못하고 죽었는데 여호와께서 "너희가 나를 믿지 아니하고 이스라엘 자손의 목전에 나의 거룩함을 나타내지 아니한 고로 너희는 이 총회를 내가 그들에게 준 땅으로 인도하여 들이지 못하리라"라고 말씀하셨습니다. 모세는 율법을 대표하는 사람입니다. 모세가 백성을 인도하여 가나안땅에 들어가지 못한 것을 통해서 율법으로는 하나님의 의를 얻을 수 없고 구원도 받을 수 없다는 것을 보여주시는 것입니다.

"16 사람이 의롭게 되는 것은 율법의 행위에서 난 것이 아니요 **오직 예수 그리스도를 믿음으로 말미암는 줄 아는 고로 우리도 그리스도 예수를 믿나니 이는 우리가 율법의 행위에서 아니고 그리스도를 믿음으로서 의롭다 함을 얻으려 함이라 율법의 행위로서는 의롭다 함을 얻을 육체가 없느니라** 17 만일 우리가 그리스도 안에서 의롭게 되려 하다가 죄인으로 나타나면 그리스도께서 죄를 짓게 하는 자냐 결코 그럴 수 없느니라 18 만일 내가 헐었던 것을 다시 세우면 내가 나를 범법한 자로 만드는 것이라 19 내가 율법으로 말미암아 율법을 향하여 죽었나니 이는 하나님을 향하여 살려 함이니라 20 내가 그리스도와 함께 십자가에 못 박혔나니 그런즉 이제는 내가 산 것이 아니요 오직 내 안에 그리스도께서 사신 것이라 이제 내가 육체 가운데 사는 것은 나를 사랑하사 나를 위하여 자기 몸을 버리신 하나님의 아들을 믿는 믿음 안에서 사는 것이라 21 내가 하나님의 은혜를 폐하지 아니하노니 **만일 의롭게 되는 것이 율법으로 말미암으면 그리스도께서 헛되이 죽으셨느니라**" (갈2:16-21)

율법의 행위로는 의롭다 함을 얻을 육체가 없다고 했고 만일 의롭게 되는 것이 율법으로 말미암으면 그리스도께서 헛되이 죽으셨다고 했습니다.

"2 보라 나 바울은 너희에게 말하노니 너희가 만일 할례를 받으면 그리스도께서 너희에게 아무 유익이 없으리라 3 내가 할례를 받는 각 사람에게 다시 증거하노니 그는 율법 전체를 행할 의무를 가진 자라 4 **율법 안에서 의롭다 함을 얻으려 하는 너희는 그리스도에게서 끊어지고 은혜에서 떨어진 자로다** 5 우리가 성령으로 믿음을 좇아 의의 소망을 기다리노니 6 **그리스도 예수 안에서는 할례나 무할례가 효력이 없되 사랑으로써 역사하는 믿음뿐이니라**" (갈5:2-6)

율법 안에서 의롭다 함을 얻으려 하는 자들은 그리스도에게서 끊어지고 은혜에서 떨어진 자라고 했습니다. 우리가 성령으로 믿음을 좇아 의의 소망을 기다리는데 그리스도 예수 안에서는 할례나 무할례가 효력이 없고 오직 사랑으로써 역사하는 믿음만이 있습니다. 모세가 반석을 두 번 쳤다는 것은 그리스도를 십자가에 다시 못 박는 것과 같습니다. 예수님은 두 번 십자가에 못 박힐 수 없는데 율법으로 의롭게 되고자 하는 자들은 그리스도의 십자가를 헛되게 하는 자들입니다.

2

폐해지는 첫 것은 첫 사람 아담이고 세워지는 둘째 것은 둘째 사람 예수 그리스도입니다

첫 것을 폐하시고 둘째 것을 세우시는 하나님의 뜻을 성경에 기록된 여러 말씀들을 통해서 살펴보았습니다. 첫 것이 폐해지고 둘째 것이 세워지는 일은 믿는 자 안에서, 믿는 자를 통해서 이루어집니다.

"3 무릇 그리스도 예수와 합하여 세례를 받은 우리는 그의 죽으심과 합하여 세례받은 줄을 알지 못하느뇨 4 그러므로 **우리가 그의 죽으심과 합하여 세례를 받음으로 그와 함께 장사되었나니** 이는 아버지의 영광으로 말미암아 **그리스도를 죽은 자 가운데서 살리심과 같이 우리로 또한 새 생명 가운데서 행하게 하려 함이니라** 5 만일 우리가 그의 죽으심을 본받아 연합한 자가 되었으면 또한 그의 부활을 본받아 연합한 자가 되리라 6 우리가 알거니와 **우리 옛 사람이 예수와 함께 십자가에 못 박힌 것은 죄의 몸이 멸하여 다시는 우리가 죄에게 종 노릇 하지 아니하려 함이니**" (롬6:3-6)

예수 그리스도께서 십자가에 못 박힌 것은 믿는 자들도 그리스도와 함께 장사 지낸 바 됨으로 믿는 자의 옛사람이 죽어서 새 생명을 받은 새사람이 되도록 하기 위함입니다. 오늘날 복음이 잘못되어서 예수님이 우리의 죄를 담당하시고 십자가에 못 박혀 죽었다는 사실을 믿으면 죄 사함을 받고 구원을 받는다는 믿음으로 신앙생활을 하는 자들이 너무나 많습니다. 이렇게 믿는 자들은 절대로 구원을 받을 수 없습니다. 그 사람 속에는 둘째 것이 세워질 수가 없기 때문입니다. 둘째 것이 세워지기 위해서는 반드시 먼저 첫째 것이 폐해져야 합니다. 새집을 짓기 위해서 원래 있던 집을 허물어야 하는 것같이 믿는 자를 통해서 둘째 것이 세워지기 위해서는 반드시 첫 것이 먼저 폐해져야 합니다.

> "**45 기록된 바 첫 사람 아담은 산 영이 되었다 함과 같이 마지막 아담은 살려 주는 영이 되었나니 46 그러나 먼저는 신령한 자가 아니요 육 있는 자요 그 다음에 신령한 자니라** 47 첫 사람은 땅에서 났으니 흙에 속한 자이거니와 둘째 사람은 하늘에서 나셨느니라 48 무릇 흙에 속한 자는 저 흙에 속한 자들과 같고 무릇 하늘에 속한 자는 저 하늘에 속한 자들과 같으니 49 **우리가 흙에 속한 자의 형상을 입은 것같이 또한 하늘에 속한 자의 형상을 입으리라**" (고전15:45-49)

첫 사람 아담은 산 영이고 마지막 아담은 살려주는 영이 되었다고 했고 먼저는 신령한 자가 아니고 다음에 신령한 자라고 했는데 이것은 믿는 자들이 원래 신령한 자가 아니었는데 살려주는 영이신 그리스도로 인하여 신령한 자가 된다는 말씀입니다. 그래서 믿는 자들은 흙에 속한 자의 형상을 입은 것같이 또한 하늘에 속한 자의 형상을 입는다고 한 것입니다. 믿는 자들이 하늘에 올라가서 하늘에 속한 자의 형상을 입는 것이 아니고 이 땅에서 입는 것이라고 했습니다.

"20 오직 우리의 시민권은 하늘에 있는지라 거기로서 구원하는 자 곧 주 예수 그리스도를 기다리노니 21 그가 만물을 자기에게 복종케 하실 수 있는 자의 역사로 우리의 낮은 몸을 자기 영광의 몸의 형체와 같이 변케 하시리라" (빌3:20-21)

시민권이 하늘에 있다는 말은 하늘에 올라가서 시민권을 얻는다는 말씀이 아닙니다. 우리가 땅에 살고 있지만 우리는 하늘에 속한 자들이니 하늘 시민의 삶을 살아야 하는 것을 말씀한 것입니다. 그리스도께서 우리의 낮은 몸을 자기의 영광의 몸과 같이 변하게 하시는 일이 지금 일어나야 합니다.

"1 그러므로 **너희가 그리스도와 함께 다시 살리심을 받았으면 위엣 것을 찾으라** 거기는 그리스도께서 하나님 우편에 앉아 계시느니라 2 **위엣 것을 생각하고 땅엣 것을 생각지 말라** 3 이는 너희가 죽었고 너희 생명이 그리스도와 함께 하나님 안에 감취었음이니라 4 **우리 생명이신 그리스도께서 나타나실 그 때에 너희도 그와 함께 영광 중에 나타나리라**" (골3:1-4)

그리스도와 함께 다시 살리심을 받은 자들은 땅에 살아도 땅에 있는 것, 곧 육신에 속한 것을 생각하지 말고 위에 있는 것, 곧 하나님께 속한 것을 생각하라고 했습니다. 그리스도와 함께 죽어서 생명이 하나님 안에 감춰진 자들은 그리스도가 생명이 되셔서 그들의 몸에 나타나신다고 했습니다. 이것이 우리가 그리스도와 함께 영광 중에 나타나는 것입니다.

"19 이것이 너희 간구와 예수 그리스도의 성령의 도우심으로 내 구원에 이르게 할 줄 아는 고로 20 나의 간절한 기대와 소망을 따라 아무 일에든지 부끄럽지 아니하고 오직 전과 같이 이제도 온전히 담대하여 **살든지 죽든지 내 몸에서 그리스도가 존귀히 되게 하려 하나니 21 이는 내게 사는 것이 그리스도니 죽는 것도 유익함이니라**" (빌1:19-21)

믿는 자의 몸에서 그리스도가 존귀하게 되기 위하여, 믿는 자에게서 그리스도가 살기 위하여 믿는 자가 그리스도와 함께 죽는 것이 유익이라고 했습니다. 그리스도와 함께 죽어야 함께 살 수 있고 우리의 죄 많은 낮은 몸이 그리스노의 몸으로 바뀔 수 있습니다. 믿는 자들의 몸이 죄가 없는 그리스도의 몸으로 지금 여기서 바뀌는 것입니다.

"9 그 후에 말씀하시기를 보시옵소서 **내가 하나님의 뜻을 행하러 왔나이다** 하셨으니 **그 첫 것을 폐하심은 둘째 것을 세우려 하심이니라** 10 이 뜻을 좇아 예수 그리스도의 몸을 단번에 드리심으로 말미암아 **우리가 거룩함을 얻었노라**" (히10:9-10)

첫 사람 아담을 폐하시고 둘째 사람 그리스도를 세우시는 일은 믿는 자 안에서, 믿는 자를 통해서, 여기서 지금 이 땅에서, 육신을 입고 사는 동안에 이루어져야 합니다.

제 7장

예수님이 하신 모든 일과 이루어진 모든 일은 믿는 자들에게도 똑같이 이루어집니다

1

하나님의 친아들

예수님은 아버지 하나님의 생명을 받은 친아들입니다. 그리고 예수님은 외아들이 아닙니다. 예수님은 많은 형제 중에서 맏아들이 되신 분입니다.

"**맏아들을 낳아 강보로 싸서 구유에 뉘었으니** 이는 사관에 있을 곳이 없음이러라" (눅2:7)

"하나님이 미리 아신 자들로 또한 그 아들의 형상을 본받게 하기 위하여 미리 정하셨으니 이는 **그로 많은 형제 중에서 맏아들이 되게 하려 하심이니라**" (롬8:29)

해산할 날이 차서 동정녀 마리아가 예수님을 낳았는데 이때 맏아들을 낳아 강보로 싸서 구유에 뉘었다고 했습니다. 요셉과 마리아에게서 난 예수님의 젖동생들이 없는데 예수님을 낳고 맏아들이라고 성경이 기록했습니다. 사도 바울도 하나님이 예수님을 많은 형제 중에서 맏아들이 되게 하신다고 기록하고 있습니다. 여기서 맏아들은 문자 그대로 첫 번째 낳은 아들을 말하는 것입니다. 그런데 칼빈은 자기의 저서 『기독교강요(상권)』에서 "맏아들"이란 출생한 차서(次序)를 뜻하는 것이 아니고 존귀와 높은 권세의 정도를 가리키는 것이라고 했습니다.

> "그들은 또 "맏아들"이라는 표현에 대해서 논쟁을 불러 일으킨다. 곧, 그리스도께서 "형제 중에서 맏아들"이 되시기 위해서는 (롬8:29) 처음부터 그가 아담에게서 나셔야만 했다고 주장하는 것이다. **여기서 "맏아들"이란 출생한 차서(次序)를 뜻하는 것이 아니고 존귀와 높은 권세의 정도를 가리키는 것인데도 말이다!**" (존 칼빈, 『기독교강요(상권)』)[11]

칼빈이 이러한 주장을 하는 배경은 사람이 하나님의 친아들이 되는 것이 아니라 은혜를 입어 양자로 입양되는 것이라는 주장을 하기 때문입니다. 그러나 성경은 예수님이 아버지의 생명을 받은 친아들이시며 믿는 자들 또한 아버지의 생명을 받아서 하나님의 친아들이 된다고 말씀하고 있습니다.

> "아버지께서 **자기 속에 생명이 있음같이** 아들에게도 **생명을 주어 그 속에 있게 하셨고**" (요5:26)

아버지께서 자기 속에 생명이 있음같이 아들에게도 생명을 주어 그 속에 있게 하셨다는 말씀은 예수님에게만 해당(該當)되는 말씀이 아

---

11 **존 칼빈**(원광연 역), **기독교강요-상권**(서울: CH북스, 2003), **586**

니라 믿는 자들에게도 똑같이 해당(該當)되는 말씀입니다.

"**11 거룩하게 하시는 자와 거룩하게 함을 입은 자들이 다 하나에서 난 지라 그러므로 형제라 부르시기를 부끄러워 아니하시고 12 이르시되 내가 주의 이름을 내 형제들에게 선포하고 내가 주를 교회 중에서 찬송 하리라** 하셨으며 13 또 다시 내가 그를 의지하리라 하시고 또 다시 볼지어다 나와 및 하나님께서 내게 주신 자녀라 하셨으니 14 자녀들은 혈육에 함께 속하였으매 그도 또한 한 모양으로 혈육에 함께 속하심은 사망으로 말미암아 사망의 세력을 잡은 자 곧 마귀를 없이 하시며 15 또 죽기를 무서워하므로 일생에 매여 종 노릇 하는 모든 자들을 놓아 주려 하심이니 16 이는 실로 천사들을 붙들어 주려 하심이 아니요 **오직 아브라함의 자손을 붙들어 주려 하심이라**" (히2:11-16)

거룩하게 하시는 자와 거룩함을 입은 자들이 다 한 하나님 아버지께로 났으므로 예수님과 믿는 자(아브라함의 자손)들이 형제가 된다고 말씀하고 있습니다.

"**30 너희는 하나님께로부터 나서 그리스도 예수 안에 있고 예수는 하나님께로서 나와서** 우리에게 지혜와 의로움과 거룩함과 구속함이 되셨으니 31 기록된 바 자랑하는 자는 주 안에서 자랑하라 함과 같게 하려 함이니라" (고전1:30-31)

믿는 자들은 아버지 하나님이 낳으셨고 예수님은 아버지 하나님 안에서 나오신 분이라고 말씀하고 있습니다. 예수님은 아버지가 낳으셨는데(히5:5) 또 아버지 안에서 나오신 분이기도 합니다. 예수님은 태초부터 하나님 안에 계신 말씀이었는데 이 말씀이 육신이 되어 세상에 오신 분입니다. 그리고 이 말씀 안에는 생명이 있었는데 이 생명이 사람들의 빛이라고 했습니다.

"1 태초에 말씀이 계시니라 이 말씀이 하나님과 함께 계셨으니 이 말씀은 곧 하나님이시니라 2 그가 태초에 하나님과 함께 계셨고 3 만물이 그로 말미암아 지은 바 되었으니 지은 것이 하나도 그가 없이는 된 것이 없느니라 4 그 안에 생명이 있었으니 이 생명은 사람들의 빛이라" (요 1:1-4)

예수님은 외아들이 아닙니다. 왜냐하면 예수님과 같이 하나님 아버지의 생명을 받은 많은 아들들이 나올 것이기 때문입니다. 그래서 사도 바울이 예수님을 많은 형제 중에서 맏아들이 되게 하신다고 한 것입니다. 예수님이 맏아들이 되시려면 동생들이 있어야 합니다. 예수 그리스도로 말미암아 많은 하나님의 아들들이 태어나면(엡1:3-5) 예수님은 저절로 맏아들이 되시는 것입니다.

"9 만일 우리가 사람들의 증거를 받을진대 하나님의 증거는 더욱 크도다 하나님의 증거는 이것이니 그 아들에 관하여 증거하신 것이니라 10 **하나님의 아들을 믿는 자는 자기 안에 증거가 있고** 하나님을 믿지 아니하는 자는 하나님을 거짓말하는 자로 만드나니 이는 하나님께서 그 아들에 관하여 증거하신 증거를 믿지 아니하였음이라 11 또 **증거는 이것이니 하나님이 우리에게 영생을 주신 것과 이 생명이 그의 아들 안에 있**

는 그것이니라 12 아들이 있는 자에게는 생명이 있고 하나님의 아들이 없는 자에게는 생명이 없느니라" (요일5:9-12)

하나님의 아들을 믿는 자는 자기 안에 증거가 있는데 그 증거는 하나님이 영생을 주신 것과 이 생명이 하나님의 아들 안에 있는 것이라고 했습니다. 그래서 하나님의 아들이 있는 자에게는 생명이 있고 하나님의 아들이 없는 자에게는 생명이 없다고 한 것입니다. 하나님 아버지가 믿는 자들에게 주시는 생명이 따로 있는 것이 아니라 바로 예수 그리스도가 아버지가 주신 생명입니다.

"너희가 믿음에 있는가 너희 자신을 시험하고 너희 자신을 확증하라 **예수 그리스도께서 너희 안에 계신 줄을 너희가 스스로 알지 못하느냐 그렇지 않으면 너희가 버리운 자니라**" (고후13:5)

예수 그리스도께서 자기 안에 계신 것을 스스로 알지 못하는 자들은 버리운 자들이라고 했습니다. 이것이 자기의 믿음을 확증하고 시험하는 방법이라고 말씀하고 있습니다.

"예수께서 가라사대 **내가 곧 길이요 진리요 생명이니** 나로 말미암지 않고는 아버지께로 올 자가 없느니라" (요14:6)

예수님이 곧 길이요, 진리요, 생명이라고 했습니다. 예수님이 세상에 오신 목적은 믿는 자들에게 생명을 얻게 하고 더 풍성히 얻게 하려는 것이라고 했습니다.

"9 내가 문이니 누구든지 나로 말미암아 들어가면 구원을 얻고 또는 들어가며 나오며 꼴을 얻으리라 10 도적이 오는 것은 도적질하고 죽이고 멸망시키려는 것뿐이요 **내가 온 것은 양으로 생명을 얻게 하고 더 풍성히 얻게 하려는 것이라**" (요10:9-10)

믿는 자들이 생명을 얻어서 하나님의 아들이 된다면 이 아들을 양아들이라고 하겠습니까? 친아들이라고 하겠습니까? 이렇게 답이 확실한데 하나님의 경륜을 모르고 하나님의 비밀을 모르는 자들은 하나님의 은혜와 예수 그리스도의 공로로 구원받아 하나님의 양자로 입양되는 것이 복음이라고 전하고 믿고 있습니다. 이렇게 믿는 사람들은 한 사람도 구원받을 수 없습니다. 구원은 하나님 아버지의 생명을 받아 하나님의 친아들이 되는 것입니다.

2

하나님의 성전

　사람으로서 가장 먼저 하나님의 성전이 되신 분이 예수 그리스도입니다. 예수님이 유월절에 예루살렘에 올라가셔서 성전에서 장사하는 자들을 내어 쫓으셨는데 그들에게 "내 아버지의 집으로 장사하는 집을 만들지 말라"라고 말씀하셨습니다. 이 말씀만 보면 그때 당시에 예루살렘에 있었던 헤롯 성전을 예수님이 아버지 집으로 말씀하시면서 장사하는 자들을 쫓아내신 것으로 생각할 수 있습니다. 그러나 이어지는 말씀을 보면 예수님 자신이 육체가 있는 사람으로서 하나님의 성전이라고 말씀하셨습니다.

"13 유대인의 유월절이 가까운지라 예수께서 예루살렘으로 올라가셨더니 14 성전 안에서 소와 양과 비둘기 파는 사람들과 돈 바꾸는 사람들의 앉은 것을 보시고 15 노끈으로 채찍을 만드사 양이나 소를 다 성전에서 내어쫓으시고 돈 바꾸는 사람들의 돈을 쏟으시며 상을 엎으시고 16 비둘기 파는 사람들에게 이르시되 이것을 여기서 가져가라 **내 아버지의**

집으로 장사하는 집을 만들지 말라** 하시니 17 제자들이 성경 말씀에 주의 전을 사모하는 열심이 나를 삼키리라 한 것을 기억하더라 18 이에 유대인들이 대답하여 예수께 말하기를 네가 이런 일을 행하니 무슨 표적을 우리에게 보이겠느뇨 19 예수께서 대답하여 가라사대 **너희가 이 성전을 헐라 내가 사흘 동안에 일으키리라** 20 유대인들이 가로되 이 성전은 사십륙 년 동안에 지었거늘 네가 삼 일 동안에 일으키겠느뇨 하더라 21 그러나 **예수는 성전 된 자기 육체를 가리켜 말씀하신 것이라 22 죽은 자 가운데서 살아나신 후에야 제자들이 이 말씀하신 것을 기억하고 성경과 및 예수의 하신 말씀을 믿었더라**" (요2:13-22)

유대인들이 예수님에게 표적을 요구하였는데 예수님께서 "너희가 이 성전을 헐라 내가 사흘 동안에 일으키리라"라고 말씀하셨습니다. 여기서 예수님은 46년 동안 지어진 건물을 말씀하신 것이 아니라 성전 된 자기의 육체를 가리켜 말씀하신 것이었는데 이 말씀을 듣고 깨닫는 자가 그 당시에는 한 사람도 없었습니다. 나중에 예수님께서 죽은 자 가운데서 살아나신 후에야 제자들이 이 말씀을 기억하고 성경과 및 예수의 하신 말씀을 믿었다고 했습니다. 예수님은 육체를 입고 세상에 계실 때에 하나님의 성전이 되신 분입니다. 구약의 성전은 건물이었지만 신약의 성전은 사람입니다. 사람으로서 최초로 성전이 되신 분이 바로 예수 그리스도입니다. 예수님이 성전이신 이유는 하나님 아버지가 예수님 안에 계시기 때문입니다. 믿는 자들도 예수님과 같이 성전이 되려면 하나님이 믿는 자 안에 들어오셔야 합니다.

"하나님의 성전과 우상이 어찌 일치가 되리요 **우리는 살아 계신 하나님**

의 성전이라 이와 같이 하나님께서 가라사대 내가 저희 가운데 거하며 두루 행하여 **나는 저희 하나님이 되고 저희는 나의 백성이 되리라** 하셨느니라" (고후6:16)

살아 계신 하나님이 믿는 자 안에 들어오시면 믿는 자가 하나님의 성전이 됩니다. 믿는 자 안에 들어오시는 살아 계신 하나님이 바로 그리스도입니다. 그리스도는 만물 위에 계셔 세세에 찬양을 받으실 하나님이신데 믿는 자들 안으로 오신다고 했습니다.

"조상들도 저희 것이요 육신으로 하면 **그리스도가 저희에게서 나셨으니 저는 만물 위에 계셔 세세에 찬양을 받으실 하나님이시니라** 아멘" (롬9:5)

"믿음으로 말미암아 **그리스도께서 너희 마음에 계시게 하옵시고** 너희가 사랑 가운데서 뿌리가 박히고 터가 굳어져서" (엡3:17)

"13 **너희 안에서 행하시는 이는 하나님이시니** 자기의 기쁘신 뜻을 위하여 너희로 소원을 두고 행하게 하시나니 14 **모든 일을 원망과 시비가 없이 하라**" (빌2:13-14)

믿음으로 그리스도께서 믿는 자의 마음에 계신다고 했는데 믿는 자 안에서 행하시는 이도 하나님이라고 했습니다. 세세에 찬양을 받으실 하나님이신 그리스도께서 믿는 자 안에 들어오셔서 믿는 자 안에서 행하시고 자기의 기쁘신 뜻을 위하여 소원을 두고 행하게 하시므로 모든 일을 원망과 시비가 없이 하라고 했습니다.

"**16 너희가 하나님의 성전인 것과 하나님의 성령이 너희 안에 거하시는 것을 알지 못하느뇨** 17 누구든지 하나님의 성전을 더럽히면 하나님이 그 사람을 멸하시리라 하나님의 성전은 거룩하니 너희도 그러하니라" (고전3:16-17)

사람 속에 하나님이 계시면 그 사람이 성전이라고 했는데 또 성전은 성령의 전이기도 합니다. 그런데 성령은 반드시 그리스도와 함께 믿는 자 안으로 오십니다. 성령을 보증으로 믿는 자의 마음에 주신다고 했습니다.

"21 우리를 너희와 함께 그리스도 안에서 견고케 하시고 **우리에게 기름을 부으신 이는 하나님이시니** 22 저가 또한 우리에게 인치시고 보증으로 성령을 우리 마음에 주셨느니라" (고후1:21-22)

믿는 자에게 기름을 부으시고 또 인을 치시고 보증으로 성령을 마음에 주셨다고 했습니다. 여기서 기름 부음이 바로 그리스도입니다. 그리스도가 믿는 자 안에 들어오시면 그리스도는 그 보증으로 믿는 자 안에 함께 오십니다. 그래서 믿는 자들이 성령의 전인 성전이 되는 것입니다.

"**19 너희 몸은 너희가 하나님께로부터 받은 바 너희 가운데 계신 성령의 전인 줄을 알지 못하느냐** 너희는 너희의 것이 아니라 20 값으로 산 것이 되었으니 그런즉 너희 몸으로 하나님께 영광을 돌리라" (고전6:19-20)

"17 그러므로 어리석은 자가 되지 말고 오직 주의 뜻이 무엇인가 이해하라 18 술 취하지 말라 이는 방탕한 것이니 **오직 성령의 충만을 받으라**" (엡5:17-18)

믿는 자가 성령의 전으로서 성전이라고 했는데 또 믿는 자의 몸이 성령의 전이라고 했습니다. 믿는 자의 몸이 성전이라고 한 것은 믿는 자의 몸까지 성령의 충만함을 받았기 때문입니다. 죄가 있는 몸으로는 하나님께 영광을 돌릴 수가 없습니다. 성령이 충만한 몸으로만 하나님께 영광을 돌릴 수가 있습니다. 그래서 그리스도가 믿는 자 안에 계시면 결국에는 그 사람을 하나님의 모든 충만하신 것으로 충만하게 하신다고 했습니다.

"17 믿음으로 말미암아 **그리스도께서 너희 마음에 계시게 하옵시고** 너희가 사랑 가운데서 뿌리가 박히고 터가 굳어져서 18 능히 모든 성도와 함께 지식에 넘치는 그리스도의 사랑을 알아 19 그 넓이와 길이와 높이와 깊이가 어떠함을 깨달아 **하나님의 모든 충만하신 것으로 너희에게 충만하게 하시기를 구하노라**" (엡3:17-19)

하나님의 모든 충만하신 것으로 영과 혼과 몸이 충만하게 된 사람이 성령의 충만을 받은 사람이고 이 사람이 그 몸으로 하나님께 영광을 돌릴 수가 있습니다. 믿는 자의 몸을 하나님이 기뻐하시는 거룩한 산 제사로 드리는 것이 영적 예배라고 했습니다.

"그러므로 형제들아 내가 하나님의 모든 자비하심으로 너희를 권하노니

너희 몸을 하나님이 기뻐하시는 거룩한 산 제사로 드리라 이는 너희의 드릴 영적 예배니라" (롬12:1)

예수님이 사람으로서 성전이셨고 또 예수님의 몸을 하나님이 기뻐하시는 거룩한 제사로 드린 것처럼 믿는 자들도 성령의 충만함을 받은 성전이 되고 성령이 충만한 몸을 하나님이 기뻐하시는 거룩한 산 제사로 드릴 수 있는 자들이 되어야 합니다.

3

영원한 대제사장과 왕 같은 제사장

그리스도는 장래 좋은 일의 대제사장으로 오셔서 자기의 피로 영원한 속죄를 이루시고 단번에 성소에 들어가셨습니다.

"1 이제 하는 말의 중요한 것은 이러한 **대제사장이 우리에게 있는 것이라** 그가 하늘에서 위엄의 보좌 우편에 앉으셨으니 2 성소와 참 장막에 부리는 자라 **이 장막은 주께서 베푸신 것이요 사람이 한 것이 아니니라**"
(히8:1-2)

"11 **그리스도께서 장래 좋은 일의 대제사장으로 오사 손으로 짓지 아니한 곧 이 창조에 속하지 아니한 더 크고 온전한 장막으로** 말미암아 12 염소와 송아지의 피로 아니하고 **오직 자기 피로 영원한 속죄를 이루사 단번에 성소에 들어가셨느니라** 13 염소와 황소의 피와 및 암송아지의 재로 부정한 자에게 뿌려 그 육체를 정결케 하여 거룩케 하거든 14 하물며 영원하신 성령으로 말미암아 흠 없는 자기를 하나님께 드린 그리스도의 피가 어찌 너희 양심으로 죽은 행실에서 깨끗하게 하고 살아 계신 하나님을 섬기게 못하겠느뇨 15 이를 인하여 **그는 새 언약의 중보니** 이는 첫 언약 때에 범한 죄를 속하려고 죽으사 **부르심을 입은 자로 하여금 영원한 기업의 약속을 얻게 하려 하심이니라**" (히9:11-15)

주께서 베푸신 성소와 참 장막에 부리는 자이시며 대제사장이신 그리스도께서 새 언약의 중보(中保)가 되셔서 믿는 자들로 영원한 기업의 약속을 얻게 하려 하셨습니다. 율법은 약점을 가진 사람을 제사장으로 세웠으나 새 언약의 말씀은 영원히 온전케 되신 아들을 세우셨습니다. 그리스도는 참 것의 그림자인 손으로 만든 성소에 들어가지 아니하시고 오직 참 하늘에 들어가셨습니다. 그리스도께서 참 하늘에 들어가신 것은 그리스도를 힘입어 믿는 자들도 참 하늘에 들어가게 하시기 위함입니다.

"19 그러므로 **형제들아 우리가 예수의 피를 힘입어 성소에 들어갈 담력을 얻었나니** 20 **그 길은 우리를 위하여 휘장 가운데로 열어 놓으신 새롭고 산 길이요 휘장은 곧 저의 육체니라** 21 또 하나님의 집 다스리는 큰 제사장이 계시매 22 우리가 마음에 뿌림을 받아 양심의 악을 깨닫고 몸을 맑은 물로 씻었으니 참 마음과 온전한 믿음으로 하나님께 나아가자 23 또 약속하신 이는 미쁘시니 우리가 믿는 도리의 소망을 움직이지 말고 굳게 잡아 24 서로 돌아보아 사랑과 선행을 격려하며 25 **모이기를 폐하는 어떤 사람들의 습관과 같이 하지 말고 오직 권하여 그 날이 가까움을 볼수록 더욱 그리하자**" (히10:19-25)

예수님의 육체가 제물이 되어서 그 피로 성소와 지성소 사이에 있는 휘장을 열어 믿는 자들이 대제사장만 들어갈 수 있는 지성소까지 바로 들어갈 수 있도록 하셨습니다. 율법 아래에서 섬기는 지성소에는 1년에 한 번(히9:7) 대제사장만이 들어갈 수 있었습니다. 그러나 새 언약 아래에서는 제사장이 되면 누구나 지성소에 들어갈 수 있게 되었습니다. 예수 그리스도의 피가 성소와 지성소 사이에 있는 휘장을 위에서부터 아래까지 둘이 되게 하셔서 지성소로 들어가는 길을 열어놓으셨습니다.

"50 예수께서 다시 크게 소리지르시고 영혼이 떠나시다 51 **이에 성소 휘장이 위로부터 아래까지 찢어져 둘이 되고** 땅이 진동하며 바위가 터지고 52 무덤들이 열리며 자던 성도의 몸이 많이 일어나되 53 예수의 부활 후에 저희가 무덤에서 나와서 거룩한 성에 들어가 많은 사람에게 보이니라"(마27:50-53)

"26 이러한 대제사장은 우리에게 합당하니 거룩하고 악이 없고 더러움이 없고 죄인에게서 떠나 계시고 하늘보다 높이 되신 자라 27 저가 저 대제사장들이 먼저 자기 죄를 위하고 다음에 백성의 죄를 위하여 날마다 제사드리는 것과 같이 할 필요가 없으니 이는 저가 단번에 자기를 드려 이루셨음이라 28 율법은 약점을 가진 사람들을 제사장으로 세웠거니와 **율법 후에 하신 맹세의 말씀은 영원히 온전케 되신 아들을 세우셨느니라**"(히7:26-28)

영원히 온전케 되신 아들을 대제사장으로 세우셔서 그가 친히 제물이 되어 자기의 몸을 드리심으로 영원한 속죄를 이루사 다시는 죄를 위하여 제사할 것이 없게 하셨습니다. 그러므로 믿는 자들이 예수 그리스도의 피를 힘입어 성소에 들어갈 담력을 얻고 제사장의 직분을 행하게 하셨습니다.

"5 또 충성된 증인으로 죽은 자들 가운데서 먼저 나시고 땅의 임금들의 머리가 되신 예수 그리스도로 말미암아 은혜와 평강이 너희에게 있기를 원하노라 우리를 사랑하사 그의 피로 우리 죄에서 우리를 해방하시고 6 그 **아버지 하나님을 위하여 우리를 나라와 제사장으로 삼으신** 그에게 영광과 능력이 세세토록 있기를 원하노라 아멘"(계1:5-6)

"9 새 노래를 노래하여 가로되 책을 가지시고 그 인봉을 떼기에 합당하시도다 일찍 죽임을 당하사 **각 족속과 방언과 백성과 나라 가운데서 사람들을 피로 사서 하나님께 드리시고 10 저희로 우리 하나님 앞에서 나라와 제사장을 삼으셨으니 저희가 땅에서 왕 노릇 하리로다** 하더라"(계 5:9-10)

예수 그리스도의 피로 우리를 우리 죄에서 해방하시고 아버지 하나님을 위하여 우리를 나라와 제사장을 삼으시고 하나님 앞에서 나라와 제사장을 삼은 자들이 또한 땅에서 왕 노릇 한다고 했습니다. 믿는 자들이 나라가 되고 그 나라를 다스리는 왕이 되고 하나님의 제사장이 된다고 말씀하고 있습니다.

"4 사람에게는 버린 바가 되었으나 하나님께는 택하심을 입은 보배로운 산 돌이신 예수에게 나아와 5 너희도 산 돌같이 신령한 집으로 세워지고 **예수 그리스도로 말미암아 하나님이 기쁘게 받으실 신령한 제사를 드릴 거룩한 제사장이 될지니라**"(벧전2:4-5)

"9 오직 **너희는 택하신 족속이요 왕 같은 제사장들이요 거룩한 나라요 그의 소유된 백성이니** 이는 너희를 어두운 데서 불러 내어 그의 기이한 빛에 들어가게 하신 자의 아름다운 덕을 선전하게 하려 하심이라 10 너희가 전에는 백성이 아니더니 이제는 하나님의 백성이요 전에는 긍휼을 얻지 못하였더니 이제는 긍휼을 얻은 자니라"(벧전2:9-10)

믿는 자들이 예수 그리스도로 말미암아 하나님이 기쁘게 받으실 신령한 제사를 드릴 거룩한 제사장이 된다고 했습니다. 믿는 자들이 택하신 족속이요, 왕 같은 제사장들이요, 거룩한 나라요, 그의 소유된 백성이라고 했습니다. 예수 그리스도가 참 하늘에 들어가신 대제사장이 되시고 믿는 자들도 하나님의 거룩한 제사장이 되게 하셨습니다.

4

첫 열매

그리스도께서 죽은 자 가운데서 다시 살아 잠자는 자들의 첫 열매가 되셨습니다.

"20 그러나 이제 **그리스도께서 죽은 자 가운데서 다시 살아 잠자는 자들의 첫 열매가 되셨도다** 21 사망이 사람으로 말미암았으니 죽은 자의 부활도 사람으로 말미암는도다 22 **아담 안에서 모든 사람이 죽은 것같이 그리스도 안에서 모든 사람이 삶을 얻으리라** 23 그러나 각각 자기 차례대로 되리니 먼저는 첫 열매인 그리스도요 다음에는 그리스도 강림하실 때에 그에게 붙은 자요 24 그 후에는 나중이니 저가 **모든 정사와 모든 권세와 능력을 멸하시고 나라를 아버지 하나님께 바칠 때라** 25 저가 모든 원수를 그 발 아래 둘 때까지 불가불 왕 노릇 하시리니 26 맨 나중에 멸망받을 원수는 사망이니라"(고전15:20-26)

그리스도는 하나님의 첫 열매가 아니라 잠자는 자들의 첫 열매라고 했습니다. 사망이 아담으로 말미암았으므로 아담 안에서 모든 사람이 죽은 것같이 그리스도 안에 생명이 있으므로 그리스도 안에서 모든 사람이 삶을 얻는다고 했습니다. 그리스도가 잠자는 자들의 첫 열매가 되셨다는 것은 모든 죽은 사람들 가운데서 그리스도가 유일하게 다시 살아나시고 가장 먼저 살아나셨는데 잠자는 자들에게 그리스도를 첫 열매로 주신다는 뜻입니다. 그래서 첫 열매를 받은 자들이 그리스도와 같이 사망 권세를 이기는 자들이 되고 믿는 자 안에서 사망이 완전히 멸망받을 때가 오는데 그때가 모든 정사와 모든 권세와 능력을 멸하시고 나라를 아버지 하나님께 바칠 때입니다. 여기서 아버지 하나님께 바쳐지는 나라는 그리스도의 피로 사서 나라와 제사장을 삼으신 믿는 사람입니다.

"23 이뿐 아니라 또한 우리 곧 **성령의 처음 익은 열매를 받은 우리까지도 속으로 탄식하여 양자될 것 곧 우리 몸의 구속을 기다리느니라** 24 우리가 소망으로 구원을 얻었으매 보이는 소망이 소망이 아니니 보는 것을 누가 바라리요 25 만일 우리가 보지 못하는 것을 바라면 참음으로 기다릴지니라"(롬8:23-25)

믿는 자들이 성령의 처음 익은 열매를 받아서 몸의 구속을 기다리는데 몸의 구속은 믿는 자의 몸에서 죄가 다 사라져 버리고 믿는 자의 몸이 그리스도의 몸이 되는 것입니다. 이것이 몸의 구속이요, 양자가 되는 것입니다. 여기서 양자는 입양된 아들이 아니라 기르고 양육해서 후사가 되는 아들을 말합니다. 그래서 양자가 되는 것, 곧 몸의 구속은 기다려야 합니다. 몸의 구속은 믿는 자들이 그리스도의 장성한 분량이 충만한 데까지 이르는 것입니다.

> "13 우리가 다 하나님의 아들을 믿는 것과 아는 일에 하나가 되어 **온전한 사람을 이루어 그리스도의 장성한 분량이 충만한 데까지 이르리니** 14 이는 우리가 이제부터 어린아이가 되지 아니하여 사람의 궤술과 간사한 유혹에 빠져 모든 교훈의 풍조에 밀려 요동치 않게 하려 함이라 15 **오직 사랑 안에서 참된 것을 하여 범사에 그에게까지 자랄지라 그는 머리니 곧 그리스도라**" (엡4:13-15)

믿는 자들이 하나님의 아들을 믿는 것과 아는 일에 하나가 되어 온전한 사람을 이루어 그리스도의 장성한 분량이 충만한 데까지 이른다는 것은 믿는 자들도 그리스도와 똑같이 온전하게 되어서 첫 열매가 되는 것을 말합니다.

> "17 각양 좋은 은사와 온전한 선물이 다 위로부터 빛들의 아버지께로서 내려오나니 그는 변함도 없으시고 회전하는 그림자도 없으시니라 18 그가 그 조물 중에 **우리로 한 첫 열매가 되게 하시려고 자기의 뜻을 좇아 진리의 말씀으로 우리를 낳으셨느니라**" (약1:17-18)

아버지께서 믿는 자들도 첫 열매가 되게 하시려고 자기의 뜻을 좇아 진리의 말씀으로 믿는 자들을 낳으셨다고 했습니다. 이미 그리스도께서 첫 열매가 되셨는데 믿는 자들도 첫 열매가 되게 하신다고 했습니다. 그래서 첫 열매는 열매가 되는 순서가 아니라 열매가 된 상태를 말하는 것입니다. 첫 열매(성령의 처음 익은 열매)이신 그리스도를 받아서 믿는 자들도 그리스도와 똑같은 첫 열매가 되는 것입니다. 믿는 자들을 그리스도와 똑같이 온전하게 하시는 것이 하나님의 뜻입니다.

> "그러므로 하늘에 계신 너희 아버지의 온전하심과 같이 너희도 온전하라" (마5:48)

하늘에 계신 아버지의 온전하심과 같이 너희도 온전한 자가 되라고 했습니다. 사람으로서 하나님 아버지와 같이 온전하게 되신 분은 오직 그리스도 한 분밖에 없습니다. 하나님의 말씀은 반드시 이루어져야 합니다. 믿는 자들이 아버지와 같이 온전하게 되는 길은 그리스도와 똑같이 되는 것입니다. 그래서 첫 열매이신 그리스도를 믿는 자들에게 주시고 믿는 자들도 그리스도와 똑같이 첫 열매가 되게 하시는 것입니다.

5

장자들의 총회

성경에는 하늘에 기록한 장자들의 총회가 있습니다.

"22 그러나 너희가 이른 곳은 시온 산과 살아 계신 하나님의 도성인 하늘의 예루살렘과 천만 천사와 23 **하늘에 기록한 장자들의 총회와** 교회와 만민의 심판자이신 하나님과 및 온전케 된 의인의 영들과 24 새 언약의 중보이신 예수와 및 아벨의 피보다 더 낫게 말하는 뿌린 피니라"(히 12:22-24)

말 그대로 장자들의 총회는 장자들만 들어가는 곳입니다. 성경이 말씀하는 장자는 원래 장자가 아닌 자들이 장자의 직분을 얻어서(야곱과 같이) 장자가 되는 것을 말씀하고 있습니다. 앞에서 다뤘듯이 첫 것을 폐하시고 둘째 것을 세우셔서 둘째 것이 유업을 이을 자, 곧 후사가 되게 하십니다.

"45 기록된 바 첫 사람 아담은 산 영이 되었다 함과 같이 마지막 아담은 살려 주는 영이 되었나니 46 그러나 **먼저는 신령한 자가 아니요 육 있는 자요 그 다음에 신령한 자니라** 47 첫 사람은 땅에서 났으니 흙에 속한 자이거니와 둘째 사람은 하늘에서 나셨느니라 48 무릇 흙에 속한 자는 저 흙에 속한 자들과 같고 무릇 하늘에 속한 자는 저 하늘에 속한 자들과 같으니 49 **우리가 흙에 속한 자의 형상을 입은 것같이 또한 하늘에 속한 자의 형상을 입으리라**"(고전15:45-49)

땅에서 난 첫 사람이 하늘에서 난 둘째 사람으로 존재가 바뀌는 것이 후사가 될 수 있는 유일한 길입니다. 첫 사람은 하나님의 나라를 유업으로 받을 수 없습니다. 오직 하늘에 속한 자들만 하나님의 나라를 유업으로 얻을 수 있습니다.

"형제들아 내가 이것을 말하노니 **혈과 육은 하나님 나라를 유업으로 받을 수 없고 또한 썩은 것은 썩지 아니한 것을 유업으로 받지 못하느니라**"(고전15:50)

"19 **육체의 일은 현저하니** 곧 음행과 더러운 것과 호색과 20 우상 숭배와 술수와 원수를 맺는 것과 분쟁과 시기와 분냄과 당짓는 것과 분리함과 이단과 21 투기와 술 취함과 방탕함과 또 그와 같은 것들이라 전에 너희에게 경계한 것같이 경계하노니 **이런 일을 하는 자들은 하나님의 나라를 유업으로 받지 못할 것이요**"(갈5:19-21)

혈과 육이 하나님의 나라를 유업으로 받을 수 없고 썩은 것이 썩지 않는 것을 유업으로 받지 못한다는 것과 육체의 일을 행하는 자들이 하나님의 나라를 유업으로 받지 못한다는 것은 같은 뜻입니다. 육신에 속해서 육신대로 사는 자들은 반드시 죽는다고 했습니다.

"12 그러므로 형제들아 우리가 빚진 자로되 육신에게 져서 육신대로 살 것이 아니니라 13 너희가 육신대로 살면 반드시 죽을 것이로되 영으로써 몸의 행실을 죽이면 살리니 14 무릇 하나님의 영으로 인도함을 받는 그들은 곧 하나님의 아들이라" (롬8:12-14)

"5 육신을 좇는 자는 육신의 일을, 영을 좇는 자는 영의 일을 생각하나니 6 육신의 생각은 사망이요 영의 생각은 생명과 평안이니라 7 육신의 생각은 하나님과 원수가 되나니 이는 하나님의 법에 굴복치 아니할 뿐 아니라 할 수도 없음이라 8 육신에 있는 자들은 하나님을 기쁘시게 할 수 없느니라" (롬8:5-8)

육신대로 살면 반드시 죽는다고 했는데 영으로써 몸의 행실을 죽이면 살 수 있습니다. 육신의 생각은 하나님과 원수가 되고 육신에 있는 자들은 하나님을 기쁘시게 할 수도 없습니다. 그래서 육신에 속한 자들은 하나님의 나라를 유업으로 받을 수 없는 것입니다.

"**6 너희 속에 착한 일을 시작하신 이가 그리스도 예수의 날까지 이루실 줄을 우리가 확신하노라** 7 내가 너희 무리를 위하여 이와 같이 생각하는 것이 마땅하니 이는 너희가 내 마음에 있음이며 나의 매임과 복음을 변명함과 확정함에 너희가 다 나와 함께 은혜에 참예한 자가 됨이라 8 내가 예수 그리스도의 심장으로 너희 무리를 어떻게 사모하는지 하나님이 내 증인이시니라 9 내가 기도하노라 너희 사랑을 지식과 모든 총명으로 점점 더 풍성하게 하사 10 너희로 지극히 선한 것을 분별하며 또 진실하여 허물 없이 그리스도의 날까지 이르고 11 **예수 그리스도로 말미암아 의의 열매가 가득하여 하나님의 영광과 찬송이 되게 하시기를 구하노라**" (빌1:6-11)

믿는 자 속에서 착한 일을 시작하신 하나님이 그리스도 예수의 날까지 이루신다고 했습니다. 그리스도의 날은 믿는 자 속에 의의 열매가 가득하여 믿는 자들이 하나님의 영광과 찬송이 되는 것입니다. 그리스도의 날은 믿는 자 안에 의의 열매가 가득한 상태를 말하는 것입니다. 착한 일의 시작은 그리스도가 믿는 자 안에 들어오시는 것입니다. 그리스도의 날은 믿는 자들이 하나님의 모든 충만하신 것으로 충만하게 되는 것입니다. 이 모든 일이 믿는 자 안에서 이루어집니다.

"17 **믿음으로 말미암아 그리스도께서 너희 마음에 계시게 하옵시고** 너희가 사랑 가운데서 뿌리가 박히고 터가 굳어져서 18 능히 모든 성도와 함께 지식에 넘치는 그리스도의 사랑을 알아 19 그 넓이와 길이와 높이와 깊이가 어떠함을 깨달아 **하나님의 모든 충만하신 것으로 너희에게 충만하게 하시기를 구하노라**" (엡3:17-19)

믿음으로 그리스도가 믿는 자의 마음에 계시는 것이 구원이고, 믿는 자의 마음에 계신 그리스도로 말미암아 하나님의 모든 충만하신 것으로 충만하게 되는 것이 후사가 되는 것이요, 곧 장자들의 총회에 들어가는 것입니다.

6

진동치 못할 나라

믿는 자들이 하나님의 나라가 된다고 했는데 믿는 자들도 나라를 하나님께 받습니다. 믿는 자들이 받는 나라를 진동치 못할 나라라고 했습니다.

"25 너희는 삼가 말하신 자를 거역하지 말라 땅에서 경고하신 자를 거역한 저희가 피하지 못하였거든 하물며 하늘로 좇아 경고하신 자를 배반하는 우리일까 보냐 26 그 때에는 그 소리가 땅을 진동하였거니와 이제는 약속하여 가라사대 내가 또 한번 땅만 아니라 하늘도 진동하리라 하셨느니라 27 이 또 한번이라 하심은 진동치 아니하는 것을 영존케 하기 위하여 진동할 것들 곧 만든 것들의 변동될 것을 나타내심이니라 28 그러므로 우리가 진동치 못할 나라를 받았은즉 은혜를 받자 이로 말미암아 경건함과 두려움으로 하나님을 기쁘시게 섬길지니 29 우리 하나님은 소멸하는 불이심이니라" (히12:25-29)

진동(震動)치 아니하는 것을 영존(永存)케 하기 위하여 진동(震動)할 것들 곧 만든 것들의 변동될 것을 나타내신다고 했는데 여기서 진동치 아니하는 것을 영존케 하신다는 말씀은 진동하지 않아야 영존하게 될 수 있다는 뜻입니다. 진동하지 못한다는 것은 어떤 경우에도 흔들림이 없다는 뜻입니다. 믿는 자들이 받은 진동치 못할 나라는 바로 보배이신 그리스도입니다. 그래서 보배이신 그리스도를 가진 사람들은 어떤 경우에도 흔들림이 없습니다.

"6 어두운 데서 빛이 비취리라 하시던 그 하나님께서 예수 그리스도의 얼굴에 있는 하나님의 영광을 아는 빛을 우리 마음에 비취셨느니라 7 우리가 이 보배를 질그릇에 가졌으니 이는 능력의 심히 큰 것이 하나님께 있고 우리에게 있지 아니함을 알게 하려 함이라 8 우리가 사방으로 우겨쌈을 당하여도 싸이지 아니하며 답답한 일을 당하여도 낙심하지 아니하며 9 핍박을 받아도 버린 바 되지 아니하며 거꾸러뜨림을 당하여도 망하지 아니하고 10 우리가 항상 예수 죽인 것을 몸에 짊어짐은 예수의 생명도 우리 몸에 나타나게 하려 함이라 11 우리 산 자가 항상 예수를 위하여 죽음에 넘기움은 예수의 생명이 또한 우리 죽을 육체에 나타나게 하려 함이니라"(고후4:6-11)

만들어진 것들은 진동(震動)할 것들이고 변동(變動)될 것들인데 진동하고 변동되는 것들을 영원히 변하지 않는 것으로 바꾸시는 것, 곧 영존(永存)케 하시는 것이 하나님의 뜻입니다. 피조물은 진동하고 변동되는 것들입니다. 이 만든 것들이 더는 진동하지 못하도록 보배이신 그리스도를 믿는 자들에게 주셔서 믿는 자들이 진동치 못할 나라를 받은 하나님의 거룩한 후사들이 되게 하십시오. 보배이신 그리스도를 가진 자들은 사방으로 우겨쌈을 당하여도 싸이지 아니하며 답답한 일을 당하여도 낙심하지 아니하며 핍박을 받아도 버린 바 되지 아니하며 거꾸러뜨림을 당하여도 망하지 않고 예수의 생명이 몸에 나타나고 죽을 육체에 나타나는 자들입니다. 이런 사람들이 하나님의 나라를 유업으로 얻는 거룩한 후사들입니다. 이 모든 것이 믿는 자들이 이 땅에서 육체가 있는 동안에 꼭 이루어야 할 하나님의 말씀입니다. 이 책을 읽는 분들에게 하나님의 은혜로 말씀이 깨달아져서 그 속에서 모든 말씀이 온전하게 이루어지기를 간절히 기도드립니다.

부록

아타나시우스의
삼위일체 신조 44

아타나시우스의 존재론적 삼위일체의 44개 신조대로 하나님을 믿으면 입으로는 하나님이 한 분이라고 말하지만 마음속으로는 성부와 성자와 성령이 각각 존재하시는 세 분 하나님들을 믿게 됩니다. 성경에는 예수 그리스도로 말미암아 영생을 얻는 것이 아버지의 뜻이라고 말씀하고 있는데 아타나시우스의 존재론적 삼위일체의 44개 신조에는 하나님 아버지의 생명을 얻어야 한다는 내용이 단 한 번도 나오지 않습니다. 이 신조대로 하나님을 믿는다면 단 한 사람도 구원을 받을 수가 없고 마귀의 자식이 되어 불과 유황으로 타는 못(곧 둘째 사망)에 들어가서 영원히 살게 됩니다.

1. 누구든지 구원을 받고자 하는 사람은 모든 것 이전에 먼저 이 신앙을 소유해야 한다.
2. 이 모든 신앙의 내용을 온전히 이루지 못하는 사람들은 영원토록 멸망을 받을 것이다.
3. 이 신앙은 다음의 것들이다. 우리는 삼위일체 되신 한 분 하나님을 믿는다.

4. 이 삼위일체는 인격을 혼합한 것도 아니요, 그 본질을 나눈 것도 아니다.
5. 왜냐하면 아버지의 한 인격과 아들의 다른 인격, 또한 성령의 또 다른 인격이 계시기 때문이다.
6. 그러나 성부와 성자와 성령의 머리되심은 모두가 다 하나요, 그 영광도 동일하며, 그 위엄도 함께 영원한 것이다.
7. 성부와 성자와 성령은 그 자체로 존재한다.
8. 성부와 성자와 성령은 결코 창조되지 않았다.
9. 성부와 성자와 성령은 우리의 이해를 초월한 분이시다.
10. 성부와 성자와 성령은 영원한 분이시다.
11. 그러나 세 분이 영원한 분들이 아니며 다만 영원한 한 분만이 계실 따름이다.
12. 창조되지도 않았고 우리의 이해를 초월한 세 분이 있는 것이 아니라 창조되지도 않았고 인간의 이해를 초월한 단 한 분만이 계실 뿐이다.
13. 성부께서 전능하시듯이 성자와 성령도 전능하시다.
14. 그러나 세 분의 전능자가 계신 것이 아니요, 오직 한 분의 전능자가 계실 뿐이다.
15. 성부가 하나님이시듯이 성자도 성령도 하나님이시다.
16. 그럼에도 세 분 하나님이 계신 것이 아니라 한 분 하나님만이 계실 뿐이다.
17. 성부께서 주님이시듯이 성자도 성령도 주님이시다.
18. 그럼에도 주님은 세 분이 아니라 한 분이실 뿐이다.
19. 우리는 이 각각의 세 분이 그 스스로 하나님이시요, 주님이시라는 사실을 기독교의 진리로 받는 바이다.
20. 따라서 세 분 하나님이 계시며 세 분 주님이 계시다는 말은 참 기독교인으로서 금한다.

21. 성부는 그 무엇에서 만들어지거나 창조되거나 유래된 분이 아니다.
22. 성자는 성부에게서 왔으나 지음을 받았거나 유래된 분이 아니다.
23. 성령은 성부와 성자에게서 왔으나 지음을 받았거나 유래되었거나 발생된 분이 아니시다.
24. 따라서 세 분 성부가 아닌 한 성부, 세 분 성자가 아닌 한 성자, 세 분 성령이 아닌 한 성령만이 계실 뿐이다.
25. 이 삼위일체에 있어서 어느 한 분이 앞서거나 뒤에 계신 것이 아니며, 더 위대하거나 덜 위대한 분도 없다.
26. 다만 세 분이 함께 동등하다는 것이다.
27. 따라서 앞에 말한 대로 이 모든 것에서 세 분이면서도 한 분으로 통일을 이루는 삼위일체께서 경배를 받으셔야 할 것이다.
28. 그러므로 구원받을 사람들은 삼위일체에 대하여 생각해야만 한다.
29. 더 나아가 영원한 구원을 얻는 데에는 우리 주 예수 그리스도의 성육에 대하여 올바로 믿어야 한다.
30. 올바른 믿음이란 하나님의 아들이신 우리 주 예수 그리스도께서는 하나님이시요, 동시에 인간이라는 사실을 믿고 고백하는 것이다.
31. 그는 성부의 본체이시며 이 세상이 생겨나기 전에 나신 자요, 동시에 그 어머니의 본질을 갖고 이 세상에 나신 분이시다.
32. 완전한 하나님이시요, 또한 완전한 인간으로서 영혼과 육신을 갖고 계신 분이시다.
33. 하나님 되심에 있어서는 성부와 동등되나 그의 인간되심에 있어서는 성부보다 낮으신 분이시다.
34. 비록 그는 하나님이시며 인간이 되시긴 하나 두 분이 아니요, 한 분 그리스도일 뿐이다.
35. 그리스도는 하나님의 머리 되심이 육신으로 전환된 것이 아니라 인간

의 몸을 취한 하나님이신 분이시다.

36. 그리스도는 그 본질이 혼합된 분이 아니라 인격의 통일성으로 하나되신 분이시다.

37. 한 인간이 영혼과 육신을 가졌듯이 한 그리스도께서는 하나님이시요, 동시에 인간이 되신다.

38. 그분은 우리를 위해 고난받으시고 음부에 내려가셨다가 삼일 만에 죽은 자 가운데서 다시 사셨다.

39. 그는 하늘에 오르사 전능하신 하나님, 곧 성부의 오른편에 앉아계시며

40. 거기로서 산 자와 죽은 자를 심판하러 오실 것이다.

41. 그가 오실 때에 만민은 육체로 다시 일으킴을 받으며,

42. 자신들의 행위에 따라 판단을 받을 것이다.

43. 그리고 선한 일을 행한 자는 영생으로 나가고 악을 행한 자는 영원한 불에 들어갈 것이다.

44. 이것이 교회의 참 신앙이며, 이를 신실하게 믿지 않는 자는 구원을 얻지 못하는 것이다.

미석(微石) 주종철 목사의
사람이 하나님이 되는 신조 68

　사람이 하나님들이 되게 하는 68개의 신조대로 하나님을 믿으면 예수 그리스도만이 천상천하에 한 분 하나님이시라는 것을 확실하게 알고 믿으므로 예수 그리스도로 말미암아 믿는 자들이 하나님들이 되어서 하나님의 말씀대로 믿는 자들 속에 하나님의 나라가 이루어지고 육체를 입고 사는 동안 하나님의 모든 말씀을 이루어 드리는 하나님의 후사가 되어 하나님이 약속하신 유업을 다 받아 누리는 거룩한 하나님의 아들들이 다 될 수 있습니다.

1. 하나님은 한 분이십니다.(신6:4, 엡4:5-6)
2. 아버지가 하나님이시기 때문에 하나님은 한 분이시고 그 생명도 하나입니다.(고전8:6)
3. 여호와 하나님은 사람의 형체를 하고 계십니다.(창1:26-27)
4. 여호와 하나님 아버지 속에 있는 생명을 하나님이라고 합니다.
5. 여호와 하나님 아버지는 한 분이시지만 하나님은 많습니다.(시82:1)
6. 하나님은 한 분이시지만 또 하나님이 많은 이유는 하나님의 생명을 분배받은 존재는 다 하나님이 되기 때문입니다.(요10:34-35)

7. 여호와 아버지가 하나님이십니다.(말2:10)

8. 아들 예수 그리스도가 하나님입니다.(딛2:13)

9. 성령이 하나님입니다.(행5:3-4)

10. 말씀이 하나님입니다.(요1:1)

11. 말씀을 받은 사람들이 하나님들이 됩니다.(요10:35)

12. 하나님이라고 할 때는 아버지와 아들과 성령을 포함한 분을 지칭합니다.

13. 한 분 하나님이 하나님의 아들이 되고 아내가 되고 또 아들들이 되는 것이 기독교입니다.

14. 영원히 배반과 반역이 없는 하나님의 나라를 세우기 위하여 하나님이 하나님의 아들이 되셨습니다.(사9:6)

15. 자기가 자기를 배반하지 않기 때문에 하나님이 하나님의 아들이 되셨습니다.

16. 하나님이 지으신 천사가 하나님을 배반해서 사단 곧 마귀가 되었습니다.(겔28:15)

17. 천사는 하나님의 생명으로 낳지 않았기 때문에 하나님을 배반했습니다.(사14:14)

18. 한 분 하나님 아버지께서 예수 그리스도로 말미암아 생명을 분배하시어 많은 하나님의 아들들을 얻으시는 것이 하나님의 경륜입니다.(엡1:3-5)

19. 일위일체로 계신 한 분 하나님이 많은 아들들을 얻으시기 위하여 '그'로 일하십니다.(사41:4)

20. 한 분 하나님이 아버지와 아들과 성령으로 일하실 때 '그'로서 일하십니다.

21. 처음이요, 마지막이신 분이 일하실 때 '그'로서 일하십니다.(사48:12,

계1:17-18)

22. 예수님이 자신을 '그'라고 할 때는 여호와로 말미암은 여호와가 아닌 여호와를 말합니다.(요8:24)

23. 많은 하나님의 아들들을 얻으시려고 예수님께서 '그'로서 일하십니다.(요13:19)

24. 증인과 종들을 택하신 것은 여호와께서 '그'로서 일하심을 깨닫게 하려 함입니다.(사43:10)

25. 여호와도 '그'요, 아들 예수도 '그'요, 성령도 '그'이십니다.(사41:4, 요8:24, 요16:13-14)

26. 예수님이 '그'로서 일하심으로 말미암아 하나님의 아들이 된 자도 '그'입니다.(요일3:2-3)

27. 아버지와 아들과 성령은 영원부터 영원까지 아버지 안에 하나로 계십니다.

28. 예수 그리스도는 아버지의 생명을 받아 하나님의 아들이 되셨습니다.(요5:26)

29. 예수 그리스도는 하나님의 본체가 직접 오셔서 육신을 입으시고 하나님의 아들이 되셨습니다.(빌2:5-6)

30. 예수님이 육신이 되셨을 때 아버지는 예수님 안에 영체로 계시기 때문에 예수님 한 분 안에서 아버지와 아들로 계십니다.(요14:10-11)

31. 한 분 예수 그리스도 안에서 아버지는 영체로 예수님은 육체로 성령은 생명으로 계십니다.

32. 하나님 아버지 속에 있는 생명이 생각을 통하여 입으로 말씀하시면 이것이 말씀입니다.

33. 말씀하신 것을 이루시기 위해 아버지 속에 있는 생명이 활동을 하시면 이것이 성령입니다.

34. 아버지와 아들은 형체가 있으나 성령과 말씀은 형체가 없습니다.
35. 영체로서 사람의 형체를 하고 계시는 여호와 하나님께서 육체를 입으시고 육신 안에서 아들이 되신 것은 많은 아들들을 얻기 위한 씨를 만들기 위함입니다.(요12:24)
36. 그리스도는 하나님 아버지의 생명에 사람이신 예수의 생명이 더해진 하나님의 씨입니다.
37. 예수 그리스도는 십자가에서 몸을 버리시고 아버지 속으로 가셨기 때문에 이제는 아버지로 계십니다.(갈2:20, 요14:20)
38. 몸을 영원히 버리신 하나님의 아들 예수 그리스도를 믿어야 사람이 하나님의 아들이 될 수 있습니다.(갈2:20)
39. 초림하신 예수 그리스도는 온 세상의 죄를 짊어지시고 죽으셨습니다.(요1:29, 요일2:2)
40. 영이신 아버지는 죽을 수가 없기 때문에 육체를 입으신 예수 그리스도께서 십자가에서 피를 흘리고 죽으셨습니다.(골1:22)
41. 아버지는 죽을 수 없는 분이기 때문에 예수님께서 십자가에서 죽으실 때 예수님 속에서 나와서 원래 아버지의 보좌로 가시고 예수님은 아버지 속으로 가십니다.(요14:20, 16:28)
42. 사람이 하나님의 씨를 받아 하나님의 아들이 되려면 반드시 그리스도와 함께 죽었다고 믿어야 합니다.(갈2:20)
43. 부활하신 예수님은 하나님 우편으로 가셨는데 권능과 위엄의 우편인 아버지 하나님 속으로 가셨습니다.(마26:64, 히1:3)
44. 예수님이 이기고 예수님의 보좌에 앉으신 것이 아니라 아버지의 보좌에 앉으셨는데 예수님은 그 보좌를 내 보좌라고 하셨습니다.(계3:21)
45. 하늘의 보좌는 하나밖에 없기 때문에 보좌에 앉으신 분이 천상천하에 유일하신 한 분 하나님입니다.(계21:5-7)

46. 몸의 부활을 믿고 전하는 것이 기독교입니다.(행17:18)

47. 예수님은 십자가에서 죽으실 때 영혼과 몸과 육체가 다 죽었습니다.(사53:12, 골1:22)

48. 아버지께서 십자가에서 죽으신 예수님의 영을 살리셔서 그 영이 아버지 속으로 가셨습니다.(벧전3:18, 롬1:4)

49. 몸을 버리시고 아버지 속으로 가신 예수 그리스도의 영혼이 믿는 사람 속에 들어가 믿는 사람의 몸을 얻는 것이 예수님의 몸의 부활입니다.

50. 그리스도께서 믿는 자의 몸을 얻으면 믿는 자의 몸이 그리스도의 몸이 됩니다.(고전12:27)

51. 성경에서 말하는 죽은 자는 육체는 살아 있으나 속에 산 자이신 하나님이 없는 자들입니다.(마8:21-22, 딤전5:6)

52. 예수께서 죽은 자 가운데서 다시 사셨다는 것은 육체가 죽은 사람들 중에서 예수님만 살아나셨다는 것이 아니라 속에 산 자이신 하나님이 없는 자들 속에서 사셨다는 것입니다.(고전15:20)

53. 그리스도께서 죽은 자 가운데서 다시 살 때 그 죽은 자가 산 자가 되어 하나님의 아들이 되고 이것이 예수 그리스도의 재림이며 구원입니다.(히9:28)

54. 사람은 부활이 아니고 예수 그리스도가 부활입니다.(요11:25)

55. 사람은 반드시 부활이신 예수 그리스도와 연합해야만 부활할 수 있습니다.(롬6:5, 6:8)

56. 예수 그리스도의 부활은 초림하신 예수님 한 분에게만 국한된 것이 아니라 믿는 모든 자들이 예수 그리스도로 말미암아 부활해야 하기 때문에 지금도 계속 이루어지고 있습니다.

57. 예수 그리스도는 죽은 자 가운데서 부활하심으로 말미암아 우리를

거듭나게 하십니다.(벧전1:3)

58. 믿는 자들이 하나님의 살아 있고 항상 있는 말씀으로 거듭납니다.(벧전1:23)

59. 믿는 자들이 물과 성령으로 거듭나지 아니하면 하나님의 나라를 볼 수 없습니다.(요3:3-5)

60. 그러므로 부활과 말씀과 물과 성령은 하나입니다.

61. 아버지의 생명이신 성령이 사람이신 예수 안에 들어가서 예수님과 하나 된 생명이 그리스도인데 이 그리스도의 영을 믿는 자들에게 주시므로 믿는 자들이 하나님의 아들이 되고 구원을 받습니다.(롬8:9-10)

62. 성령과 하나님의 영은 아버지의 영이고 그리스도의 영과 예수의 영은 아들의 영입니다.

63. 믿는 자가 그리스도의 영을 받아서 하나님의 아들이 되었다면 반드시 성령을 보증으로 믿는 자의 마음에 주시기 때문에 그리스도의 영과 성령은 함께 믿는 자 속으로 오십니다.(행2:38, 고후1:21-22, 요14:23)

64. 예수님과 믿는 자들은 한 아버지에게서 나왔기 때문에 형제가 됩니다.(히2:11)

65. 예수님은 외아들이 아니라 많은 형제 중에서 맏아들이 되셨습니다.

66. 예수 그리스도가 육체로 부활하셔서 공중으로 재림한다고 믿는 자들은 다 가짜입니다.

67. 예수 그리스도로 말미암아 그리스도 예수가 된 자들이 영원히 배반과 반역이 없는 하나님의 나라를 이룹니다.(눅17:20-21, 계5:9-10)

68. 일위일체로 계신 한 분 하나님이 많은 하나님의 아들들을 얻기 위하여 삼위로 일하심을 믿지 않으면 단 한 사람도 하나님의 아들이 될 수 없습니다.

주 예수님으로 말미암아
믿는 자들이 주 예수들이 되는 집회안내

　이 집회에 참석하시면 주 예수님만이 천상천하에 유일하신 한 분 하나님이심을 바로 알게 되므로 믿는 자들이 주 예수님으로 말미암아 하나님의 아들들이 되어 이 땅에서 천국의 기쁨을 누리고 사는 자들이 될 수 있습니다.

† 집회 일정

• **서울 – 목회자 · 평신도 성장반**
　– 매월 첫째, 둘째, 넷째 주 월요일부터 수요일까지
　– 매월 다섯째 주가 있는 달은 특별 성장반 집회

• **서울 – 목회자 · 평신도 특별반**
　– 매월 셋째 주 월요일부터 수요일까지

　※ 특별반 집회를 수료하신 분들만 성장반 집회를 참석하실 수 있습니다.

✝ 집회 시간

첫째 날 : 오전 10시부터 오후 5시까지

둘째 날 : 오전 10시부터 오후 5시까지

셋째 날 : 오전 10시부터 오후 4시까지

✝ 장소

대한예수교 장로회 서울주안교회

서울 구로구 구로중앙로28다길 13

교회(☎) 02-853-0175, 02-862-3053

✝ 참가대상

목사, 사모, 전도사, 신학생, 평신도(참가비 전원 무료)

✝ 신청

전화로 신청하십시오

홈페이지: http://www.juyea.net

다음카페 ; https://cafe.daum.net/juyeba

YouTube에서 〈주안교회〉를 검색하세요!

사단법인 영원한복음총회
설립목적

　본 법인은 신, 구약 성경으로 신앙고백을 같이 하며 하나님의 말씀대로 세상의 빛과 소금으로서 제 역할과 소명을 다하기 위해 교파를 초월하여 모인 목회자들과 동역자들이 사업을 공동으로 연구, 협의, 시행하는 것을 목적으로 한다.

† 사단법인 영원한복음총회 사업내용

　교회의 제 모습을 찾기 위한 초 교파적인 복음전파와 선교사업
　목회자의 자질 향상을 위한 신학연구사업
　선교를 위한 출판과 홍보사업
　그 밖에 법인 목적 달성을 위해 필요한 사업

　홈페이지 www.eggassy.org

법인설립허가증

제2021-광주광역시-3호

비영리법인 설립허가증

1. 법 인 명 칭 : 사단법인 영원한복음총회

2. 소 재 지 : 광주광역시 남구 수박등로 70(월산동)

3. 대 표 자
   - ○ 성   명: 주 성 대
   - ○ 생년월일: 1969. 02. 24.
   - ○ 주   소: 광주광역시 남구 수박등로 70(월산동)

4. 사업내용
   - ○ 교회의 제 모습을 찾기 위한 초교파적인 복음전파와 선교사업
   - ○ 목회자의 자질 향상을 위한 신학연구사업
   - ○ 선교를 위한 출판과 홍보사업
   - ○ 그 밖에 법인 목적 달성을 위해 필요한 사업

5. 허가 조건 : 준수사항 참조

「민법」 제32조 및 「문화체육관광부 및 문화재청 소관 비영리법인의 설립 및 감독에 관한 규칙」 제4조에 따라 위와 같이 법인 설립을 허가합니다.

※ 최초허가일: 2021. 4. 15.

2021년 4월 15일

광 주 광 역 시

후원계좌 안내

"성경대로 하나님을 알지 못하면 절대로 구원받을 수 없고 하나님의 아들이 될 수 없습니다. 지금 모든 교회가 아타나시우스의 삼위일체 교리의 영향을 받아서 한 분이신 하나님을 세 분으로 잘못 믿고 있습니다. 이 책은 성경에 있지만 봉함되어 있기 때문에 전해지지 못했던 생명 얻는 길을 모든 기독교인들에게 전하기 위하여 기부금을 재원으로 자비 출판하고 있습니다. 하나님께서 주시는 대로 계속해서 책을 만들어 출판할 계획입니다. 이 뜻에 동참하고자 원하시는 분은 아래의 계좌를 이용해주시면 감사하겠습니다."

농 협 : 301-0291-5304-11   예금주 : 사단법인 영원한복음총회